公共外交译丛

主编 周汉民　副主编 王凌宇 祝伟敏 温泽远 刘芹

人类社会的

BOUNDARY
SPANNERS OF
HUMANITY

跨界者

Three Logics of Communications and
Public Diplomacy *for* Global Collaboration

全球合作的传播和公共外交的三种逻辑

R.S. Zaharna

[美] R. S. 扎哈娜 —— 著

杨永春 —— 译

上海人民出版社

总　序

　　人文交流一直是习近平新时代中国特色社会主义外交思想的重要组成部分，是中国外交的重要支柱。党的十八大报告首次明确了我国公共外交的新目标，即"扎实推进公共外交和人文交流，维护我国海外合法权益"。党的十九大报告则进一步指出，要"加强中外人文交流，以我为主、兼收并蓄。推进国际传播能力建设，讲好中国故事，展现真实、立体、全面的中国，提高国家文化软实力"。

　　"公共外交"这一术语起源于 1965 年的美国，各国对它的界定大同小异。综合国内外的不同表述，我曾将公共外交定义为：政府和公众（包括社会组织、企业、媒体和个人等）从各自角度，向外国公众（也包括公职人员）表达本国国情，说明本国政策，回答关于本国的问题，同时了解对方观点的国际交流活动。公共外交的目的是增进外国公众对本国的了解，改善对本国的民意，形成更为友好的国际舆论环境；进而影响外国政府对本国的政策。[1] 外国把中国的公众作为公共外交的对象，我特别强调了中国的公众也是公共外交的重要承担者，中国文化的家国观赋予了中国公众这种使命感。

西方国家的公共外交和我国的公共外交的一项重要区别，是他们在公共外交活动中，在巧妙宣扬本国的体制和文化时会贬低别国的文化和粗暴干涉别国的内政，甚至挑拨其他国家之间的关系。这是我们研究西方公共外交理论时一个不可忽视的着眼点。

政府外交是外交战线的主渠道，公共外交则是国家总体外交的重要组成部分。在某些特定的历史时期，公共外交因其多元性、广泛性、丰富性和灵活性，在影响外国民意方面显得更有成效。如今，世界正经历百年未有之大变局，中华民族正处于伟大复兴的战略全局，这既带来了前所未有的机遇，也带来了诸多风险和挑战。通过公共外交更好地向世界讲好中国故事，说明中国的真实情况、争取世界各国对中国梦的理解和支持，成为了实现中华民族伟大复兴的基础工程。加强和促进公共外交要以服务国家改革发展和对外战略为根本，以促进中外民心相通和文明互鉴为宗旨。

如何做好公共外交是一门严肃的学问和生动的实践，我们需要用心跨越文化藩篱，需要表达方式的国际化和艺术性，也就是要做到"中国立场，国际表达"，站在中国的立场上，用国际社会能够理解的方式，真实地对外表达自己。与此同时，还应做到在世界舆论战中熟悉西方媒体的游戏规则，加强国际交往中的话语力。这一切的前提是能真正做到知彼知己，能深入了解国外的社情民情，尤其是要能洞悉欧美世界的公共外交实践及其背后的理论支撑。但非常遗憾的是，我国对海外公共外交著述的翻译和研究存在较大的不足，除了日本北野充主编的《公共外交："舆论时代"的外交战略》和英国詹姆斯·帕门特（James Pamment）的《21世纪公共外交：政策和事件的比较研究》等之外，我们鲜少能够读到用中文译介的域外公共外交著作。

　　在这样的形势之下，我欣喜地看到上海公共外交研究院开始有计划、系统性地遴选、翻译具有一定代表性的图书，试图多维度、多层面地展示国外公共外交的最新研究成果。当前，中国已经进入公共外交新阶段，但相比于政府外交，我国的公共外交尚处在起步阶段。而西方国家的公共外交研究起步较早，理论思考相对比较成熟。翻译引进国外经典和前沿的研究著述可为我国蓬勃发展的公共外交研究和实践提供一定的理论参照。我相信，"公共外交译丛"的出版，对于理论界和外交界拓展理论和战略思维都会产生积极的影响。

上海公共外交研究院专家咨询委员会主席

2022 年 4 月

注释

1. 赵启正：《公共外交与跨文化交流》，中国人民大学出版社 2011 年版。

献给萨米·纳兹米·扎哈娜和所有人类社会的
跨界者，他们让世界更美好。

目　录

致　谢

如果书能够自动写成就好了。但是，自动书写的书会剥夺作者许多研究发现和写作的乐趣，也同样会剥夺与同道中人讨论和分享的乐趣。

本书纯粹是在美国已故的参议员理查德·卢格（Richard Lugar）生前敦促下写成的。他和时任参议员乔·拜登一起就美国公共外交方面一直出现的不幸事件反复追问我。后来，他问我，为什么作为传播大国的美国在伊斯兰世界的传播中显得"笨手笨脚"？为了试图回答这个问题，我在撰写关于后"9·11"的美国公共外交的《桥梁之战》（*Battles to Bridges*）一书时，认为美国需要从打信息战转向构建关系桥梁。那本书让我找到了关系主义和网络方法。

但是，我认为这些传播问题的答案超越构建关系桥梁——这个术语很奇怪，对于不同的全球参与者和公众听起来意义有所不同。传播对于不同的参与者来说，其意义也是不同的。

我知道并不是只有美国在这方面才笨手笨脚。丹麦也被它所说

1

的"穆斯林漫画事件"而造成的骚乱弄得大吃一惊。为什么大家都会搞砸了呢?

当投入很高且还在水涨船高时,大家怎么还会搞砸呢? 首先,公共外交的不幸事件令国家利益受损。但是,随着日益增长的世界性问题的恶化——气候变化、水资源短缺、埃博拉疫情暴发等——传播和公共外交的局限性越来越明显。我写过探讨全球疫情大流行威胁的书,那时它还不属于公共外交的关注点。公共外交没有研究通过集体解决问题来应对日益增长的全球挑战,而是似乎陷入一种全球竞争格局,来看看哪个国家最有实力。

有没有可能本来用于应对全球问题的工具——传播和公共外交——恰好破坏了我们解决人类和地球面临的这些挑战的集体努力?

首先,我会探讨我的跨文化交际学术之根来寻找答案。表面上,我认为所有的传播误解都和传播的文化模式密切相关。按照这一理论,这些模式都会发生冲突。我非常感谢那些塑造我的思想和为本书打下基础的跨文化学者。首先是我的导师,哥伦比亚大学的路易斯·福斯代尔(Louis Forsdale)教授,是他把我带进这个研究领域的。然后是著名的爱德华·霍尔(Edward Hall)教授,他是该领域的开创者,我同他在西雅图的研讨会之后进行了难忘的餐后散步,霍尔教授除了幽默风趣、令人开心之外,还鼓励原创和深入探讨隐藏的假定:质疑你认为你知道的东西。威廉·斯塔罗斯塔(William Starosta)是我在霍华德大学(Howard University)的同事,也是陈国明(Guo-Ming Chen)的共同作者,提升了我的跨文化思想,让我走出自己的小天地,走进由学者和导师组成的社群,他们一起塑造了我的思想：三池义孝（Yoshitaka Miike）、陈国民、约翰·康登（John C. Condon）、维马尔·迪萨纳亚克（Wimal Dissanayake）、莫莱菲·阿桑特（Molefi Asante）、弗雷德·卡斯米尔（Fred Casmir）、达拉·迪尔多夫（Darla Deardorff）、谢尔顿·古纳拉特纳（Shelton Gunaratne）、石井聪（Satoshi Ishii）、金荣渊（Young Yun Kim）、哈米德·莫拉纳（Hamid Mowlana）、彼得·恩沃苏（Peter Nwosu）、汪琪（Georgette Wang）和西尔维奥·韦斯伯（Silvio Waisbord）等人。

卢格参议员在国会作证时的发问提供了本书写作最初的动力。几个我参与的项目和受邀参加的论坛进一步推动了本书的撰写。这些论坛有北约防务学院（意大利，NATO Defense College）、皇家三军联合研究所-战略、国际和能源研究中心（巴林，RUSI-Derasat）、马来西亚伊斯兰大学（Islamic University of Malaysia）和孔子学院大会（中国，Confucious Institute Conference）。国际背景和非正式的讨论揭示了我思想中的假定，深化了我的见解。我记得在新加坡的一次讨论中，我使用了"阴对阳"（Yin versus Yang）的表达，被委婉地纠正为"阴阳"（yin-yang）：两者并不是对立的，而是连通的。它们是一个圆圈。为什么我认为它们是对立的呢？这种见解是在十多年前得来的，它却为整体主义逻辑提供了种子。在另一次论坛上，印度参会者质疑我对于传播中信息的重要性的认识。对她而言，传播是从个人联系开始的。为什么我会看重信息而不是关系呢？那个见解让我产生了关系纽带和支持关系主义逻辑的"接触点"的观点。

在我参加的许多论坛中，我特别感谢新西兰奥塔哥大学外交政策学院（Otago Foreign Policy School）和已故的安东尼·德奥斯

（Anthony Deos），以及保拉·沃奇（Paola Voci）、布雷特·尼科尔斯（Brett Nicholls）和巴拉日·齐吉利斯（Balazs Kiglics），他们邀请我为2016年夏季的参会者和政策顾问发表演讲。那是我第一次提出三个逻辑的观点。不可否认的是，我当时的观点还很粗浅。那时，我收到的最有善意或许也是记忆最深刻的评价，就是我的报告"多么朴实无华，令人耳目一新"。我要接着写下去。

另一个重要的机会是为期两年的项目"21世纪的外交"，由史丹泽（Volker Stanzel）大使领导的位于柏林的智库德国国际安全事务研究所（Stiftung Wissenschaft und Politik）赞助的。史丹泽大使和霍尔教授一样鼓励创新，建议我探讨公共外交中出现的情感的重要性，以及数字社交媒体如何把传播从基于事实转变为社会情感动力的。作为参会的唯一的传播学者，我感谢德国外交部的参会者的反对意见，以及受人尊敬的外交学者：扬·梅利森（Jan Melissen）、克里斯特·荣松（Christer Jönsson）、科尔内留·比约拉（Corneliu Bjola）、安迪·库珀（Andy Cooper）和伊弗·诺伊曼（Iver Neumann）有趣的陪伴。特别感谢克里斯特，他向我推荐了阿玛纳外交（Amarna diplomacy），这为关系主义逻辑打下了基础。

在参加这几个论坛的同时，我还主持了几个写作项目。我特别感谢南加州大学公共外交中心持续的聘用。首先让我担任研究员（Research Fellow），后来让我担任学院研究员（Faculty Fellow）。我要特别感谢斯泰西·因格贝尔（Stacy Ingber）、谢林·沃尔顿（Sherine Badawi Walton）和娜奥米·莱特吉文（Naomi Leight-Give'on）帮助编辑了"公共外交中的文化觉醒"系列博客。在我和阿梅莉亚·阿瑟诺（Amelia Arsenault，她首先提出了公共外交的三个层次：独白、对话和协作）以及阿里·费希尔（Ali Fisher，他的第一部著作就是关于协作式公共外交）写作本书时，我关于关系和协作的观点不断地得到塑造。

我感谢《接触手册》（*The Handbook of Engagement*）的编者金·约翰斯顿（Kim Johnston）和莫琳·泰勒（Maureen Taylor）为我第一本书面的逻辑报告所做的鼓励性的仔细评论。南希·斯诺（Nancy Snow）和尼克·卡尔（Nick Cull）在他们编撰的《劳特里奇公共外交手册》（*The Routledge Handbook of Public Diplomacy*）中提供了机会来改进这些逻辑。我要感谢《海牙外交期刊》（*Hague Journal of Diplomacy*）21 世纪公共外交专刊的编辑扬·梅利森和王杰（Jay Wang），促使我考虑拓宽我的公共外交视野，从服务国家目标转向以人类为中心的外交。我感谢扬和娜塔莉·格林齐瓦（Natalia Grincheva）以及罗伯特·凯利（Robert Kelley）在非西方公共外交的专刊上使我取得的进步。在这一期专刊上，我认为外交假定是交情（fellowship），而不是"失和"（estrangement）。

最后感谢国际传播学会（International Communication Association, ICA）和国际研究学会（International Studies Assciation, ISA）年会上的同事和他们组织的一系列论坛。和他们的轻松交谈，反思那些假定，都令人记忆深刻。我要感谢我的同事：阿梅莉亚·阿瑟诺、罗宾·布朗（Robin Brown）、纳林·奇蒂（Narin Chitty）、诺埃·科尔纳戈（Noe Cornago）、达里尔·科普兰（Daryl Copeland）、尼古拉斯·卡尔（Nicholas Cull）、阿林娜·多莱亚（Alina Dolea）、阿利舍尔·费祖拉耶夫（Alisher Faizullaev）、凯茜·菲茨帕特里克（Kathy Fitzpatrick）、艾坦·吉勒博阿（Eytan Gilboa）、萨拉·格雷厄姆（Sarah Ellen Graham）、

盖伊·戈兰（Guy Golan）、伊丽莎白·汉森（Elizabeth Hanson）、克雷格·海登（Craig Hayden）、埃伦·惠济格（Ellen Huijgh）、戴安娜·因霍夫曼（Diana Inhoffman）、罗伯特·凯利、斯皮罗·吉奥西斯（Spiro Kiousis）、特丽莎·拉波特（Teresa LaPorte）、埃米莉·梅茨加（Emily Metzgar）、托马斯·米勒（Thomas Miller）、阿利斯特·米斯基蒙（Alister Miskimmon）、唐娜·奥格尔斯比（Donna Oglesby）、本·奥洛林（Ben O'Loughlin）、詹姆斯·帕门特（James Pamment）、杰弗里·皮格曼（Geoffrey Pigman）、史蒂夫·派克斯（Steve Pikes）、肖恩·鲍尔斯（Shawn Powers）、基尚·拉纳（Kishan Rana）、加里·罗恩斯利（Gary Rawnsley）、劳拉·罗塞尔（Laura Roselle）、迈克尔·施耐德（Michael Schneider）、菲尔·塞布（Phil Seib）、史安斌（Anbin Shi）、达亚·屠苏（Daya Thussu）、努尔·乌伊萨尔（Nur Uysal）、王义桅（Yiwei Wang），以及威尔·尤曼斯（Wil Youmans）等人。我感谢科斯塔·康斯坦丁努（Costa Constantinou）和秦亚青（Yaqing Qin），他们的著作强有力地塑造了我的思想。

我特别感谢参加 ISA 和 ICA 青年学者博士后小组的那些人，他们帮助塑造了这个领域：索黑拉·阿米尔（Sohaela Amiri）、菲利普·艾汉（Philip Arceneaux Kadir Ayhan）、坦尼·巴依（Tainyi Bai）、林赛·比尔（Lindsey Bier）、亚历山大·布曼（Alexander Buhmann）、塞内姆·切维克（Senem Cevik）、安东尼·迪奥斯（Anthony Deos）、坦尼亚·萨帕塔（Tania Gomez-Zapata）、娜塔莉亚·格林切娃（Natalia Grincheva）、福尔克·哈蒂格（Falk Hartig）、赵黄（Zhao Alexandre Huang）、路易吉·马蒂诺（Luigi Di Martino）、伊兰·马诺尔（Ilan Manor）、特奥·马宗达（Theo

Mazumdar）、叶连娜·奥西波娃（Yelena Osipova）、安德烈亚·几内亚（Andrea Pavon-Guinea）、阿纳斯塔西娅·雷米斯（Anastasia Remes）、艾弗·西文（Efe Sevin）、索纳莉·辛格（Sonali Singh）和黛博拉·特伦特（Deborah Trent）、埃里克斯·瓦普霍夫斯基（Eriks Varpahovskis）、威洛·威廉森（Willow Williamson），以及吴迪（Di Wu）等人。

为了本书的成型，首先要感谢牛津大学出版社的哈莉·斯特宾斯（Hallie Stebbins），她在会后从华盛顿回纽约的火车上阅读本书书稿大纲时给了我鼓励和希望。那对我意义重大。我还要感谢霍利·米切尔（Holly Mitchell）和艾米丽·贝尼特斯（Emily Benitez），以及阿妮塔·贾斯明（Anitha Jasmine）、黛博拉·鲁埃尔（Debra Ruel），因为他们帮助我向牛津大学出版社准备书稿。谢谢西蒙·安霍尔特（Simon Anholt）、尼克·卡尔和布鲁斯·格雷戈（Bruce Gregory）两次参加本书的项目读书会。谢谢凯特·华盛顿（Kate Washington）精美的编辑工作，谢谢安娜·拉姆（Ana Isabel Reyes Lam）出色的插图。我也感谢我的博士生们，感谢他们宝贵的研究见解、校对和参考文献工作，他们是：艾瑞卡·巴苏（Erica Diya Basu）、凯特·霍尔托尔（Kate Holthouser）、布赖恩·休斯（Brian Hughes）、萨曼莎·多尔斯（Samantha Dols）、辛徒·曼杰斯赫（Sindhu Manjesh）以及马尔瓦·毛兹（Marwa Maoz）。

最后，还有在学术研究路上最亲密的家人们。在漫长的旅途中，有些亲人不在了，他们的精神一直在支持着我，帮助我完成这个项目：阿木提·欣德（Amti Hind）、卡迈勒（Kamal）、爸爸、尼克（Nick）、诺德（Nod）、利马（Rima）、叶海亚（Yahya）、哈迪尔

（Hadeel）、穆罕默德（Mohammad）、利兹（Liz）和多琳（Dorene）。

本书献给我赴美留学已故的父亲。他最能体现跨界者——那些能够在人类多样性中寻求共性的人——的精神。他的座右铭就是：喜欢吧！

这篇致谢中反映的是为什么书不能自动写成。反过来，它们也反映作者的思想、关注和知识熏陶。我竭尽全力将这份关心传递给读者。当你翻开本书时，我希望你能感受到这一发现之旅和温暖的鼓励，通过这些鼓励，观点才能够扎根和生长。但愿你能喜欢！

序言　致跨界者

这个世界在公共领域急切需要外交的参与。多亏了交通和通信技术的发展，我们可以在世界上任何角落和其他人进行同步联系，跨越曾经限制人类接触的时空。但是，各国没有从人类资源和智力财富的全球汇聚中收获多少好处，却正在经历各种意外的公共分歧、复苏的民族主义、两极分化和撕裂社会结构的各种危机。在一个史无前例的全球连通时代，有些人正在求助于最原始的传播障碍：构筑围墙。

或许，新冠肺炎疫情最能够充分说明人类在 21 世纪面临的连通性和多样性之间的两难困境。病毒的快速传播充分说明人们之间的连通性。正如人道主义组织"难民国际"所写的，"大流行的速度和规模充分说明世界人口连通多么紧密"[1]。不幸的是，阻止大流行的努力却说明了我们的多样性，正如各国关闭国界或者只为本国公民接种疫苗。小小的病毒微生物可不会关注民族差别。

正如小小的病毒微生物显示，我们是紧密相连的了。我们欠缺的是解决连通性和多样性之间的矛盾的技巧和心态。传播和公共外

1

交正是可以在全球范围密切协作的必要工具。但矛盾的是，协调多样性和沟通联系的很好的工具——传播和公共外交——会在不经意间增强分裂，并使之永久化。

我认为它们是这样的。传播和公共外交与分离假定密不可分，这和 21 世纪的连通性和多样性脱节了。我们需要从根本上转变对于我们自己和我们使用的工具的思维方式。为了探讨如何实现这一转变，我寻求从头开始，重新思考传播问题，对其进行一个跨文化的、泛人类的研究——一项全球学术考察，为的是更好理解这个领域的盲点和关于传播和外交的种种假定。本书揭示传统传播和外交概念的局限性，推出新的框架，即三种传播逻辑，我们在利用连通性和多样性时可以将这三种逻辑用作工具，以集体回应人类的需求。

棘手的问题、同步解决问题

我们面临的挑战比以往更加复杂、相互关联更紧密，这使得人们看到大家忙着构筑围墙时感到非常担心。全球变暖、强制移民和致命的病毒大流行正是霍斯特·里特尔（Horst Rittel）和梅尔文·韦伯（Melvin Webber）所说的"棘手的问题"（wicked problems）。[2] 我们习惯于解决"平常的"（tames）问题，或者那些可以单独按顺序解决的问题。棘手的问题正如学者提醒的那样，充满了复杂性，以致解决了问题的一方面又会引起另一方面反弹。各方面独立解决了又会使问题翻倍。差不多 10 年前在著作中，本·齐格勒（Ben Ziegler）在研究合作时就提醒，全球性问题的频率和严重性正在超越合作的速度。[3]

具有讽刺意味的是，构筑围墙切断了解决全球多样性这一棘手问题的对策能力。对于许多人来讲，和有差异的人一起工作就意味着摩擦和挫折（专栏0.1）。人们倾向于被熟悉的事物吸引，这使得传播变得容易。和长相举止类似的人交往的问题就在于他们的思维也和我们的相同。相同的心态使得看待问题和解决问题的方式也相同。为了便于传播，创造性被牺牲了。

专栏 0.1
各国在面对病毒——民族边界或文化边界对其不起任何作用——竞相慌乱的努力暴露出多样性对于我们合作能力的影响。

相同的思维对于解决平常的问题很起作用。但是，在解决复杂棘手的问题时，视角的多样性才是我们急需的。摩擦和挫折正是创造性和解决问题新方法的源泉。正如斯科特·佩奇（Scott Page）在《差异》(*The Difference*)[4]一书中写的那样，不同的视角、思维模式和方法使得我们可以从多种角度看待问题，产生同步解决问题的策略。利用不同的智慧传统和实践是解决复杂问题的关键。关键的挑战，正如佩奇所说，就是学会"充分利用多样性"。

本书认为极力扩大我们传播的视野才是充分利用多样性的关键。传播被认为是"社会的关键过程"[5]。事实上，它对于所有社会科学都非常重要。外交学学者克里斯特·荣松（Christer Jönsson）和马丁·霍尔（Martin Hall）将传播描述为"外交的本质"。[6]

我的目标是将传播的视野从个人层面扩大到人类层面。正如我们在本书中所探讨的那样，当前的全球传播观点事实上是基于国家和基于文化的单个的传播概念的连续体，将人类分成分离的、互相排斥的类别，这促使我们质疑传播何以可能。

非常重要的是，个人层面的视角注重个人参与者在过去、现在和未来的时间框架下的直接需求。人类层面的视角关注人类物种跨越演化时间视野下的生存和永续发展。传播如何让我们作为一个物种生存下去？除了作为我们的共同的传播工具之外，泛人类的传播策略是什么？在探讨传播的全球和演进式视角下，我提出了三个基于关系的传播逻辑，来支持泛人类的经验：个人主义逻辑，基于个人主义，反映话语的力量，通过讲故事扩大合作；关系主义逻辑，基于配对的、二元的关系，反映情感的力量，通过共情扩大合作；整体主义逻辑，基于关系世界，反映互动的力量，通过同步扩大合作。通过拓宽看待传播问题的视角，即从个人层面视角扩大到人类层面视角，我们提出对于传播的泛人类理解。这一观点是利用传播作为工具去调解身份、利用多样性、一起处理棘手的问题的关键。

这听上去志向远大，但是有可能的。如果新冠肺炎疫情展示了我们可以努力合作，它也揭示了我们合作同步解决问题的动力。在新冠病毒大流行期间，世界各地的人们通过虚拟形式一起唱歌、表演、跳舞和绘画，同时互相伸出援手。随着各国关闭边界，科学家却把关于病毒和传播的研究结果开源发布出来。新兴的研究显示合作是我们作为"社会性动物"的天性中不可或缺的部分。本书就是要强烈建议我们应该从合作走向协作。合作反映我们从分离假定出发的有限志向。协作则利用多样性和连通性的同步效应创造性地解决问题，可以让我们同步解决加速增长的"棘手的问题"。

在我们开始学术探索之前，很重要的一点就是要欣赏人类的合作能力。尽管国家和机构之间也在努力合作，但合作能力似乎是我们作为物种演化成功的一部分。

演进式人类合作的努力

挪威外交官和学者伊弗·诺伊曼（Iver Neumann）称外交为"人类来之不易的成功……人类实体之间循环的合作因果"[7]。诺伊曼作为一名人类学家，采取了一种演进式的视角，从更新世变革中大型狩猎的出现开始探讨外交。人必须通过一起合作去捕捉猎物，才不被当作猎物吃掉。

诺伊曼提醒我们，"合作"是一个褒义词。即便如此，合作的观点，而不是竞争的观点，在尔虞我诈的国际政治领域作为亮点也显得很奇怪。它有悖于著名的"适者生存"的论断这一论断通常归功于进化生物学家查尔斯·达尔文（Charles Darwin），体现出通过个人的力量而不是集体合作来保证生存。

这个论断并不是达尔文首创的，而是与他同时代的英国社会学家赫伯特·斯宾塞（Herbert Spencer）的。他在《生物学原理》（*Principles of Biology*，1864）一书中提出了这个论断。他认为，进步基于奋斗和合作。这个概念最适合这个巨变的时代。它促进了工业革命、资本主义、种族主义、移民、卫生政策、殖民主义，认为控制那些被认为弱者的人是合理的。通过进步取得力量的观点，以及对于对立面的恐惧，即退化导致衰退，被写进通俗文学之中，例如路易斯·斯蒂文森（Robert Louis Stevenson）的《化身博士》（*Dr Jekyll and Mr. Hyde*）。[8]

"适者生存"的咒语言犹在耳。它贯穿于探讨权力、无政府主义、疏离等国际研究话语之中。在写作《全球合作和人类因素》（*Global Cooperation and the Human Factor*）一书时，全球治理专家德克·梅斯纳（Dirk Messner）和西尔克·魏因利希（Silke Weinlich）注意到如果人们依赖于政治文献或经济文献，合作会是很"稀罕和脆弱的"商品。[9]但是，他们从其他领域发现了"令人惊讶的"研究广度，这些研究优先关注人类行为中的合作。他们建议，我们可以通过探讨其他学科领域的人类合作的观点来解决全球治理赤字问题。

达尔文的著作在此密切相关。在《物种起源》（1859）一书中，达尔文谈及的是动植物，并不是人类。他在第二本书《人类的起源》（*The Descent of Man*，1871）中才谈及人类，将人类描述为"社会性动物"，合作的习惯使得人类能够克服身体的脆弱性，在荒野中面临更大的野兽时能够生存下来。达尔文认识到，"同情的力量"可以推动善行。[10]这对于人类的演化生存至关重要。"那些由大量富于同情心的人组成的社区最兴旺发达，养育的后代数量最多。"[11]

俄国科学家和哲学家彼得·克鲁泡特金（Peter Kropotkin）在1906年的著作中对达尔文的作品进行了扩展，用"互助"取代了同情。他认为，合作而不是竞争是生存的基础。和达尔文一样，他也认为那是一种自然本能。

今天，几乎没有几个人听说过《人类的起源》一书。知道他的第三本书《人与动物的情感表达》（*The Expression of the Emotions in Humans and Animals*）[12]的人更少。尽管两本书都是畅销书，达尔文的观点有悖于在20世纪大部分时间里流行的主流科学界的看法。正如我们在第六章中会探讨的那样，直到20世纪末，他的观点才找到更加适宜的社会和学术氛围，研究人员才有技术去研究人的大脑。

今天，越来越多的著作探讨了人类关于合作的演化能力。[13] 有些书还将人类描述为正在从事"超级合作"，使得"独特的人类特质得以显现，例如复杂的认知能力、道德，并且培养出文化和技术"。[14] 进化论科学家[15]的著作以及通俗读物，例如道格拉斯·洛西科夫（Douglas Rushkoff）的《人类团队》（*Team Human*）[16]论述了合作怎样使智人战胜了其他类人动物，包括尼安德特人。人类的主导地位并不是来源于个人野蛮的力量，而是集体力量，使得智人不仅能够生存，还能够兴旺发达。

在他对外交的演化观点上，诺伊曼发现了一系列临界点，每一个临界点都反映合作能力的逐步增长。[17]随着人类社会复杂程度的加深，外交和合作的规模和范围也在扩大。他暗示，随着数字技术和全球化的发展——这会挤压时间和空间——我们达到了一个临界点。我非常赞同这个观点。疫情大流行就是很好的明证：正如它揭示出我们具有合作能力的天性，它还是能够显示我们想建立联系的内在动力，即使是在强制性隔离期间也是如此。

在解决问题方面，公共外交正在从以国家为中心的倡议、数字技术、争先恐后提升软实力转向更加聚焦于广泛的人类中心主义。但是，在动手写作本书的时候，我最初也是按照国家、传统的外交官或者有组织的非国家行为体来想象公共外交。围绕着全球传播动力，我越研究越意识到公共外交的未来是关于人的，即同时参与地方和国家层面活动的人。他们执行的可能是地方层面的日常外交行为，但是取得的效果却是全球性的。在探讨提高演进式协作能力时，非常重要的一点就是凸显限制我们的心态或概念障碍。下一节我们就探讨这些障碍。

分离假定

如果说我们的协作能力是从历史上演化而来，为什么现在紧张状态这么突出呢？人类历史上发生过这样的事情吗？在我探讨渗透于传播中的许多学科时——从古代的宇宙学到人工智能——我还偶然发现了神经科学的观点：从脑部到眼睛的神经比起从眼睛到脑部的神经要多出10倍还不止。[18] 大脑所思即为目力所视。从暗喻意义上来讲，我们可以把这个见解推广到本学术领域。我们的心态和概念工具引导着我们（学者和实践者）去寻找世界上的目标。这个认识让我们对于公共外交有了短暂的思考。我们的概念工具是否和我们描述的世界一致？我们的概念工具是否和我们日益增长的连通性和内在的多样性一致？如果我们努力去协作，我们的概念工具和我们的需求是否一致？我认为存在一个一致性问题。我们的心态和概念工具与连通性不一致。相反，分离性是主流的心态。

分离假定是和早期的世界相一致的。尽管也有贸易和技术发明形成的联系，在历史上大部分时间里，由于距离、时间和技术限制，人们是实实在在地被分离开来的。交通运输是非常昂贵且费力的。传播的范围也是有限的。甚至大众传媒也是和增强分离的国家机关（比如广播公司）密切相关的。分离的文化集团之间的互动，正如阿琼·阿帕杜莱（Arjun Appadurai）所说，"需要代价高昂地去沟通，费力地去维持"。[19] 他引用战争和入侵作为现成的例子。

分离假定在19世纪和20世纪独领风骚，恰逢各国的社会密度在增强。[20] 充分利用日益增长的连通性和人类多样性的努力也被消除差异的努力所对冲——要么清除那些不一样的人，要么清除人们中的差异性。殖民征服就是区分和分离不同民族的努力的明证。相似地，日益增长的民族主义促进了这一新观点，即在共同的疆界里存在着拥有共同的文化遗产的特色鲜明的民族。

这个时代恰逢社会科学的兴旺，这巧妙地增强了分离的心态。社会科学的核心就是创造概念，这可以用来创建理论。[21] 强势的概念，包括那些像"文化"和"种族"这样的概念，都是由清晰的边界定义的。正如约翰·耶林（John Gerring）所说，"分类就将整体分割成综合的、互相排斥且带有层级的范畴"[22]。从社会科学里发展来的概念结构会向通俗用语扩展。比如，特色鲜明的、互相排斥的文化类型的观点就增强了"文明冲突论"的观点。

分离的天然性假定就解释了即使是全球化时代的人们也依然热衷建立围墙的冲动。最近几十年，分离各国人民的边境墙比历史上任何时候都多。[23] 甚至在社交媒体上，人们已经采用新的连接技术来自我选择交友与否。那种回到分离时代或者将连通性限制于熟悉的人和物的渴望是可以理解的。据研究表明，6 个月大的婴儿也会偏好长相和举止相似的人，这是耶鲁大学儿童认知研究实验室的研究结果。[24] 一些研究人员认为，人类经验植根于社群而不是抽象的民族概念。[25] 这些倾向使得回归早前岁月的怀旧呼声变得更加可以理解。

但是，这样的回归是不可能了。技术，或者它推进的社会组织，已经是可立即使用的（out of box）。未来的路径是增加连通性。[26] 随着连通性的增加，各种类型的多样性的互动也会增加。同时，我们需要仔细地对待团结人的连通性和分离人的多样性。这就需要重新审视分离假定，培养一种连通的心态。

培养连通心态

如果世界在经历紧张状态，有可能是由于旧的分离心态与今日的全球互联互通以及多样性的新动力发生了冲突。作为社会科学支柱的分离心态对于连通的世界不再起作用了。培养可以增强协作能力的全球心态，始于思想上的重大转变。我们不仅需要新的心态，还需要基于日益增长的连通性和内在的多样性这样的二元假定的概念工具。

改变思维结构并非易事。分离假定在社会科学中根深蒂固。例如，分离假定是传统的外交概念的基础，例如詹姆斯·德里安（James Der Derian）在《论外交》一书中的广为引述的概念，它把外交称为"调停失和"。[27] 还有保罗·夏普（Paul Sharp）的外交概念：外交是对"想独立生活，又不得不和人打交道的共同问题"的一种回应。[28] 这个概念基础和野心勃勃的理论建构的共同效果就是作茧自缚，增强了这些假定，使得分离假定看上去密不透风、隐而不见。

本书有意识地、小心地从分离假定转向连通假定，为的是建构新的概念框架。因为连通性和人类多样性的力量在加强，我们不得不彻底转向连通假定来维持我们的演进式协作能力。在下面的章节中，我们将重新审视下面四个重要领域的核心前提来开始转向：公共外交、文化、传播和身份。这些互相关联的现象是本书的支柱。

公共外交

第一根支柱就是公共外交。虽然公共外交还是相对比较新的学术研究领域，但它与传统外交的接近意味着它也是支持分离假定的，它从一开始就把国际关系视为主权领土之间的关系与传播。[29]正如杰弗里·皮格曼（Geoffrey Pigman）所说，当代外交是和民族-国家一同演化而来，我们必须说，这在欧洲语境下才能成立。[30]传统外交就是政府与政府的沟通，公共外交则说明了政府与公众的沟通。[31]两者都是国家工具，外交是治国理政之道。

公共领域的非国家行为体的突出作用让这些行为体超越国家层面，来到公众层面，正如我们在罗伯特·凯利（Robert Kelley）研究外交的著作中看到的那样。[32]学者也在研究非西方的外交实践中尝试超越欧洲中心论的视角。[33]尽管这样的努力能够扩大样本，学者依然通过传统外交（欧洲中心论）的分析透镜来看待非西方外交和非国家行为体。我们反复探讨行为体因素、利益、权力、合法性，以及聚集于协商、代表性或倡议和形象之间的差异的外交实践。康斯坦丁努（Costa Constantinou）强调有限视角——"大量的排斥、边缘化和驱逐"——来自传统的、国家中心的视角。在这些历史大潮中，被淹没的有"各种各样的前威斯特伐利亚的政体……各种前殖民主义的接触……各种非官方的沉思和发明……各种人类跨文化和文化内部与他者相处的方法和手段"。[34]这些排斥意味着非洲、亚洲、太平洋地区、美洲的民族，以及像中国、印度、埃及和埃塞俄比亚等古老文明，这些殖民主义前的外交都不被算在外交概念框架内。我们忽视了它们的外交逻辑。

康斯坦丁努所称的"各种人类方法"特别值得关注。基于国家方法的外交未必就是人类社会的方法。看看国家的鲜明特征：一个可以辨识、有固定领土的实体。相比之下，流动性代表着人类的历

11

史和演化。要充分理解外交，就需要反思亚洲草原的游牧民族、南亚曼陀罗政治的非领土政治格局甚至是当代的数字散居等外交实践。或者需要考虑情感，这是一个鲜明的人类特征——是只把西方的国家概念当作"理性行为体"而错失的一个特征。什么样的外交逻辑包含共情呢？灵性（spirituality）是人类生存状况的另一个重要维度。尽管诸神会出现在古代世界的外交中，正如约翰斯通（Johnston）的开创性工作显示的那样，但基于信仰的外交通常是传统外交中被忽视的一面。[35] 公共外交就是对这样的缺失的回应。

公共外交中的分离假定不仅忽视了人类社会共同的一些鲜明特征，而且还忽视了一些外交的功能性需求。服务国家的外交功能回应国家的需求——谈判、代表、汇报——但它并不应对人类的需求。外交官和学者陈文颖（Tran Van Dinh）提供了一个见解，他用祖国越南的例子来解释被忽视的外交解决问题的功能：

> 无论何时发生水灾、火灾或旱灾，村民总是自己沟通，通过冗长的商讨达成共识，来集体应对灾情。无论个人和集团存在怎样的对抗，他们都会通过谈判解决，设计共同的策略，采取集体行动。通常，这样的集体行动取决于问题的程度，会扩大到数座村庄。[36]

村民的例子在今天还在回响。许多人将今天的世界比拟为"地球村"。我们沟通应对棘手的问题，如水灾。当个人不能解决问题、只能集体应对的时候，外交命令就会出现。如果个人和社会是自给自足的实体，能够满足自身的需求，传播和外交就都没有必要了。

人类中心的外交

人类中心的外交（humanity-centered diplomacies）反映和回应人类社会的需求，主要围绕着解决问题、集体决策的协作能力展开。在本书中，我暂时不去关注国家中心的和其他"行为体中心的"公共外交。我关注人类中心的公共外交。[37] 国家中心的外交对于个体国家的关注代表着分离心态，人类中心的外交受到共同的需求、愿景和人类目标的驱动，提供的是连通性和多样性。

公共外交领域并不缺少关注个体国家如何促进形象和政策的著作。这个领域更多需要关注的是研究合作的互动过程，关注构建和谐关系、集体信息采集、解决问题、采取行动解决人类和地球面临的棘手问题。

公共外交学者呼吁这样的转变。曼努埃尔·卡斯泰尔（Manuel Castells）强调公共外交应该是"公共的外交"，他把私人利益和价值与公共利益进行对比。[38] 张举燕（Juyan Zhang）和陈博瑞（Brecken Chinn Swartz）提出了"作为全球公共产品的公共外交"的观点。[39] 相似地，凯茜·菲茨帕特里克（Kathy Fitzpatrick）提出了"公共利益中的公共外交"，其"更加具有社会意识，更加关注全球问题，注重解决问题和实现共同的目标"。[40] 西蒙·安霍尔特（Simon Anholt）首次提出国家品牌概念，根据形象给国家评级，一直强调有原则的协作式的国家行为的重要性。2014 年，他发布了"优秀国家指数"，基于对于人类社会的贡献给国家评级。[41]

在本书中，我指称外交时（diplomacies）使用复数。因为正如诺埃·科尔纳戈（Noe Cornago）所说，没有单一的方法，只有复数的方法。[42]科斯塔·康斯坦丁努和詹姆斯·德里安提出"可持续外交"（sustainability diplomacy）的概念，从狭隘的对国家利益的战略算计转向关注地区或全球利益的更大的外交视野。[43]相似地，全球主义外交促进忍耐、友谊和尊敬等价值观。[44]我们可以在"日常外交"中看到共性并且协调多样性，即便参与者没有意识到外交影响，也可以建构关系。[45]

人类中心的外交的几个方面暗示了其驾驭连通性和多样性的优势。我们可以简要地强调那些与解决复杂问题有关的优势。

首先，人类中心的外交对于人类关系和外交关系采用了一个宽广的、全球的视角。人类才是"基本的生存单位"，是外交视野和实践的核心。[46]相比之下，国家中心注重单个政治行为者。其次，人类中心的外交视多样性为核心动力，支持外交的多元化。第三，人类中心的外交倾向于问题驱动，其倡议是解决具体的棘手问题，而不是某一行为体的需求。人类中心的外交本质上也是过程导向的，因为它们实际上就是为了集体努力，通过研究复杂性找到解决方法，而不是推动复杂性。传统的国家中心的外交依赖于谈判取得竞争优势，人类中心的外交则寻求培育合作环境，偏爱合作，集体解决问题。

人类中心的外交最重要的特色就是情感因素。人类中心的外交植根于与人联系的意识，以及自己成为人类社会大家庭的成员之一的感受之中。入江昭（Akira Iriye）称之为"更大的全球意识……无论个人还是集体……无论在哪里它们都会拥有某种共同的利益和关注"。[47]人类共有的感情支持了非洲"乌班图（ubuntu）精神"的概念，即"他在故我在"。波利尼西亚地区的文化传统用家庭来表达人性，家庭的概念不仅可以延伸到同胞，还可以延伸到自然元素。同胞情谊和与人联系也是儒家哲学以及指导着关系的"仁"的概念的核心。英语单词"人类"也是从拉丁语"humanitas"演化来的，意为"人性"和"仁慈"，呼应着关系的亲近。情感联系和全球意识将人类中心的外交与情感中性的理性行为体、民族意识、治国方略这样的外交前提区别开来。

哥本哈根和巴黎世界气候大会，即《联合国气候变化框架公约》第15次缔约方会议（COP15）和第21次缔约方会议（COP21），提供了区分国家中心的外交和人类中心的外交的现成案例。唐娜·奥格尔斯比（Donna Oglesby）在她评论哥本哈根世界气候大会上的发言中描述这个事件为公共外交，各个国家都摆好阵势，追求巩固本国利益。[48] 相比之下，巴黎世界气候大会的发言用合作来定义，它们取得了此前难以达到的成就。[49]

人类中心的外交和此前流行的互联互通和多样性的趋势保持一致。我们在多维度网络的盛行和社交媒体中互联互通的传播动力上可以看到这些趋势。这些趋势正在超越大众传媒时代的单个参与者的、层级性的和自上而下的传播。另一个趋势就是将外交与全球治理相结合，这代表着从单个的目标导向转变到多个参与者治理的过程导向。[50] 在传播技术和全球战略中这样的趋势保持一致的，还有数量的上升、多样性的增加和非政府组织的力量增长。[51] 国家中心和行为体中心的外交在近期内占据优势，从长远来看，还是有利于人类中心的外交，因为它可以和我们日益增长的连通性和多样性保持一致。公共外交的这个观点和我们对于文化、传播和身份这三根支柱的看法密切相关。

文化和人类多样性

文化是第二根支柱的主流概念，产生在分离性增强的时代。对于许多人来说，把文化塑造为与集团或国家相连的受限制实体，这样才成为身份的根基。在当代公共外交中，文化与民族国家相交织，以至于像"民族文化"或文化这样的概念可以作为"软实力资源"（如约瑟夫·奈所说的那样）也无人质疑。但是，研究表明文化和民族国家之间的联系是最近的现象，而且在维持分裂方面还起到一定的作用。在本书中，我们探讨和文化有关的分离性假定，试图超越"文化"的分离属性，来重新设想思想和传统的多样性，这种多样性可以作为共同的资源，使得人类可以互联互通和富裕起来。

纵观人类历史，多样性和文化交流才是常态。从古代河流文明的互相发现开始，文化器物的交殖使得社会变得富裕，焕发活力，促进人类发展。两河流域的苏美尔人发明了数学、灌溉和农业技术，并与哈拉帕山谷的印度人以及尼罗河的古埃及人进行了分享，泰勒斯人和古希腊人后来又到那里进行了学习。外交与贸易和宗教一起在传播发明方面起到了跨界者的作用。从车轮的发明到盘尼西林的发现，再到苹果手机的魅力崛起，这个趋势还在继续。如果说发生了什么事情的话，那就是社交媒体在加速全球范围的文化共享。

相比于数千年的文化多样性和交流，单一的、以国家为界限的文化是现代产物。虽然作为文化和"民族身份"之间的联系看起来自然而然，那种联系却是在 19 世纪和 20 世纪国家建立的过程中形成的。[52]

文化在西方历史的独特交汇点才初次登上历史舞台的。在 1750

年到1918年期间，广大的王国和帝国开始土崩瓦解，现代国家开始出现。[53]国家主权为国家间体系打下了基础，也意味着建立对土地和人民的控制权。此前，哈布斯堡家族或奥斯曼帝国统治着不同的民族和宗教集团。身份和效忠是地方性的。为了改变效忠，形成民族国家，我们看到民族主义的兴起和文化统一理想的出现。"人们必须统一起来，他们必须消除内部分裂，它们必须团结在单一的历史疆界之内……共享单一的公共文化。"[54]在民族主义的旗帜下，统一文化的概念被创造出来，显得似乎自然而然。正如一个历史学家所说，"政府不遗余力推进共同祖先的神话，尽管长相上明显不同"[55]。旗帜和格言这样的民族符号，以及神话和记忆，被用来消除内部分裂。[56]语言作为重要的标记符号，对于安德森所称的"想象的共同体"是至关重要的。[57]随着民族主义在北美和欧洲的传播，文化统一和同化标准开始逐步取代文化多样性。安德森致命的民族主义（virulent nationalism）的"想象的共同体"逐步滑向了迈克尔·比利格（Michael Billig）所称的"日常民族主义"（banal nationalism），其中民族象征已经变成司空见惯的特征，与社会和政治结构交织在一起。[58]

鲜明的民族特征的观点和"文化"作为一种定义和分类的概念的学术发现是紧密呼应的。爱德华·泰勒（Edward Tylor）爵士是一位英国人类学家，他在1871年提出了这个术语，把它当作"一个复杂的整体，涵盖知识、信仰、艺术、道德、法律、风俗，以及其他任何能力和习惯"。[59]这个概念和今天流行的概念惊人地相似。对于沉浮于全球化造成的混乱时代的个体来讲，这可以激发人们共同的文化特征，提供了一个稳定的、即便是虚幻的身份锚。

文化并不与民族主义同时发生。在《文化与社会》一书中，雷蒙·威廉斯（Raymond Williams）就将文化的扩展和工业化以及民主联系起来。[60] 莉拉·阿布-卢赫德（Lila Abu-Lughod）指出，文化的观点在帝国主义和殖民主义时代十分兴盛。[61] 如她所言，学术实践将研究人员他者化。学者努力记录文化特征、性格、信仰和行为。文化会被贴上标签，使整个群体成为静态的实体，以便去做比较和对比。[62] 多年以来，诸多学科研究，如管理学、外交学和传播学等，都使用"文化"和"民族文化"来强化分离群体的观点，其结果就是往往产生刻板印象，而不是文化见解。[63]

在这个新兴的时代，在以国家为中心的、条分缕析的世界观中，文化作为静止和固定的事物的观点在理论上（即使在现实中算不上）很贴切。在 19 世纪和 20 世纪看上去很自然的东西，在今天互联互通的全球世界已经变成惹麻烦的事情。人类学家是最大声疾呼的批评家了。[64] 正如威廉·休厄尔（William Sewell）二十多年前观察的那样，"不可能推定世界已经被分成不连续的社会，每个'社会'都有自己相应的完好无缺的'文化'"。[65] 对于"杂糅"（hybridity）的讨论，例如霍米·巴巴（Homi Bhabha）或马万·克赖迪（Marwan Kraidy）的论述，强调了单一文化的问题本质，谈到在连通时代通过混杂来为身份和意义创造扩大的空间。[66]

本书就是避开传统的方法，即基于分离假定的方法，来比较个人的、西方的、非西方的民族文化、传播和外交实践。今天，国家边界内的多样性和跨越边界外的一样明显。人类中心的外交推崇连通和观点的交融。向全球性的心态转变意味着将文化推定为固定的国家特性转向将多样性当作人类中心的外交的共同的全球资源。

人类传播

第三根支柱传播最能体现分离假定，最需要人类视角，这也是为什么它是本书的核心。本书不再讨论单数形式的"传播"，而是探讨泛人类的传播观点，其并非基于文化或民族实体，而是基于在人类经验中发现的三个鲜明的关系前提。

过去 10 年研究撰写本书的时候，我慢慢意识到单数的"传播"实际上是一个强加的见解。它推定参与者都是分离的（不是连通的）、不同的（不是相似的）。正如我们在第一章和第二章探讨的，当代传播学戴着"通用的"面具，但是实际上它体现了唯一的传播这一观点。它是一个分离且不连续实体的模板或隐喻：一个发送者和一个接收者，中间隔着一个无法逾越的深渊。不同的社会、文化和民族都只是这个模板的变异形式而已。

跨文化交际被人们认为会提供一个传播的"全球"视野。然而，就是"跨文化"这个术语加强了分离实体的观念、不连续文化和分离心态。社会科学界对于跨文化交际的理解主要依赖于文化和人类学，又自我束缚于个人主义假定中。个人主义，正如大家所知，目光短浅，忽视了宏大的社会动力，只聚焦于个人需求或者传播的目的：如何通过说服和控制来保护个人自主权。假如有自主权的存在必要，权力就会成为传播中一直存在的因素。

但是，个人主义假定在当代传播中的主要缺点并不是对个人需求本身的狭隘关注，而是那些没有说明的个人时间框架——过去、现在和未来。传播研究聚焦于如何在个人时间视野内满足个人需求。公共外交也呼应着这样的个人参与者焦点和狭隘的时间视野。被人们忽视的是长远的时间视野——人类传播的演进式视角。

这个人类传播演进式视角是本书的关注重点。传播如何促进人类的生存和演进？传播在推进我们演进式合作能力上起到什么作用？例如，语言和媒体工具是人类传播的主要动力，但还有其他一些维度。本书自始至终都是通过传播的三个互补逻辑来探讨这些维度。

当我把"传播"著作收在一边以后，我才开始谈论传播的更宽广的演进式视角，对人们相遇后发生的事情进行广泛的跨学科考察。我发现，传统的传播概念和人类的传播经验之间存在差别。在为本书所作的研究中，我从跨文化传播开始，就如同我在美国所接受的训练那样。当意识到跨文化模型中明显的不一致时，我转向了关系，具体而言就是关系主义，将其作为观察人类传播的透镜。三个重要的关系模型——个人的、成对的、关系的宇宙——依次支撑个人主义的、关系主义的和整体主义的传播逻辑。

最初，关系主义模型和知识遗产似乎关系密切。个人主义逻辑反映希腊；关系主义逻辑呼应地中海和大中东地区；整体主义逻辑呼应亚洲和非洲。可是，我越是研究知识遗产，越是看到更多交叉点。比如说，和谐的价值在古代中国的书籍中就非常突出，同样也可以在古希腊的书籍中找到，例如，伊索克拉底（Isocrates）在《尼科克勒斯》（Nicocles）中关于"和谐"（homonoia）的论述。[67] 相似的还有，通常和古希腊人相连的个人作用和自主权的价值也很容易在孔子的《论语》（9/26）中找到："三军可夺其帅，不可夺其志。"[68]

在古代宇宙学里，这样的交叉点比比皆是。尽管古代社会分布在各大陆，相似的主题却会出现，尤其是关于宇宙诞生的混沌与和谐的双重力量。人们可以把反复出现的混沌观点同古希腊、埃及、印度和苏美尔等相提并论，但是，这个双重主题也出现在古代中南美洲、波利尼西亚和中国。古代宇宙观的这一系列相似性暗示了传播和关系中一些更深层次的东西。更加突出的是，古代宇宙观中的元素和一些前沿的研究遥相呼应。古代的宇宙观谈及地球、人类与和谐运转的天体之间的"生命力"和"球体和谐"，这些观点也可以在量子物理学的能量和振动的观点中找到。[69]

神经生物学和社会神经科学的研究同样为扩大传播视野提供了见解。如果说在人类关系模式、创世神话和知识遗产上有惊人的巧合，人类似乎也共有潜在的生物神经机制，科学家将其和演化联系起来。[70]这些神经和生物指令可以帮助解释古代社会和现代社会之间一些巧合性的相似。更为突出的——即使算不上讽刺意味——就是技术的崛起，比如人工智能和机器人。它们试图要模仿"人类的传播"。在此过程中，我们在传播、人际关系甚至是伦理方面会碰到与古人经常面对的相同的困境。语言编程相对容易，但协调谈话次序、促进关系与共同体共情却依然是很大的挑战。

本书的核心聚焦于勾勒出关系前提和三个逻辑动力：个人主义、关系主义和整体主义。这些逻辑本质上是全球性的和泛人类的，依赖于连通性和多样性的假定。本书的目标是提出一个全球泛人类传播模型，其基于共同的关系模型、知识遗产和促进人类生存和演化的生物神经学特征。

身份组合

在这些相互关联的概念中，最后一根支柱是身份。它呼应着外交、文化和传播。在国家中心的公共外交中，身份通常被认为是对单一或统一的民族身份和形象进行的宏观层面的思考。在有关民族品牌的文献中，有很多著作是关于塑造民族形象的。[71] 值得关注的是，宏观层面的概念旨在展示一个统一的、连贯的身份，这通常也是僵化的，忽视了内部的多样性。"民族身份"或"文化或民族身份"暗示，在包含成千上百万甚至上十亿人口的集团中会有共同的、确定的特征。这也正是"9·11"事件后美国针对"伊斯兰世界"的公共外交的情况。它暗示对于 17 亿人口采用铁板一块的身份观点。我们知道，即使在一个家庭里面，兄弟姐妹还具有鲜明的不同身份。

围绕这样的身份的公共话语一旦被定义，就会很僵化。夸梅·阿皮亚（Kwame Appiah）把这种倾向称为"美杜莎综合征"（Medusa Syndrome）。[72] 就像戈尔贡·美杜莎（Gorgon Medusa）的凝视会把人变成石头那样，对单一身份的狭隘、集中凝视也会把人类的复杂性转变成固化的刻板印象。

人类中心的外交可以背离这样僵化的、宏观层面的范畴，使得在公共外交中采用微观层面的身份观点成为可能。这样的身份是多维度的而且充满活力。例如，每一个传播逻辑对于身份组合会提供不同的维度。个人主义逻辑凸显个体身份的独特性质；关系主义逻辑凸显我们与别人的联系如何产生多重的身份，如"母亲""配偶"或"同事"；整体主义逻辑揭示与社会角色和层级密切相连的身份的另一个层面。正如学者长期以来关注的那样，个人的不同身份会慢慢积累起来。在人类中心的外交中，身份是动态的，甚至是流动的。当人们互动的时候，身份的不同方面就会根据场景或多或少凸显出来。身份是地方的，植根于人类的直接联系之中；身份也是全球性的，因为人的属性在世界各地是共通的。尽管每个人如同我们的指纹那样独一无二，但是共同的人类特性却将我们联系在一起。

致跨界者

本书写给特定的读者：跨界者（boundary spanner）。著名的外交学学者布赖恩·霍金（Brian Hocking）使用了"跨界者"这个术语来暗指那些担任桥梁，跨越不同民族、意识形态、利益和传统界限的外交官。[73] 传统上，职业外交官在不同国家和人们之间调停关系。科斯塔·康斯坦丁努说，哪里有身份界限需要跨越，哪里就有外交。[74] 职业外交官代表国家利益，通常是在国家层面进行闭门谈判。

这种保守的外交观点——霍金所说的跨界者——已经发生变化。正如菲利普·塞布（Phillip Seib）所说，在媒体的密切关注和公众审查之下，外交日益走入公共领域。[75] 达里尔·科普兰（Daryl Copeland）说，外交官的"游击外交"在权力的正式走廊上游刃有余，在公共集市上也是如此。[76] 此外，加入代表国家的职业外交官行列的还有非国家行为体，包括市民社会、公司、跨国游说网络、社会企业家，甚至是公民外交官。罗伯特·凯利称外交不是关于像外交使团这样的政府机构，而是关于专门代理机构。[77]

尽管一些传统将界限（boundaries）和分界线（lines of demarcation）联系起来，跨界者一定不要聚焦于将我们分裂开来的东西。从别的遗产中学来的视角会扩大我们的联想能力。例如，在非洲，边界正是连接之处。贝宁大学的利奥·奥托怡德（Leo

Otoide）解释了前殖民的非洲外交如何区别于欧洲殖民主义列强的：

> 在传统的非洲社会，边界并不是欧洲意义上的分离点。它反而被看作一个国家利益与另一个国家利益交汇融合的地方。它给跨民族交流带来了机会，因为两个社会走到一起，为了共同的利益，在边界上共同供奉献祭。[78]

作为共同的连接点，边界被看作是流动的，而不是一成不变的。在传统的非洲社会，人们在划定的边界上自由流动。那里也是集市和会面的地方。

在全球化时代，克里斯·拉姆福德（Chris Rumford）和安德鲁·库珀（Andrew Cooper）暗示，日益增长的互联互通将传统的国家边界变成了国际性边界。[79] 他们认为，边界"可以被认为具有连接性组织"，其提供机会跨越交叉的效忠，而不是二元的"你们—我们"结构。如专栏 0.2 所示，跨界并不是关于架桥或不同实体间的谈判。分离假定就是 20 世纪的心态模式，那时，"他者"暗示着差异性，而不是相似性。互联互通时代的跨界是受到寻找共同点的能力驱动的。

专栏 0.2

跨界并不是关于架桥或不同实体间的谈判。分离假定就是 20 世纪的心态模式，那时，"他者"暗示着差异性，而不是相似性。互联互通时代的跨界是受到寻找共同点的能力驱动的。

如果公共领域现在比以往更需要外交，跨界者也要充分利用多样性。尽管多样性带来创新和创造，它为人熟知的反面就是摩擦、

抵抗和挫折。这样会导致一些人退回到志趣相投的人群中去，在那里传播确定无疑容易得多，但是，创造性却会大打折扣。

本书是写给跨界者的。它是处理连通性和多样性这样的全球双重挑战的路线图和工具箱。本书也是写给愿意将熟悉的思维舒适区抛在脑后，敢于接受挑战，去弥合分歧、调和多样性、推动传播，为了全球利益参与复杂问题解决的那些人。

概　述

本书的目标是扩大传播的视野，将公共外交扩展到全球视角。这意味着超越跨文化和国际概念图式中固有的分离心态。全球视角跨越人类的变化范围，但是还不能被分为分离的实体或范畴，它是泛人类的、无所不包的、不可分割的。

本书很短，是有意为之。我的愿望就是，每次打开本书或者浏览书页，读者有关公共外交、人类多样性和传播的视野都会扩大一些。

第一章"搞砸传播"考察公共外交和社交媒体的同步兴起揭示出"传播"的单一概念的谬误之处和在连通与多样性的氛围中分离性的抵消力量。这一章节探讨美国作为传播大国，其公共外交却依赖传播的单一视野，发现自己的传播努力没有达到预期，在国家公众那里取得适得其反的效果。介绍三个传播逻辑，依赖传播的一个视野如何会造成盲点，令人在国际领域进行传播时把事情"搞砸"。

第二章"关系的世界，传播的世界"追寻传播逻辑的背景故事，开头探讨主流跨文化交际模型的魅力和困扰其中的不一致性。在努力打破用"传播"来给"传播"下定义的循环论证之后，使用关系主义的分析透镜探讨跨越知识遗产之间的"关系"的各种假定，继续探讨个人性和关系性。对于跨界者而言，在结尾处质疑文化模型的效度和跨越个人主义、个人性和关系性这些观点时共同的看法。

后面三章探讨自古代出现的传播的三个逻辑。我们认为公共外交和传播是当代现象，但它们在史前社会就一直是社会的基础。古代世界的实践会给数字时代提供洞察力。

对于"个人主义逻辑——亚里士多德的遗产"（第三章），我们访问古雅典的公共广场。我们看到亚里士多德遗留下来的修辞观点，用于个人传播者，通常是政治家，参与修辞大战来赢得人心——一个观察个人表达逻辑的窗口。

对于"关系主义逻辑——王室的兄弟情谊纽带"（第四章），我们大胆走近古代近东地区，看看古埃及、亚述和美索不达米亚的国王之间的兄弟情谊。他们互相之间交换礼物、问候，进行和亲，这被称为"阿玛纳外交"，显示出关系主义或联想式逻辑。

对于"整体主义逻辑——宇宙圈"（第五章），我们探讨古人用来解释宇宙的宇宙论和宇宙图。繁杂的创世神话和图像呼应着关系主义世界的整体主义前提，聚焦于维持整个宇宙的运转和完整。

第六章"强化协作——言语、感情和同步性"回到充分利用多样性来提升合作能力的问题。它考察每一个逻辑的长处，然后通过混杂技术为其他逻辑增添动力，来拓宽我们的协作能力。在纷繁复杂的、连通的全球舞台上，把三个逻辑的不同因素混杂起来，让我们从分离心态导致的"搞砸"传播转向采用一个广阔的、泛人类的传播视野。最后一章"全球协作的跨界日程表"总结了关键要点和含义，以及传播和公共外交全球化的未来趋势。

注释

1. Refugees International, "COVID-19 and the Displaced: Addressing the Threat of the Novel Coronavirus in Humanitarian Emergencies," March 30, 2020, p.2, https://www.refugeesinternational.org/reports/2020/3/29/covid-19-and-the-displaced-addressing-the-threat-of-the-novel-coronavirus-in-humanitarian-emergencies.

2. Horst W. J. Rittel and Melvin M. Webber, "Dilemmas in a General Theory of Planning," *Policy Sciences* 4, no.2 (1973):155—69.

3. Ben Ziegler, "How to Accelerate the Development of New Collaborative Relationships," *Collaboration Strategies and Solutions* (blog), July 21, 2015, http://collaborativejourneys.com/how-to-accelerate-the-development-of-new-collaborative-relationships/.

4. Scott E. Page, *The Difference: How the Power of Diversity Creates Better Groups, Firms, Schools, and Societies* (Princeton, NJ: Princeton University Press, 2008).

5. Wilbur Lang Schramm, *The Science of Human Communication: New Directions and New Findings in Communication Research* (New York: Basic Books, 1963).

6. Christer Jönsson and Martin Hall, *Essence of Diplomacy* (New York: Springer, 2005).

7. Iver B. Neumann, "A Prehistorical Evolutionary View of Diplomacy," *Place Branding and Public Diplomacy* 14 (2018):9.

8. Carolyn Burdett, "Post Darwin: Social Darwinism, Degeneration, Eugenics," *British Library, Discovering Literature: Romantics and Victorians* (blog), May 15, 2014, https://www.bl.uk/romantics-and-victorians/articles/post-darwin-social-darwinism-degeneration-eugenics#.

9. Dirk Messner and Silke Weinlich, *Global Cooperation and the Human Factor in International Relations* (New York: Routledge, 2015).

10. Charles Darwin, *The Descent of Man and Selection in Relation to Sex, new rev. ed.* (New York: D. Appleton, 1896), 131.

11. Darwin, 107.

12. Charles Darwin, *The Descent of Man, and Selection in Relation to Sex* (London: J. Murray, 1871); Charles Darwin, *The Expression of the Emotions in Man and Animals* (with an Introduction by Paul Ekman), (New York: Oxford University Press, 1998).

13. 例如，参见 Samuel Bowles and Herbert Gintis, *A Cooperative Species: Human Reciprocity and Its Evolution, reprint ed.* (Princeton: Princeton University Press, 2013); Edward O. Wilson, The Social Conquest of Earth (New York: Liveright Publishing Corporation, 2012)。

14. J. M. Burkart et al., "The Evolutionary Origin of Human Hyper-Cooperation," *Nature Comminications* 5, no.1 (August 27, 2014):4747.

15. Bowles and Gintis, *A Cooperative Species*; Wilson, *The Social Conquest of Earth*.

16. Douglas Rushkoff, *Team Human* (New York: W. W. Norton & Company, 2019); see also, Nicholas A. Christakis, *Blueprint: The Evolutionary Origins of a Good Society* (New York: Little, Brown Spark, 2019); Yuval Noah Harari, *Sapiens: A Brief History of Humankind*, repr. ed. (New York: Harper Perennial, 2018).

17. Neumann, "A Prehistorical Evolutionary View of Diplomacy."

18. 例如，参见加州大学圣迭戈分校斯图亚特·安斯蒂斯实验室 (Stuart Anstis at the University of California, San Diego) 的研究。

19. Arjun Appadurai, *Modernity at Large: Cultural Dimensions of Globalization*, Public Worlds, Vol.1 (Minneapolis: University of Minnesota Press, 1996).

20. Bertrand Badie, "The European Challenge to Bismarckian Diplomacy," *International Politics* (Hague, Netherlands) 46, no.5 (2009):517—26; cited in Ole Jacob Sending, Vincent Pouliot, and Iver B. Neumann, "The Future of Diplomacy: Changing Practices, Evolving Relationships," *International Journal* (Toronto) 66, no.3 (2011):534.

21. 库恩的著作《科学革命的结构》(*The Structure of Scientific Revolution*)强烈提倡理论建构的方法论中强大的概念基础，非常适合像传播学这样的新领域，更加适合像跨文化传播这样的新兴领域。该书出版于一个非常时刻，像传播学这样的新兴领域经常受到像人类学和社会学这样的古老的学科领域的挑战。学术界的地盘之争非常残酷。在社会科学中，能够定义边界意味着能够建立清晰的学术院系、职业机构和期刊等。Thomas S. Kuhn, *The Structure of Scientific Revolutions* (Chicago, IL: University of Chicago Press, 1996).

22. John Gerring, "What Makes a Concept Good? A Criterial Framework for Understanding Concept Formation in the Social Sciences," *Polity* 31, no.3 (1999):381.

23. Samuel Grandados et al., "Raising Barriers: A New Age of Walls," Washington Post, October 12, 2016, https://www.washingtonpost.com/graphics/world/border-barriers/global-illegal-immigration-prevention/; Reece Jones, "Borders and Walls: Do Barriers Deter Unauthorized Migration?," migrationpolicy.org, 2016, https://www. migrationpolicy.org/article/borders-and-walls-do-barriers-deter-unauthorized-migration; Elisabeth Vallet, Borders, Fences and Walls: State of Insecurity? (Farnham, Surrey, UK: Routledge, 2016).

24. Yale Infant Lab, "The Infant Cognition Center|Yale University," 2021, https://campuspress.yale.edu/infantlab/; see profile: CBS News, "Babies Help Unlock the Origins of Morality," 60 Minutes, November 18, 2012, https://www.cbsnews.com/news/babies-help-unlock-the-origins-of-morality/.

25. Mark W. Moffett, *The Human Swarm: How Our Societies Arise, Thrive,*

and Fall (New York: Basic Books, 2019).

26. 为了了解历史趋势概述，参见哈佛大学历史学家入江昭和同事们的作品：Sebastian Conrad, Jürgen Osterhammel, and Akira Iriye, eds., *An Emerging Modern World: 1750—1870* (Cambridge, MA: Belknap Press, 2018); Emily S. Rosenberg et al., *A World Connecting: 1870—1945* (Cambridge, MA: Harvard University Press, 2012); Akira Iriye et al. *Global Interdependence: The World after 1945* (Cambridge, MA: Harvard University Press, 2014)。

27. James Der Derian, *On Diplomacy: A Genealogy of Western Estrangement* (Oxford: Blackwell, 1987).

28. Paul Sharp, *Diplomatic Theory of International Relations* (New York: Cambridge University Press, 2009), 2.

29. Ole Jacob Sending, Vincent Pouliot, and Iver B. Neumann, *Diplomacy and the Making of World Politics* (Cambridge: Cambridge University Press, 2015); G. R. Berridge, *Diplomacy: Theory and Practice* (New York: Springer, 2015); Adam Watson, *Diplomacy: The Dialogue between States* (New York: Routledge, 2013).

30. Geoffrey Allen Pigman, *Contemporary Diplomacy: Representation and Communication in a Globalized World* (Cambridge: Polity, 2010).

31. Nicholas J. Cull, "Public Diplomacy: Taxonomies and Histories," *The Annals of the American Academy of Political and Social Science* 616, no.1 (2008):31—54; Nancy Snow, "Rethinking Public Diplomacy," in *Routledge Handbook of Public Diplomacy*, ed. Nancy Snow and Nicholas J Cull, 2nd ed. (New York: Routledge, 2020), 3—12.

32. John Robert Kelley, *Agency Change: Diplomatic Action beyond the State* (Lanham: Rowman & Littlefield Publishers, 2014).

33. 例如，参见"帕尔格雷夫全球公共外交系列"(the Palgrave Global Public Diplomacy series)，该系列涵盖了对土耳其、瑞典、中国、印度和加拿大的研究。Efe Sevin, *Public Diplomacy and the Implementation of Foreign Policy*

in the US, Sweden and Turkey (New York: Palgrave Macmillan, 2017); Jian Wang, ed., *Soft Power in China: Public Diplomacy through Communication*, Palgrave Macmillan Series in Global Public Diplomacy (New York: Palgrave Macmillan, 2010); Daya Kishan Thussu, *Communicating India's Soft Power: Buddha to Bollywood*, Palgrave Macmillan Series in Global Public Diplomacy (New York: Palgrave Macmillan, 2013), https://doi.org/10.1057/9781137027894; Nicholas J. Cull and Michael K. Hawes, eds., *Canada's Public Diplomacy*, Palgrave Macmillan Series in Global Public Diplomacy (New York: Palgrave Macmillan, 2021), https://doi.org/10.1007/978-3-319- 62015-2.

34. Costas M. Constantinou, "Between Statecraft and Humanism: Diplomacy and Its Forms of Knowledge," *International Studies Review* 15, no.2 (June 1, 2013):142.

35. Douglas Johnston, ed., *Faith-Based Diplomacy: Trumping Realpolitik* (New York: Oxford University Press, 2003), https://oxford.universitypressscholarship.com/view/10.1093/acprof:oso/9780195367935.001.0001/acprof-9780195367935.

36. Tran Van Dinh, *Communication and Diplomacy in a Changing World* (Norwood, NJ: Ablex, 1987), 11.

37. R. S. Zaharna, "Culture, Cultural Diversity and Humanity-Centred Diplomacies," *The Hague Journal of Diplomacy* 14, no.1—2 (April 22, 2019):117—33.

38. Manuel Castells, "The New Public Sphere: Global Civil Society, Communication Networks, and Global Governance," *The Annals of the American Academy of Political and Social Science* 616, no.1 (March 1, 2008):78—93.

39. Juyan Zhang and Brecken Chinn Swartz, "Public Diplomacy to Promote Global Public Goods (GPG): Conceptual Expansion, Ethical Grounds, and Rhetoric," *Public Relations Review* 35, no.4 (November 1, 2009):382—87.

40. Kathy R. Fitzpatrick, "Public Diplomacy in the Public Interest," *Journal of Public Interest Communication* 1, no.1 (2017):78—93.

41. Simon Anholt, *The Good Country Equation: How We Can Repair the World in One Generation*, (New York: Berrett-Koehler, 2020)；也参见 the Good Country Index, https://www.goodcountry.org/。

42. Noé Cornago, *Plural Diplomacies: Normative Predicaments and Functional Imperatives*, (Leiden: Martinus Nijhoff Publishers, 2013).

43. Costas M. Constantinou and James Der Derian, "Introduction: Sustaining Global Hope: Sovereignty, Power and the Transformation of Diplomacy," in *Sustainable Diplomacies*, ed. Costas M. Constantinou and James Der Derian (London: Palgrave Macmillan UK, 2010), 1—22.

44. Seçkin Barlş Gulmez, "Cosmopolitan Diplomacy," in *Routledge International Handbook of Cosmopolitanism Studies*, ed. Gerard Delanty (New York: Routledge, 2018); Cesar Villanueva Rivas, "Cosmopolitan Constructivism: Mapping a Road to the Future of Cultural and Public Diplomacy," *Public Diplomacy Magazine* Winter, no.3 (2010):45—56.

45. Magnus Marsden, Diana Ibañez-Tirado, and David Henig, "Everyday Diplomacy," *The Cambridge Journal of Anthropology* 34, no.2 (September 1, 2016):2—22.

46. Villanueva Rivas, "Cosmopolitan Constructivism."

47. Akira Iriye, *Global Community: The Role of International Organizations in the Making of the Contemporary World* (Berkeley: University of California Press, 2002), 8.

48. Donna Marie Oglesby, *"Spectacle in Copenhagen: Public Diplomacy on Parade," CPD Perspectives on Public Diplomacy*, Paper 4, December 2010, https://uscpublicdiplomacy.org/sites/uscpublicdiplomacy.org/files/useruploads/u35361/2010%20Paper%204.pdf.

49. Anna Naupa, "Indo-Pacific Diplomacy: A View from the Pacific Islands," *Politics and Policy* 45, no.5 (October 1, 2017):902—17.

50. Andrew F. Cooper, Brian Hocking, and William Maley, eds., *Global Governance and Diplomacy*—Worlds Apart? (Houndmills: Palgrave Macmillan, 2008).

51. 入江昭的《全球共同体》记录，国际非政府组织从 1850 年的 5 个增长到 1910 年的 135 个，2000 年已超 10000 个。

52. Walker Connor, "When Is a Nation?" in *Nationalism*, ed. John Hutchinson and Anthony D. Smith (Oxford: Oxford University Press, 1994), 154—59; John A. Armstrong, *Nations before Nationalism* (Chapel Hill: University of North Carolina Press, 2017), originally published 1982; Anthony D. Smith, *Nationalism: Theory, Ideology, History* (John Wiley & Sons, 2013); John Hutchinson and Anthony D. Smith, "Introduction," in *Nationalism*, ed. John Hutchinson and Anthony D. Smith (Oxford: Oxford University Press, 1994), 3—16.

53. Sebastian Conrad, Jürgen Osterhammel, and Akira Iriye, eds. *An Emerging Modern World: 1750—1870, A History of the World*, 4 (Cambridge, MA: Harvard University Press, 2018); Barry Buzan and George Lawson, *The Global Transformation: History, Modernity and the Making of International Relations* (Cambridge: Cambridge University Press, 2015), https://doi.org/10.1017/CBO9781139565073.

54. Hutchinson and Smith, "Introduction," 4.

55. Connor, "When Is a Nation?" 156.

56. Alisher Faizullaev, "Diplomacy and Symbolism," *The Hague Journal of Diplomacy* 8, no.2 (January 1, 2013):91—114.

57. Benedict R. Anderson, *Imagined Communities: Reflections on the Origin and Spread of Nationalism* (London: Version, 1983).

58. Anderson, *Imagined Communities*; Michael Billig, *Banal Nationalism* (London: SAGE Publications Ltd., 1995).

59. Edward B. Tylor, *Primitive Culture: Researches into the Development of*

Mythology, Philosophy, Religion, Art, and Custom (London: John Murray, 1871).

60. Raymond Williams, *Culture and Society, 1780—1950* (New York: Columbia University Press, 1958).

61. Lila Abu-Lugod, "Writing against Culture," in *Recapturing Anthropology: Working in the Present*, ed. Richard G. Fox (Santa Fe, NM: School of American Research, 1991), 137— 62.

62. Susan Wright, "The Politicization of 'Culture'," *Anthropology Today* 14, no.1 (February 1, 1998):7—15, https://doi.org/10.2307/2783092; Barbara Adam and Stuart Allan, *Theorizing Culture: An Interdisciplinary Critique after Postmodernism* (New York: New York University Press, 1995); Homi K. Bhabha, *The Location of Culture*, 2nd ed. (London: Routledge, 2004).

63. Ingrid Piller, *Intercultural Communication: A Critical Introduction* (Edinburgh: Edinburgh University Press, 2017), https://books.google.com/books/about/Intercultural_Communication.html?id=mC1WDwAAQBAJ.

64. Brian Street, "Culture Is a Verb: Anthropological Aspects of Language and Cultural Process," in *Language and Culture: Papers from the Annual Meeting of the British Association of Applied Linguistics Held at Trevelyan College, University of Durham, September 1991*, by British Association for Applied Linguistics Meeting (Multilingual Matters, 1993), 23—59; Roy Wagner, *The Invention of Culture* (Chicago: University of Chicago Press, 1975); Wright, "The Politicization of 'Culture' "; William H. Sewell, "The Concept (s) of Culture," in *Beyond the Cultural Turn: New Directions in the Study of Society and Culture*, ed. Victoria Bonnell and Lynn Hunt (Berkeley: University of California Press, 1999), 35—61.

65. Sewell, "The Concept (s) of Culture," 57.

66. Bhabha, *The Location of Culture*; Marwan M. Kraidy, *Hybridity: The Cultural Logic of Globalization* (Philadelphia: Temple University Press, 2005).

67. Isocrates, *Nicocles*, 引自 Charles Marsh, "Converging on Harmony: Idealism,

Evolution, and the Theory of Mutual Aid," *Public Relations Inquiry* 1, no.3 (September 1, 2012), 317。

68. The Analects, Chapter 9/26，引自 Johnathan D. Spence, "What Confucius Said," China File, April 10, 1997, https://www.chinafile.com/library/nyrb-china-archive/what-confucius-said。

69. Joe Carmichael, "How the Theoretical Physics Finally Caught Up with Ancient Philosophy," Inverse, June 28, 2016, https://www.inverse.com/article/17276-how-theoretical-physics-finally-caught-up-with-ancient-philosophy; Catherine Offord, "Quantum Biology May Help Solve Some of Life's Greatest Mysteries," *The Scientist*, June 1, 2019, https://www.scribd.com/book/351486816/Energy-Medicine-Technologies-Ozone-Healing-Microcrystals-Frequency-Therapy-and-the-Future-of-Health.

70. Marco Iacoboni, *Mirroring People: The Science of Empathy and How We Connect with Others* (New York: Picador, 2009); Loretta Graziano Breuning, *Habits of a Happy Brain: Retrain Your Brain to Boost Your Serotonin, Dopamine, Oxytocin, and Endorphin Levels* (Avon, MA: Adams Media, 2015); Michael Tomasello et al., "Two Key Steps in the Evolution of Human Cooperation: The Interdependence Hypothesis," *Current Anthropology* 53, no.6 (2012):673—92.

71. Keith Dinnie, *Nation Branding: Concepts, Issues, Practice* (London: Routledge, 2015); Michael Kunczik, *Images of Nations and International Public Relations* (Mahwah, NJ: Lawrence Erlbaum Associates, 1996); Alexander Buhmann and Diana Ingenhoff, "The 4D Model of the Country Image: An Integrative Approach from the Perspective of Communication Management," *International Communication Gazette* 77, no.1 (February 1, 2015):102—24.

72. Kwame Anthony Appiah, *The Ethics of Identity* (Princeton, NJ: Princeton University Press, 2010), https://doi.org/10.1515/9781400826193.

73. Brian L. Hocking, "Introduction: Gatekeepers and Boundary-Spanners:

Thinking about Foreign Ministries in the European Union," in *Foreign Ministries in the European Union: Integrating Diplomats*, ed. Brian Hocking and David Spence (Basingstoke: Palgrave, 2005), 1—16.

74. Costas M. Constantinou, *Human Diplomacy and Spirituality* (report, Netherlands Institute of International Relations "Clingendael," 2006), 21.

75. Philip Seib, *The Future of #Diplomacy* (Cambridge, UK: Polity, 2016).

76. Daryl Copeland, *Guerrilla Diplomacy: Rethinking International Relations* (New York: Lynne Rienner, 2009).

77. Kelley, *Agency Change*.

78. Leo E. Otoide, "Re-Thinking the Subject of Africa's International Relations," *Voice of History* (Nepal) 16, no.2 (2001):43—56.

79. Chris Rumford and Andrew Cooper, "Bordering and Connectivity: Thinking about Cosmopolitan Borders," in *Routledge International Handbook of Cosmopolitanism Studies*, 2nd ed. Gerard Delanty (New York: Routledge, 2018), 277—86.

第一章　搞砸传播

　　"美国人擅长传播。究竟为什么在这一特定领域笨手笨脚却令我觉得是一种历史反常现象。"美国参议院外交委员会主席理查德·卢格参议员在"9·11"袭击两年后恼火地叫道。[1]卢格对于美国人在公共外交方面的挫折感到沮丧是合乎情理的。"9·11"袭击的余波撼动全国，美国随后发起了史上最积极的传播活动。美国公共外交部门发行了一本关于恐怖主义的"概况手册"，发起了一次全国性的品牌化运动，出版了一份关于生活方式的时尚杂志，设立了几家广播电台和一家卫星电视公司。虽然作了上述努力，美国依然没有赢得人心。全世界的反美情绪反而愈演愈烈，四处蔓延。

　　时间迅速来到 10 年后，公众手里激增的电子设备和数字社交平台取代了政府资助的大众传媒工具。恐怖团体也在争取西方的年轻人。美国争取人心的斗争就转向反叙事策略和先进的图文信息技术。尽管恐怖主义威胁迫在眉睫，美国在传播方面做了各种各样的努力，结果却是异乎寻常地相似，或者说不受欢迎。西方青年和非西方的青年都似乎和政府传播保持疏远关系。虽然"我们—他们"的意识形态分野依然存在，但是，目标公众不仅是国外的，还有国内的。

一个国家不遗余力地想做好传播，却怎么产生出这些多余的、意外的结果呢？在今天全球传播技术发达的时代背景下，经过了数十年的传播研究，一个传播大国如何变得笨手笨脚了呢？

美国公共外交的失败令人痛苦不堪。但是，正如本章认为，它对于揭示隐藏其中的"传播"假设是有用的。自从传播学创立并进入现代学科领域以来，那些关于"传播"含义的观点在传播过程中仿佛达成了一致意见。尽管学者广为认可不同的文化具有不同的世界观，但是，这些世界观被嵌入了一个可以提供模式、风格和方法的模板。这些方法从不质疑作为统一模式的实际模板的有效性。

自从"9·11"事件之后，政府为和公众沟通进行的公共外交活动增加，加上方便公众之间相互沟通的社交媒体工具的剧增，这些都提供了有利的机会，便于重新观察全球范围实时发生的人类社会的传播。本章就是考察这样独特的交汇点，而且试图为那些寻求弥合差异性和相似性的跨界者发出警醒，提示他们注意这些盲点。

全球更多的传播失误

当谈到公共领域的外交时，许多官员假定认为所有的国家、社会和公众对于传播的含义持有相同的见解，而且这样的假定一直无人质疑。国家之间继续怒气冲冲地进行沟通，经常因为被全球公众和其他国家误解而倍感痛苦。近几十年来，美国并不是尝试向全球公众解释情况而通常又以失败而告终的孤例。

2004年底，丹麦政府发现自己置身于一份独立报纸上刊发的政治漫画引起的国际传播风暴眼当中。丹麦官员认为这是言论自由问题，而许多穆斯林却认为是对先知穆罕默德的亵渎。丹麦政府越是解释自己的立场，似乎越是产生更多的不满。国外公众强烈的反应并非令人始料未及和无法理解的。传播不仅仅关乎信息，还关乎形象和身份。10 年后在巴黎街头，一场相似的叙事争夺战引人注目。在《查理周刊》刊发先知穆罕默德的漫画之后，人们用 "#Jesuis Charlie" 的标签来表达对政治讽刺杂志《查理周刊》团结一致的猛烈攻击。几天之内，逆向标签开始出现了。

国家不遗余力地努力做好传播，为何却产生出这些多余的、意外的结果呢？过去，有志于传播的从业人员将问题归咎于文化差异，但是官员肯定理解这些差异。2001 年以后，公共外交研究也如雨后春笋一般迅猛发展。问题或许不关乎风格或内容上的文化差异，如我们所见，各国都有许多不同的风格和方法，可依然面临重重困难。这些全球案例暗示，在什么构成和如何定义"传播"上，人们有着更深层次、更根本的分歧。通过专门转向研究传播领域的全球领先者并帮助建立该学科的美国的传播，我们可以探讨隐藏其中的假定。

公共外交窗口

在"9·11"事件之后的早些年，政府开展公共外交活动恰逢公众大量使用社交媒体之时，这让国家和公众之间可以实时地展开互动交流，不仅从政府角度，更为重要的是，也从公众角度，提供了一个审视全球传播失误的窗口。我在为撰写关于美国对阿拉伯和伊斯兰世界公共外交的首部专著《桥梁之战》（*Battles to Bridges*）而做的研究中，越发清楚地意识到，美国官员和公众对于"传播"似乎有截然不同的观点[2]。美国官员似乎认为"传播"就是关于设计和发布信息来说服和赢得受众。他们认为问题只是信息匮乏。正如时任总统布什宣称的："我很惊讶于人们对于美国所从事的事业有这么多误解。我们需要更擅长解释我们的情况。"[3]

如前所示，美国公共外交部门立即向阿拉伯和伊斯兰世界发起了密集的传播攻势。有关"基地"组织网络的概况手册"恐怖分子网络"只是开篇之作。该手册被译成 30 多种语言，并通过美国在世界各地的大使馆发布出去。在负责公共外交的副国务卿的指令下，美国发起了最早一场"普世价值"品牌化运动，并开发了一份基于网络的电子宣传手册"美国穆斯林的生活"[4]，以短纪录片、照片、统计数字、文章、美国穆斯林的陈述为特色，旨在驳斥美国是对穆斯林不友好的国家的观念[5]。一座新的阿拉伯语电台萨瓦电台（"萨瓦"［Sawa］在阿拉伯语里的意思是"一起"）被称为美国"传播之星"。[6] 这个新电台播放的音乐一半是西方流行音乐，一半是阿拉伯流行音乐，这是史无前例的，伴随简短的新闻播报，旨在吸引阿拉伯年轻人。在一项野心勃勃且投资巨大的项目中，一座卫星电视台自由电视台（Al-Hurra，阿拉伯语意为"自由者"）设立起来，用来同广受欢迎的阿拉伯半岛电视台竞争。[7] 甚至还有一本关于生活方式的时尚杂志《嗨！》，意在和阿拉伯年轻人展开对话。[8]

问题不再是信息不足，信息是海量的。所有的提议都遭遇争议和批评。[9] 看上去，美国越是为了适应受众调整传播，反美情绪越高涨。公共民意测验可以显示伤害之深。[10] 皮尤研究中心的数据显示，从 2002 年夏季到 2003 年，尼日利亚穆斯林人口对于美国的支持度从 72% 跌到 38%；印度尼西亚从 61% 跌到 15%；土耳其从 30% 跌到 15%；约旦从 25% 跌到 1%。[11] 许多人觉得美国的传播使人疏远，并令人厌恶。[12] 正如黎巴嫩著名记者拉米·库里（Rami Khouri）对于这种情绪所作的总结："他们（美国）哪里搞来的这些东西，他们为什么一直这样侮辱我们？"[13]

人们开始关注美国传播风格怎样展示信息。评论家批评美国的公共外交为单向的媒体驱动，这似乎在文化上与目标受众脱节。[14] 正如南希·斯诺（Nancy Snow）所说，美国这样咄咄逼人地展示信息的方式加强了人们认为美国傲慢的认知。[15] 对于这样认为"不愿意且不能参加跨文化对话"的看法，著名的外交关系委员会也表达了关注，强调倾听作为减少负面认知方式的重要性。[16] 尼古拉斯·卡尔（Nicholas J. Cull）（2008）强调了倾听的重要性，将它纳入其广受援引的公共外交分类法的第一要素。[17] 在另一篇关于后"9·11"公共外交的早期重要文献中，杰弗里·考恩（Geoffrey Cowan）和阿梅莉亚·阿瑟诺（Amelia Arsenaut）呼吁公共外交从独白转向对话与合作。[18]

美国官员试图采取一种关系方法，强调与公众的接触。[19] 在国务院一份重要的委员会报告将"接触"一词纳入传统的公共外交的定义之后，这一词语很快就进入公共外交讨论："在理解、提供信息、接触和影响受众方面，公共外交的重要性日益凸显。"[20] 美国国务院随后很快就将"接触"（Engagement）列为公共外交的四个"E"之一（接触、交流 [Exchange]、教育 [Educate]、赋能 [Empower]）。"接触青年"成为英语课程和"学习伙伴关系"（Partnerships for Learning, P4L）等新课程的板块，后者供来自中东和南亚的中学生学习。[21]

这个专门术语"接触"也可以用来暗示和公众建立关系的更具

关系性和参与性的方法。凯茜·菲茨帕特里克称，关系管理是美国公共外交的核心。[22] 在我们所称的"新公共外交"的特点中，用"接触"来描述这种关系转向是很贴切的。[23]

尽管在政策文件和声明中对"接触"有很多响亮的说法，其结果却并不尽如人意。美国公共外交似乎还是陷于独白之中，没有引起预期中的对话，即便在使用社交媒体的时候也是这样。[24] 尽管在传播上做了各种努力，美国的受欢迎程度依然很低，尤其在伊斯兰世界。科莫（Comor）和比恩（Bean）称"接触"的概念和其实际应用之间的鸿沟为一个"危险的错觉"。[25]

美国传播努力和受众反应之间的不匹配暗示，传播问题的解决远比增加信息量和修正传播风格、信息、方法深奥得多。许多人从政策视角出发批评美国公共外交，殊不知公共外交的一个核心原则就是要就政策进行沟通。

还有一个重要的问题有待解决。表面上，美国的公共外交遵循与全球公众沟通的理论规定，通过研究受众，相应地调整信息和方法。受众被认为具有"关系主义"世界观，因此，美国公共外交在传播方面采取的是一种关系方法。我们在传播理论上本应发挥作用的努力在面向全球受众的传播实践中没有起作用。"传播"理论和实践之间的鸿沟是巨大的。问题看上去不仅仅关乎不同的传播方法，反而暗示有关传播本身极为不同的概念。

隐藏的传播模板

美国公共外交的不幸算不上是误算。我们正在经历传播学理论上的全球范式转变。传播学的模式和理论——20世纪中期在美国作为学科领域才出现——已经从美国的语境以整齐划一的假定扩展到全球语境中去了。和美国公共外交的情况几乎一样，学者批评单向传播，进而主张将传播看作协同式、关系式过程的更加动态的观点。关系式视角的转向在社交媒体的崛起过程中得到强化，同时也恰逢传播和社科研究的全球化。美国学者长期以来的主导地位正在扩展到美国以外的学者。

非西方的传播学先驱学者，比如莫莱菲·阿桑特（Molefi Asante）、陈国民（Guo-Ming Chen）、维马尔·迪萨纳亚克（Wimal Dissanayake）、谢尔顿·古纳拉特纳（Shelton Gunaratne）、石井聪、伊藤友一（Youich Ito）、金敏珊（Min-Sun Kim）、毛利德·莫拉纳（Mawlid Mawlana）、三池义孝（Yoshitaka Miike）、席尔瓦·维斯布罗德（Silva Waisbrod）、汪琪（Georgette Wang）、金荣渊（Kim Yun Young）、廉俊（June Ock Yum）及其他学者，长期以来质疑传播学主流理论的假定和应用。[26] 这些学者关注个人主义，更多提倡关系式的视角。这个领域见证了传播学研究中西方和非西方分野的加剧。

值得注意的是，关于何为"传播"的观点似乎在全世界都很相似，至少表面如此，其基础是将传播的概念视为实体间交流观点、信息和符号的过程。这种视实体间交流为核心聚焦的观点，已经成为一条自从现代传播学建立学科体系以来一以贯之的主线。

威尔伯·施拉姆（Wilbur Shramm）也被称为"传播学之父"，写道："简单地讲，传播过程包括发送者、信息和接收者。"[27] 在早期一项被广为援引的传播学研究中，学者弗兰克·丹斯（Frank Dance）从传播学理论中归纳出 15 个主题。然而，在进一步研究之后，所有学者都建议将传播修改为各方之间发送和接收信息的过程。[28] 最近，涵盖许多学科领域国际学者的世界社会科学委员会也将传播定义为"对观念和信息的言语和非言语交流（强调为笔者所加）的研究"[29]。相似地，在最近的一场会议上，专门致力于传播研究的最大国际专业协会国际传播协会（ICA）聚焦于他们所称的传播力，即"传播力就是关于强有力的传播——发送和接收（强调为笔者所加）"。[30]传播学者的第二大专业协会美国传播协会（NCA）做了直观描述，把各方都视为发送者和接收者，这就是传播的"交易模式"。

这些学术定义和韦氏在线词典上的通俗定义比较一致（见专栏1.1）。

专栏 1.1
传播（Communication）：使用文字、语音、图像或行为表达或交流信息或向别人表达观点、思想和情感等等；向别人发送的信息；一封信件或者一通电话等。 通讯：使用技术向他人发送信息的方法。 来源：韦氏在线词典

这种将传播视为发送和接收信息的假定被延续下来，并成为跨文化交际研究的核心。最受欢迎的跨文化交际课本《跨文化交际读本》（*Intercultural Communication: A Reader*）最近已经出版其第40版的周年纪念版本，它提供了基本定义："跨文化交际发生于以下时刻：来自某个文化的人发送信息，被来自另一个文化的人处理。"[31]

由陈国民和斯塔罗斯塔编写的另一本流行的书介绍了关系的观点，依然保留了交换的假定："跨文化交际是一个相互决定的过程，我们通过交换符号建立相互依赖的关系（强调为笔者所加）"。[32]即便是批评美国传播模式的跨文化交际学者，他们在定义跨文化交际时也使用相似的语言。著名的日本跨文化交际学者石井聪就提倡鲜明的亚洲视角。但是，他还是将跨文化交际定义为"来自文化背景各异的人相互发送和接收（强调为笔者所加）语言和非语言信息的过程，是一种文化关联的认知、情感和行为活动"。[33]

如果我们仔细再看一下，这个发送者—信息—接收者的假定实际上包含着一个隐藏的模板，它会根据不同的世界观稍作修改。发送者、信息和接收者特征的变量被嵌入模板，来产生不同的传播模式。模式会变化，但模板不变。例如，如果把美国"发送者"嵌入模板，各种特征就会形成一个有关传播行为、感知和信息的特定剖面。将阿拉伯"接收者"嵌入模板会产生许多不同的传播行为。发送者和接收者之间的这些差异有助于解释美国发送者和阿拉伯接收者之间跨文化交际中产生的不可避免的问题。表面上，这个模板非常合乎逻辑。

因为发送者和接收者的文化差异而不是更基础的发送者—接收者模板被视为传播误区的根本原因，这一研究聚焦于发送者和接收者的文化差异。多年以后，学者们归纳出宽泛的文化模式或者连续体来帮助解释不同文化背景的发送者和接收者之间的文化差异。第二章将详细讨论的重要跨文化模式包括个人主义—集体主义[34]、活动导向和存在导向[35]、直接和间接[36]、口述和读写[37]。

尽管广泛使用这些模型，突出矛盾和西方的文化偏见会浮现出来。例如，一个被经常引用和广泛使用的跨文化交际模型就是个人主义/集体主义（Individualism/Collectivism，IDV/COL）。在文化光谱一端的个人主义偏爱个人视角、行动和目标。集体主义位于另一端，偏爱集体视角、行动和目标。这个模型的强大解释力使它很快受人欢迎，[38] 同样也招致争议。[39] 例如，个人主义—集体主义的二分特性暗示了文化是二元的、互相排斥的观点。[40] 但是，学者在标榜为集体主义的社会中发现了个人主义的特性。[41] 个人主义文化中也显示有集体主义特征。[42] 这种去个人性化的"集体"是有缺陷的，它没有能够抓住关系的个人特性。[43]

我们此处的探讨，最重要的是在将个人主义—集体主义嵌入发送者—信息—接收者的模板中的时候，它并不会总能消除传播问题。实际上，它会使文化刻板印象叠加，从而加剧问题。

抛开欧洲中心的模型模板，专家还引入了非洲中心[44] 和亚洲中心的传播模型。[45] 这些研究为文化调解的传播概念提供了丰富的见解。但是，它们也会在某些重要方面遭遇磕绊。它们的地缘文化区域专属特性就陷于过于狭隘的困境。特定的视角只能够运用于自身所在的地区。如果这些传播视角如此天差地别，以至于它们不能够被运用于别的文化地区，不同民族、文化和公众如何沟通交流？亨廷顿的"文明冲突论"真的是"传播冲突论"吗？似乎为了让不同文化背景的人能够互动，必须有共同的因素。正如加纳哲学家夸西·维尔杜（Kwasi Wiredu）所言，得有交叉点让传播可以发生。[46]

这些二元又冲突的传播视角带来的结果就是，学者似乎陷于巨量的跨文化对比研究，旨在加强而非拓展我们对于传播的理解。正如汪琪所言："过去几十年里，这个领域的全球化基本上停留在数据层面，很少到达方法论、理论和范式领域。"[47] 我们急需的是要找到打破当前理论模式，并从不同的、共享的制高点看待传播经验的新方法。下一节将建议把关系主义作为这种方法的工具。

突破假定

在本研究中，我对于传播采用了完全不同的方法，抛弃关于"传播"的所有的假定。在研究和教授传播学理论 40 余年之后，做到这一点真的不容易。但是，正如我发现的那样，用西方的或者用非西方的"传播"来理解人们是如何理解"传播"只会产生循环论证。更为重要的是，这两种视角都未与另一个视角交叉，不会提供关于传播更加宽广的、全球性的理解，也都没有能够跳出模板。我发现，留给自己（以及这个领域）的是无尽的发送者和接收者的变异，以及各种文化误解，从来不会解决"为什么发送者和接收者总是处在优先位置"这样的问题。

因此，我停下来重新思考一下传播。

从 2010 年开始，我决定将所有传播概念放在一边，在世界主要的知识遗产中踏上全球性、跨学科之旅，试图理解当人们相遇时会发生什么。他们会关注什么？他们使用什么样的术语，又如何使用这些术语的？正如威玛尔·迪桑纳亚克（Wimal Dissanayake）在关于佛教对于传播的看法而写的开创性著作中所观察的那样，"传播是社会的生命之血"。因此，他推断，古代社会为了生存，它们的"文化包含了解决人类传播问题的思维传统"。[48]

最初，我开始在美国学术中研究与当代"传播"相关的文献，然后又转到非西方的学术中去，进而去研究特定的文化区域和知识遗产。我越远离美国学术圈，"关系"这个字眼越频繁地浮现在眼前。对关系的讨论不仅大张旗鼓，而且对其关注点和假定也是五花八门。这样的观察提出了使用关系——具体地说就是对于自己、他人和社会的关系——作为手段去理解既独特又共同的传播概念的可能性。

在我的研究路上，我碰到了"关系主义"，这是一个西方和亚洲学者用来探讨关系和关系动力之间细微差别的分析透镜。[49]关系主义为克鲁所称的学会"读懂相互关联"提供了一种分析视角。[50]使用"关系主义"揭示出一个关系的世界，同时也揭示了大量传播。

关系主义揭示出美国学术界和意识形态领域长期以来的个人主义影响。如大家所见，个人主义是美国鲜明而又持久的特征，与其建国和定居时的生存密切相关。[51]阿列克西·托克维尔（Alexis de Tocqueville）在19世纪30年代访美时创造出这个术语。将近两个世纪之后，尽管来自不同文化的移民大量涌入，个人主义一词依然在全球民意调查中把美国人区分出来。[52]

虽然在美国语境下个人主义的关系假定也很突出，但正如我们在下一章中所探讨的，关于关系的概念要比当代学术界认为的繁杂得多。在美国语境之外，学术界充斥着这样的假定：个人和他人没有分离，而是本质相连的。学者发现欧洲25国的传播实践者倾向于不区分传播和关系的区别，把两个词互换使用。[53]拉美地区的学术界强调家庭作为社会的重力中心，[54]这暗示关系并不是发生在社会真空之中，而是其他社会关系圈或者关系领域的一部分。在地中海和大中东地区的咖啡馆文化中，情感维度在定义关系联系中引人注目。早期阿拉伯社会学家伊本·赫勒敦（Iben Khaldun，1332—1406）提出了"集体情感"或者"集体意识"的概念。[55]关系联系就是情感联系。

人们大胆探索泛非洲的传统，在乌班图精神的概念中，可以发现人类世界的关系观念，它暗示相互关联的人类精神，"他在故我在"。[56] 再看看南亚，学者反思，西方作为独立且分离实体的"人与社会"和"社会中的人"的概念有别于印度密不可分、共生的"人—社会"的概念。[57] 东亚学术界一个显著的假定认为关系的复杂性包含关系的区分和层级。例如，儒家哲学中的五对基本关系——父子、兄弟、夫妻、朋友、君臣——相互区别，就像五根手指头。在此语境下，不是利用传播"创立"或"建立"关系，而是通过传播充分利用关系世界。[58]

当我在知识遗产中继续探索时，关系假定和结构差别有所扩大，我发觉关系二元结构的观点——关系 / 无关系、个人 / 集体——日益受人质疑。这些二元结构解释了缺失的第三维，即配对关系。[59] 从关系出发，人们不会从有自主权的个人跳到不具名的"集体"，或者成为"大众"一般的受众，他们反而和别人结成亲密关系。这些亲密关系为形成社会中更大的关系组合奠定基础，很大程度上就像两个个体通过婚姻结成的关系联系会在两边的大家庭之间产生更大的关系联系那样。家庭成员之间的关系联系会和社会上更大的关系组合混合起来。即使是像在中国的"关系"网（guanxi）这样的复杂社会网络，似乎也是基于基础性的二元配对原则。[60]

在这一探索中，越来越清楚的是，人们意识到随着关系的假定改变，传播的假定也会改变。如果人们认为个体是分离的，那么分离的个体之间发送东西的必要性似乎就是传播唯一合乎逻辑的解释。但是，如果人们不是分离的，而是本质上联系在一起的，发送东西的需求在逻辑意义上即使有，也会很少。传播不是聚焦于分离的个体以及如何连接他们，而是关于关系的。在塑造传播上，关系的关键就在于为什么在像欧洲这样的研究传统中，关系和传播可以互换使用。或者，如果人们认为个体必须在一个更大的关系世界里与别人存在联系，那么传播能力就不是关于个体表达能力，而是语境和关系的敏感性。

关系假定和传播假定之间的联系可以帮助解释我们观察到的美国在传播努力中笨手笨脚的现象：如果个人主义的关系假定是例外，而不是行事准则，那么当代"传播"研究就有可能也是例外，在全球舞台上的有效性就会很有限。尽管当代传播学术研究充满美国语境下的偏见，可能是对传播的主流阐释，但各种各样的关系主义假定暗示，它并不是唯一的合乎逻辑的解释。

三个传播逻辑

从全球文化遗产探索之旅和跨文化学术研究中最终浮现出来的是三个独特的、共存的、具有全球性的"关系"视野，这也反过来暗示了同样可信赖的传播逻辑。每一个逻辑来源于三个基础性的关系概念之一：没有关系（no relations）、成对的关系（paired relations）和整体关系结构（holistic relational structures）。每一个关系前提都暗示一组相互关联的假定和动力网络，它们如此无懈可击，以至于让传播显得合乎逻辑，甚至成为"传播"的唯一合理解释。

逻辑一：个人主义逻辑（the Individual Logic）依赖于看上去自相矛盾的没有关系的关系前提。这个没有关系的假定让人们的注意力转到单一个体上去，再扩大一点，延伸到个人的特质和技能上去。个体的作用非常关键。个体传播者负责传播或者表达自己。因为每一个个体都是与别人分离的，传播必须是一个交换的过程（见

图 1.1）。交换假定显示在对于信息内容和信息传递（媒介）的重要性上面。正如马歇尔·麦克卢汉（Marshall MacLuhan）著名的格言中回应的那样，"媒介就是信息"。[61] 因为个人主义逻辑依赖于自我表达的传播动力，这个逻辑也可以被称为表达逻辑（the Expressive Logic）。

图 1.1　个人主义传播逻辑。作者提供。

　　逻辑二：关系主义逻辑，依赖于人作为关系主义的动物和别人存在内在联系的前提。因为这个逻辑预设了和同类会有关系主义联系，传播焦点会从个体转到二元或成对关系上去。无穷符号（见图 1.2）涵盖了传播参与者内在联系的概念。传播分量在中心交叉点向下的地方也会下降。在关系主义逻辑中，关系联系的质量起到定义传播的作用，关系的性质反过来也可以定义传播。因此，传播概念和关系在逻辑上可以互换使用。另外，由于关系联系对于传播强大的影响力，传播逻辑中的主流动力就是那些定义、维持和增强关系联系的动力，包括重要的接触点、共现、情感、视角取向、互惠和象征主义。其中，关系主义逻辑预设了交情（fellowship）和交往（association），将传播和交往的性质等同起来。这一逻辑也被视为交往逻辑（the Associative Logic）。

图 1.2　关系主义传播逻辑。作者提供。

　　逻辑三：整体主义逻辑（the Holistic Logic）从二元和成对的关

人类社会的跨界者
全球合作的传播和公共外交的三种逻辑

系主义焦点转到包含所有关系的关系世界。这里的传播依赖于个体是嵌入复杂的、先存的关系结构的前提条件。[62] 人们熟悉的阴阳图（见图 1.3）就反映出这样的关系世界：个人主义逻辑可能将黑白区域当作两个分离的对立实体，关系主义逻辑则把它看作互补的雌雄体，整体主义逻辑就只把它看作一个圆圈。

图 1.3　整体主义逻辑。作者提供，改编于 yin-yang.svg，由格雷戈里·马克斯维尔（Gregory Maxwell）发布于公共网域。https://comons.wikimedia.org/wiki/File:Yin-yang.svg.

因为整体主义关系结构先于个体存在，关系组合塑造了面向所有人的传播。同样，关系结构是基于与他人的内在联系，整体主义逻辑就包含关系主义的动力，这些动力可以帮助维持成对关系的联系，同时可以提供额外的动力，帮助维持更大关系结构的完整和持续。值得注意的是，我们不能够仅仅依赖于口头动力，行动和互相行动是必须要求的。这些不活跃的传播动力包括：扩大连通、保存多样性、保持语境敏感性、互相适应（同步性）、变化和持续、合作取向。因为传播依赖于维持整体统一和不同元素的和谐平衡，整体主义逻辑也可以被视为和谐逻辑（the Harmony Logic）。

这些图像支撑了三个逻辑的独特性。但是，正如阴阳图所示，每一个逻辑都有可能发现同一现象，并做出不同的关系假定。这样观察同一现象但产生不同关系假定，推而广之可以产生不同的传播假定的倾向，可以帮助解释为什么每一个逻辑都认为其本身对于大家都是"显而易见的"。事实上，关系主义构成——个人的、成对的、整体关系的——每一个前提条件都是显而易见的，在人类经验中一直存在。传播动力也是如此。人类关系中这种既共同又有区别的方面也使得传播在不同的知识遗产和传统中既有共性又有区别。

致跨界者

卢格参议员对于美国作为传播大国却搞砸传播的观察是非常敏锐的。美国的公共外交假定只有一个共同的传播视野，积极地与全球公众进行沟通。但是，一直进行的寻求理解的努力暗示，它在与多重的传播理解以及概念盲点作斗争。美国公共外交似乎陷于一种单一的、狭隘的视野，缺乏全球视角。

本章从探讨国家行为体在全球公共舞台上试图跨越外交界限的失败开始。但是，正如在引言中探讨的那样，在全球舞台上跨越界限的需要不再局限于国家行为体。对于人类中心的外交来讲，来自市民社会、公司甚至公民个体的非国家行为体起到关键性作用，调节身份、充分利用文化差异。

为了接受这一挑战，跨界者需要在上述三个传播逻辑中扩展他们的意识、知识和能力。前几章探讨的就是那样的需要，详细地探讨了每一个独特的逻辑、突出了关系前提条件和主要动力。首先，让我们突出几个逻辑要点，这些帮助我们跨越前面提及的西方和东方学术界中的传播陷阱。这些陷阱会让人不知不觉中局限于国家视角，导致错过了全球图景。

独特的逻辑，并非风格变异

首先，逻辑是理解基于关系前提的传播的独特的依据。个人主义逻辑在当代传播研究乃至公共外交研究中是主流的逻辑。个人主义逻辑的主流地位使得它似乎具有普适性，掩盖了其他逻辑的独特性和合法性。[63] 但是，关系主义和整体主义逻辑并非主流个人主义逻辑的非个人主义逻辑变体。它不是关于发送者或接收者，也不是关于个体自我和关系自我。因为关系主义逻辑和整体主义逻辑也体现传播的独特观点，个人主义逻辑不能通过微调信息发送策略、叙事方法来跨越传播障碍。将这些逻辑看成不同的关系世界观或关系模式只会产生出个人主义逻辑的变异，从而限制公共外交。

跨界者需要关注其中蕴含的关系主义前提条件——不是信息和方法的表面差异——为的是不要掉进主流的个人主义逻辑。美国公共外交反映出其蕴含的个人主义逻辑前提，视实体为分离的个体。它也因此聚焦于设计和发送信息去"创造"关系或者和其他实体"接触"，正如美国公共外交和阿拉伯世界的公众情况显示的那样。但是，并不是所有的公众都假定有关于分离实体的个人主义逻辑。许多人会假定关系主义逻辑的前提，通过关系主义联系的透镜来看待传播。各方关系的性质和优点使得言语和行动产生意义。从关系主义逻辑的角度来看，使得美国传播产生意义的是美国参与该地区留下来的遗产以及与该地区领导人培养起来的关系，这些关系有时候也是以牺牲与人民的关系为代价的。理解传播中这样深奥的关系前提就是理解美国公共外交所缺失的，这也是为什么它总是偏离预期效果的原因。

相互提升，不是相互排斥

其次，突破了传统思维的束缚后，这些逻辑并不是相互排斥的，而是正如我们在第六章里所见，它们是相互促进的。当代（西方）传播倾向于从差异的角度来看待文化和国家，这通常会导致鲜明的对立。跨文化模型，例如早前探讨的个人主义/集体主义，暗示存在一个连续体。但是，在比较研究中，一个文化的特征在光谱的一端会暗淡，在另一端还有该文化的"对立面"。有对立倾向的文化或国家被认为天生容易产生冲突。

这些逻辑很明显地基于关系主义前提，它们本质上是共存的，因为这三个关系主义前提体现着人类社会共有的三个基本关系形式。这三个基本关系形式——个人主义、二元成对和更大整体——对于人类社会发挥功能具有基础性意义。因为这些关系形式可以共存，这些逻辑也可以共存。聚焦于个人不必排斥社会维度。不仅仅这些关系形式可以共存，这些动力（例如，信息、情感、同步性等）也可以共存。信息并不会专属于个人主义逻辑，正如同情感并不独属于关系主义逻辑一样。

对于人类多样性，跨界者必须要超越"非此即彼"（either-or）的思维。不要把差异视为对立面，它们也可能是必要的补充，帮助实现全球性视野。个人主义逻辑可能有缺陷，因为太注重发送信息而错过了关系主义提示。但是，关系主义和整体主义逻辑也有局限性，如果它们狭隘地关注关系主义方面，而牺牲发送信息和媒体策略的话。

全球性的，并非地缘文化的

这些逻辑相互区别，出现的时候还有交叉，与全球各类公众都会产生共鸣。与东西方传播的主流思维的另一个不同之处是，这些逻辑并不是任何国家或知识遗产的排他性领域或产品。本书最独特的研究发现之一就是，东西方学者用来强调某一特定人类社会的鲜明特征的著作，也包含了被认为是其他社会的特征的思想，甚至还有其文化对立面。例如，当谈论社会关系重要性的时候，亚洲学者会引述孔子的《论语》。但是，哈里·特里安第斯（Harry Triandis）深入研究过个人主义／集体主义差异，曾经说过："当你读到孔子的时候，你会对于他鼓励人们个人主义的言论深受触动。"[64] 事实上，人们会发现个人作用的重要性。与和谐概念一起，处于儒家思想中心的还有自我修养的观点。正是通过勤勉的自我修养，个人才能够与自我、他人，最终和宇宙一起达到和谐。另一句《论语》中的名言反映出个人作用和意愿的重要性："三军可夺帅也，匹夫不可夺志也。"[65]

个人主义因素不仅出现在古代东方哲学中，而且这些与亚洲文化有关的因素通常也可以在古希腊的文本中找到，学者将其和西方文化联系起来。例如，古希腊人的著作就会激励人们通过广泛的质疑来严格地追求真理。在西方的法学研究中，这被称为"苏格拉底方法"，也写作与和谐或者叫"harmonoia"[66] 有关的主题。伊索克拉底对于合唱的探讨给歌舞式传播（choric communication）打下了基础。这依赖于言语或非言语的同步才能促进和谐。歌舞式传播在2008 年美国总统大选中得到应用，来号召身份各异的选民集团组成连贯的整体。[67]

对于跨界者，古代思想遗产和当代传播财富为公共外交全球化推广留下了丰富的资源。与其将观察文化特质的视角限定在特定地缘文化区域，更有利的方法就是将这些见解综合转移到泛人类的创造应用上去，同时也可以提高合作能力。我们会在第六章里进行探讨。

谨防盲点

重新思考传播的最后一个关键步骤就是认识到人们对于某一个逻辑的偏好。每一个人对于某一个特定的逻辑都会有偏好或影响力。例如，聚焦于信息、媒体或者个体参与者就会暗示对于个人主义逻辑的偏好。聚焦于情感、非言语行为或增强关系联系的互惠性会暗示偏好关系主义逻辑。聚焦于扩展关系、培养语境意识、同关系世界的同步互动则暗示对于整体主义逻辑的偏好。

认识到这样的偏好是很重要的，因为没有被认识到的偏好会随着时间的推移，通过反复使用和掌握而形成影响力。这样的影响力会占据优势，以至于产生盲点、阻碍对于其他逻辑的看法和意识。当一种偏好变得如此具有优势而阻碍其他逻辑的时候，这种影响力就会变成麻烦事。对于个人主义逻辑的强烈偏好就会产生盲点，导致将其他逻辑中的互动和关系视为信息、媒介和参与者的特征。没有深入思考关系或行动本身，它们就被视为话语和文本，按照话语视角来进行分析。

对于关系主义逻辑的强烈偏好会让人忽视明确的信息发送方式，徒劳地操控关系动力。对于整体主义逻辑的强烈偏好会加剧对关系主义动力的关注，这种动力对其他人来说是压倒性、掌控性的。正如美国"笨手笨脚"的经验表明的那样，某一个逻辑的长处并不会弥补它成为阻碍别的逻辑的盲点。如果它们忽视了关系主义联系（对于关系主义逻辑极其重要）或者更大的关系主义结构（对于整体主义逻辑极其重要），提升信息和叙事的巧妙努力也还是不够。

在全球语境下，跨界者要想取得效果，在拓宽全球视野和培养出其他的逻辑能力之前，他们有可能需要意识到偏好和盲点。在第六章，我们会涉及几位获得国际广泛认可的国家领导人。其中之一就是纳尔逊·曼德拉（Nelson Mandela）这位在 20 世纪被广为认可的全球偶像。[68] 他似乎是掌握这三个逻辑的大师，展现出对于潜在的关系前提具有敏锐的意识。这些前提能够定义人类的经验，也可以让传播对于全球所有人都具有意义。

总　结

本章揭示了一个公共外交领域隐藏的文化假定的软肋，其令外交官和学者陷于一种狭隘的本国视角，从而错失当今外交的全球公共维度。本章打破了以下传统，即把传播和外交的其他视角视为发送者和接收者的变异主题，或者视为对于特定地缘文化区域具有排他性的复杂模型，提供了对于三个鲜明的、交叉的全球传播逻辑的见解。因为这三种观点都是基于能够支持全人类社会的基础性的关系主义结构，这三个视角彼此互补、相互依赖。正如我认为的那样，没有一个逻辑具有普适性的能力，可以体现出传播对于各种各样的公众都有意义，此外，对于某一个逻辑缺乏认识或者只依赖于某一个逻辑只会令其他逻辑相形见绌，这也会在全球传播中造成盲点。如果理解了这些逻辑是如何交叉的，我们会从中发现什么是培养出宽广的全球传播视野的关键。这个宽广的全球视野是将公共外交全球化的基础。综上所述，这些逻辑是公共外交在寻求共同点、调解身份、沟通差异、协作式地解决全球问题上发挥新作用的关键。

下一章将更深入地探讨关系和传播之间的联系，为全球各种各样的公共外交实践提供一些见解。我们接下去再度审视逻辑，通过人类古代遗产的透镜去看它们。对于个人主义逻辑（见第三章），我们将回到古代雅典的公共广场，外交官在那里进行唇枪舌战。对于关系主义逻辑（见第四章），我们回到美索不达米亚，那里的国王们通过王家兄弟情谊培养出硕果累累的外交联盟。对于整体主义逻辑（见第五章），我们从古代世界收集了大量宇宙图，通过精美的插图来展示那些复杂的动力，其能够和谐地维持关系世界的整体性和持续性。在第六章中，我们将探讨如何将这些逻辑混合起来，从而提升全球层面的协作能力。

注释

1. Richard Lugar, U.S. Senate Foreign Relations Committee, Opening Statement for Nomination Hearings for Margaret D. Tutwiler for Undersecretary of State for Public Diplomacy, October 29, 2003; Brian Knowlton, "Lugar Says U.S. is All Thumbs in Dealing with Muslims," *The New York Times*, October 29, 2003, https://www.nytimes.com/2003/10/29/international/middleeast/lugar-says-us-is-all-thumbs-in-dealing-with-muslims.html.

2. R. S. Zaharna, *Battles to Bridges: U.S. Strategic Communication and Public Diplomacy after 9/11* (Basingstoke: Palgrave Macmillan, 2010), http://dx.doi.org/10.1057/9780230277922.

3. George W. Bush, "Press Conference," October 11, 2001, http://www.washingtonpost.com/wp-srv/nation/specials/attacked/transcripts/bush_text101101.html.

4. 关于竞选活动，参见美国国务院 2001—2009 年档案 (U.S. Department of State Archives 2001—2009): Charlotte Beers, Under Secretary for Public

Diplomacy and Public Affairs, "Public Diplomacy after September 11," U.S. Department of State, ARCHIVE (Department of State, Office of Electronic Information, Bureau of Public Affairs, December 18, 2002), https://2001-2009.state. gov/r/us/16269.htm; U.S. State Department, "Muslim Life in America," n.d., http:// usinfo.state.gov/products/pubs/muslimlife/homepage.htm。

5. 参见 Charlotte Beers, Under Secretary for Public Diplomacy and Public Affairs, "American Public Diplomacy and Islam" (U.S. Department of State, Office of Electronic Information, Bureau of Public Affairs, February 27, 2003), https://2001-2009.state.gov/r/us/18098.htm; Beers, Under Secretary for Public Diplomacy and Public Affairs, "U.S. Public Diplomacy in the Arab and Muslim Worlds" (Department of State, Office of Electronic Information, Bureau of Public Affairs, May 7, 2002), https://2001-2009.state.gov/r/us/10424.htm; Beers, Under Secretary for Public Diplomacy and Public Affairs, "Public Service and Public Diplomacy" (Department of State, Office of Electronic Information, Bureau of Public Affairs, October 17, 2002), https://2001-2009.state.gov/r/us/15912.htm。

6. Kenneth Y. Tomlinson, "Testimony of Kenneth Y. Tomlinson, Chairman, Broadcasting Board of Governors, before the Committee of Foreign Relations, United States Senate on American Public Diplomacy in the Islamic World," February 27, 2003, https://www.foreign.senate.gov/imo/media/doc/ TomlinsonTestimony030227.pdf; Nancy Youssef, "Music, All-Arabic Format Thrive; Some Say News Is Slanted," Detroit Free Press, March 11, 2003.

7. 有趣的是，美国国务院的华盛顿档案报告称，"自由电视台旨在传递'精准'和'自由开放的辩论'"，并补充说"自由电视台项目在中东新闻界继续遭到质疑，当地的学究坚持认为这个电台应当被当作政府宣传机器关停"。David Shelby, "US Starts New Arabic-Language Satellite TV Broadcast," February 13, 2004, https://govinfo.library.unt.edu/cpa-iraq/pressreleases/20040214_ satellite.html; Ed Finn, "Unhip, Unhip Al Hurra, The Middle East Hates Its New TV

Station," Slate, February 20, 2004, https://slate.com/news-and-politics/2004/02/the-middle-east-hates-its-new-tv-station.html; Marwan Al Kabalan, "Al Hurra's Chances of Success Are Remote," Gulf News, February 20, 2004, https://gulfnews.com/uae/dr-marwan-al-kabalan-al-hurras-chances-of-success-are-remote-1.314218.

8. Teri Schultz, "State Department Magazine Courts Arab Youth," Fox News, September 1, 2003; Tim Cavanaugh, "Hi Times: Citizen Powell's State Department Publishing Adventure," Reason, September 30, 2003, https://reason.com/2003/09/30/hi-times/; Peter Carlson, "America's Glossy Envoy," The Washington Post, August 9, 2003, https://www.washingtonpost.com/archive/politics/2003/08/09/americas-glossy-envoy/94567794-380c-4aad-b007-e324fe596145/.

9. 除了上述引述来源，参见 Marwan Bishara, "Washington's New Channel: Propaganda TV Won't Help the U.S.," The New York Times, February 23, 2004, sec. Opinion, https://www.nytimes.com/2004/02/23/opinion/washingtons-new-channel-propaganda-tv-wont-help-the-us.html; Chris Toensing, "Hi and a Low at the State Department," The Daily Star, August 23, 2003, sec. Opinion, http://www.dailystar.com.lb/Opinion/Commentary/2003/Aug-23/103843-hi-and-a-low-at-the-state-department.ashx。

10. 例如，参见 Pew Research Center, "What the World Thinks in 2002," The Pew Global Attitudes Project, December 4, 2002, https://www.pewresearch.org/global/2002/12/04/what-the-world-thinks-in-2002/; Pew Research Center, "Views of a Changing World 2003: War with Iraq Further Divides Global Publics," June 3, 2003, https://www.pewresearch.org/politics/2003/06/03/views-of-a-changing-world-2003/; Pew Research Center, "America's Image Further Erodes, Europeans Want Weaker Ties: But Post-War Iraq Will Be Better Off, Most Say," March 18, 2003, https://www.pewresearch.org/politics/2003/03/18/americas-image-further-erodes-europeans-want-weaker-ties/; Pew Research Center, "A Year after Iraq War: Mistrust of America in Europe Ever Higher, Muslim Anger Persists," The

Pew Global Attitudes Project, March 16, 2004, https://www.pewresearch.org/global/2004/03/16/a-year-after-iraq-war/。

11. Pew Research Center, "Views of a Changing World 2003," 3.

12. 例如，参见 Makram Khoury-Machool, "Losing Iraqi Hearts and Minds," Iraqi Crisis Report (Global Vision News Network, June 11, 2003); Samer Shehata, "Why Bush's Middle East Propaganda Campaign Won't Work," Salon, July 13, 2002, https://www.salon.com/2002/07/12/propaganda_8/; Jihad Fakhreddine, "US Public Diplomacy in Broken Arabic: Evaluating the Shared Values Advertising Campaign Targeting Arab and Muslim Worlds," Global Media Journal 2, no.4 (Spring 2004), https://www.globalmediajournal.com/open-access/us-public-diplomacy-in-broken-arabic.pdf。

13. Rami Khouri, "The US Public Diplomacy Hoax: Why Do They Keep Insulting Us?" (Commentary), The Daily Star, February 11, 2004, http://www.dailystar.com.lb//Opinion/Commentary/2004/Feb-11/92631-the-us-public-diplomacy-hoax-why-do-they-keep-insulting-us.ashx.

14. Mohan J. Dutta-Bergman, "U.S. Public Diplomacy in the Middle East," *Journal of Communication Inquiry* 30, no.2 (April 1, 2006):102—24, https://doi.org/10.1177/0196859905285286; Jian Wang, "Managing National Reputation and International Relations in the Global Era: Public Diplomacy Revisited," *Public Relations Review* 32, no.2 (2006):91—96.

15. Nancy Snow, *The Arrogance of American Power: What US Leaders Are Doing Wrong and Why It's Our Duty to Dissent* (Lanham: Rowman & Littlefield, 2007).

16. Peter G. Peterson, "Public Diplomacy and the War on Terrorism," *Foreign Affairs* 81, no.5 (2002):75, https://doi.org/10.2307/20033270.

17. Nicholas J. Cull, "Public Diplomacy: Taxonomies and Histories," *The Annals of the American Academy of Political and Social Science* 616, no.1

(2008):31—54; Council on Foreign Relations, "Public Diplomacy: A Strategy for Reform," Council on Foreign Relations, July 30, 2002, http://www.cfr.org/diplomacy-and-statecraft/public-diplomacy-strategy-reform/p4697.

18. Geoffrey Cowan and Amelia Arsenault, "Moving from Monologue to Dialogue to Collaboration: The Three Layers of Public Diplomacy," *The Annals of the American Academy of Political and Social Science* 616, no.1 (2008):10—30.

19. E. Comor and H. Bean, "America's 'Engagement' Delusion: Critiquing a Public Diplomacy Consensus," *International Communication Gazette* 74, no.3 (April 1, 2012):203—20; Bruce Gregory, "American Public Diplomacy: Enduring Characteristics, Elusive Transformation," *The Hague Journal of Diplomacy* 6, no.3 (2011):351—72.

20. Edward P. Djerejian, "Changing Minds, Winning Peace: A New Strategic Direction for US Public Diplomacy in the Arab and Muslim World" (Washington, DC: Advisory Group on Public Diplomacy, U.S. Department of State, October 2003), 5.

21. Margaret Tutwiler, "Public Diplomacy: Reaching Beyond Traditional Audiences," § House Appropriations Subcommittee on Commerce, Justice, State and the Judiciary (2004), https://2001-2009.state.gov/r/us/2004/29111.htm.

22. Kathy Fitzpatrick, *The Future of U.S. Public Diplomacy: An Uncertain Fate* (Leiden: Martinus Nijhoff, 2010).

23. Shaun Riordan, "Dialogue-Based Public Diplomacy: A New Foreign Policy Paradigm?" Netherlands Institute of International Relations 'Clingendael,' Discussion Papers in Diplomacy No.95, (November 2004):1—17; Jan Melissen, "The New Public Diplomacy: Between Theory and Practice," in *The New Public Diplomacy: Soft Power in International Relations* (New York: Palgrave Macmillan, 2005), 3—27; R. S. Zaharna, Amelia Arsenault, and Ali Fisher, eds., *Relational, Networked and Collaborative Approaches to Public Diplomacy: The Connective*

Mindshift (New York: Routledge, 2013).

24. Ronit Kampf, Ilan Manor, and Elad Segev, "Digital Diplomacy 2.0? A Cross-National Comparison of Public Engagement in Facebook and Twitter," *The Hague Journal of Diplomacy* 10, no.4 (2015):331—62.

25. Comor and Bean, "America's 'Engagement' Delusion," 204.

26. Molefi Asante, *Afrocentric Idea Revised* (Philadelphia: Temple University Press, 2011); Shelton A. Gunaratne, "De-Westernizing Communication/Social Science Research: Opportunities and Limitations," *Media, Culture & Society* 32, no.3 (2010):473—500, https://doi.org/10.1177/0163443709361159; Guo-Ming Chen, "A Model of Global Communication Competence," *China Media Research* 1, no.1 (2005):3—11; Chen, "Toward an I Ching Model of Communication," *China Media Research* 5, no.3 (2009):72—81; Yoshitaka Miike, "Theorizing Culture and Communication in the Asian Context: An Assumptive Foundation," *Intercultural Communication Studies* 11, no.1 (2002):1—22; Miike, "Non-Western Theory in Western Research? An Asiacentric Agenda for Asian Communication Studies," *The Review of Communication* 6, no.1—2 (2006):4—31; Miike, "Asian Contributions to Communication Theory: An Introduction," *China Media Research* 3, no.4 (2007); Min-Sun Kim, *Non-Western Perspectives on Human Communication: Implications for Theory and Practice* (Thousand Oaks: Sage Publications, 2002); Silvio Waisbord and Claudia Mellado, "De-Westernizing Communication Studies: A Reassessment," *Communication Theory* 24 (2014):361—72; Georgette Wang, "Paradigm Shift and the Centrality of Communication Discipline," *International Journal of Communication* 5 (2011):1458—66; Satoshi Ishii, "Complementing Contemporary Intercultural Communication Research with East Asian Sociocultural Perspectives and Practices," *China Media Research* 2, no.1 (2006):13—20; Youichi Ito, "Mass Communication Theories from a Japanese Perspective," *Media, Culture & Society* 12 (1990):423—64; D. Lawrence Kincaid, *Communication Theory: Eastern and Western Perspectives* (San

Diego: Academic Press, 2013); Hamid Mowlana and William B. Gudykunst, "Mass Media and Culture: Toward an Integrated Theory," in *Intercultural Communication Theory: Current Perspectives* (Beverly Hills, CA: Sage, 1983), 149—70.

27. Wilbur Lang Schramm, *The Science of Human Communication: New Directions and New Findings in Communication Research* (New York: Basic Books, 1963), 7.

28. Frank E. X. Dance, "The 'Concept' of Communication," *Journal of Communication* 20 (1970):201—10.

29. 联合国教科文组织 (UNESCO) 使用了国际科学信息组织 (International Scientific Information) 的定义："尽管变化迅速，传播研究作为知识领域依然是异质性特征鲜明，可定义为对信息和观念的语言和非语言交换方式的研究。" International Social Science Council and UNESCO Direct General, 2009—2017, *World Social Science Report, 2010: Knowledge Divides* (Paris: ISSC/UNESCO, 2010), 196, https://unesdoc.unesco.org/ark:/48223/pf0000188333.

30. 2016 International Communication Association Conference "Call for Papers," Fukuoka, Japan.

31. Edwin McDaniel and Larry A. Samovar, "Understanding and Applying *Intercultural Communication in the Global Community: The Fundamentals,*" in *Intercultural Communication: A Reader* (40th edition), ed. Larry A. Samovar et al. (Belmont, CA: Cengage Learning, 2014), 7.

32. Guo-Ming Chen and William J. Starosta, *Foundations of Intercultural Communication* (Boston: Allyn and Bacon, 1998), 29.

33. Satoshi Ishii, "Complementing Contemporary Intercultural Communication Research with East Asian Sociocultural Perspectives and Practices," 13.

34. 例如，参见 Geertz Hofstede, *Culture's Consequences: International Differences in Work-Related Values* (Beverly Hills: Sage, 1980); Harry Charalambos Triandis, *Individualism and Collectivism* (Boulder, CO: Westview Press, 1995)。

35. Florence Rockwood Kluckhohn and Fred L. Strodtbeck, *Variations in Value Orientations* (Evanston, IL: Row, Peterson, 1961), 1—48.

36. David Levine, *The Flight from Ambiguity* (Chicago: University of Chicago Press, 1982); Dorothy Lee, "A Lineal and Nonlineal Codification of Reality," in *The Production of Reality,* ed. P. Kollock and J. O'Brien (Thousand Oaks, CA: Pine-Forge Press, 1977), 101—11; Carley Dodd, *Dynamics of Intercultural Communication* (Dubuque: Willian C. Brown, 1982), 162.

37. W. Ong, "Literacy and Orality in Our Times," *Journal of Communication* 30 (1980):197—204.

38. Daphna Oyserman, Heather M. Coon, and Markus Kemmelmeier, "Rethinking Individualism and Collectivism: Evaluation of Theoretical Assumptions and Meta-Analyses," *Psychological Bulletin* 128, no.1 (2002):3—72; Triandis, *Individualism and Collectivism.*

39. P. Christopher Earley and Cristina B. Gibson, "Taking Stock in Our Progress on Individualism-Collectivism: 100 Years of Solidarity and Community," *Journal of Management* 24, no.3 (1998):265—304; Robert Hurteau, "Navigating the Limitations of Western Approaches to the Intercultural Encounter: The Works of Walter Ong and Harry Triandis," *Missiology* 34, no.2 (2006):201—17; Vas Taras et al., "Opposite Ends of the Same Stick? Multi-Method Test of the Dimensionality of Individualism and Collectivism," *Journal of Cross-Cultural Psychology* 45, no.2 (2014):213—45.

40. Marilynn B. Brewer and Ya-Ru Chen, "Where (Who) Are Collectives in Collectivism? Toward Conceptual Clarification of Individualism and Collectivism," *Psychological Review* 114, no.1 (2007):133—51, https://doi.org/10.1037/0033-295X.114.1.133; Dapha Oyserman, Heather M. Coon, and Markus Kemmelmeier, "Rethinking Individualism and Collectivism: Evaluation of Theoretical Assumptions and Meta-Analyses," *Psychological Bulletin* 128, no.1 (2002):3—72.

41. David Y. F. Ho et al., "Indigenization and Beyond: Methodological Relationalism in the Study of Personality across Cultural Traditions," *Journal of Personality* 69, no.6 (2001):925—53, https://doi.org/10.1111/1467-6494.696170; Kwang-Kuo Hwang, "Chinese Relationalism: Theoretical Construction and Methodological Considerations," *Journal for the Theory of Social Behaviour* 30, no.2 (2000):155—78; H. C. Triandis et al., "Individualism and Collectivism: Cross-Cultural Perspectives in Self-in-Group Relationships," *Journal of Personality and Social Psychology* 54 (1988):323—38; Georgette Wang and Zhong-Bo Liu, "What Collective? Collectivism and Relationalism from a Chinese Perspective," *Chinese Journal of Communication* 3, no.1 (2010):42—63; Kuang-Hui Yeh, "Relationalism: The Essence and Evolving Process of Chinese Interactive Relationships," *Chinese Journal of Communication* 3, no.1 (2010):76—94.

42. Brewer and Chen, "Where (Who) Are Collectives in Collectivism?"; Jai BP Sinha et al., "Collectivism Coexisting with Individualism: An Indian Scenario," *Asian Journal of Social Psychology* 4, no.2 (2001):133—45; M. Wetherell, "Cross-Cultural Studies of Minimal Groups: Implications for the Social Identity Theory of Intergroup Relations," in *Social Identity and Intergroup Relations,* ed. H. Tajfel (Cambridge, UK: Cambridge University Press, 1982), 207—40.

43. Brewer and Chen, "Where (Who) Are Collectives in Collectivism?"; Emiko S. F. and Elizabeth A. Hardie, "The Development and Validation of the Relational, Individual, and Collective Self-Aspects (RIC) Scale," *Asian Journal of Social Psychology* 3, no.1 (April 2000):19—48.

44. Molefi Asante, *Afrocentric Idea Revised* (Philadelphia: Temple University Press, 2011).

45. Chen, "Toward an I Ching Model of Communication"; Wimal Dissanayake, "The Desire to Excavate Asian Theories of Communication: One Strand of the History," *Journal of Multicultural Discourses* 4, no.1 (March 2009):7—27; Wimal

Dissanayake, "The Need for the Study of Asian Approaches to Communication," in *AMIC-Thammasat University Symposium on Mass Communication Theory: The Asian Perspective* (Bangkok: Singapore: Asian Mass Communication Research and Information Centre, 1985); Satoshi Ishii, "Conceptualising Asian Communication Ethics: A Buddhist Perspective," *Journal of Multicultural Discourses* 4, no.1 (March 2009):49—60; Ishii, "Complementing Contemporary Intercultural Communication Research with East Asian Sociocultural Perspectives and Practices"; Yoshitaka Miike, "Harmony without Uniformity: An Asiacentric Worldview and Its Communicative Implications," in *Intercultural Communication: A Reader*, ed. Larry A. Samovar, Richard E. Porter, and Edwin R. McDaniel, 2012, 65—80; Miike, "Theorizing Culture and Communication in the Asian Context: An Assumptive Foundation."

46. Kwasi Wiredu, *Cultural Universals and Particulars: An African Perspective* (Bloomington: Indiana University Press, 1996).

47. Georgette Wang, "Paradigm Shift and the Centrality of Communication Discipline," *International Journal of Communication* 5 (2011):1461.

48. Wimal Dissanayake, "The Idea of Verbal Communication in Early Buddhism," *China Media Research* 4, no.2 (2008):8.

49. Brewer and Chen, "Where (Who) Are Collectives in Collectivism?"; Emiko S. Kashima and Elizabeth A. Hardie, "The Development and Validation of the Relational, Individual, and Collective Self-Aspects (RIC) Scale," *Asian Journal of Social Psychology* 3, no.1 (2000):19—48; George Ritzer and Pamela Gindoff, "Methodological Relationism: Lessons for and from Social Psychology," *Social Psychology Quarterly* 55, no.2 (1992):128—40, https://doi.org/10.2307/2786942; Ho et al., "Indigenization and Beyond"; David Y. F. Ho, "Interpersonal Relationships and Relationship Dominance: An Analysis Based on Methodological Relationism," *Asian Journal of Social Psychology* 1, no.1 (1998):1—16, https://doi.org/10.1111/1467-839X.00002; Hwang, "Chinese Relationalism."

50. Antjie Krog, "'... If It Means He Gets His Humanity Back ...': The Worldview Underpinning the South African Truth and Reconciliation Commission," *Journal of Multicultural Discourses* 3, no.3 (2008):212.

51. Larry A. Samovar, Richard E. Porter, and Nemi C. Jain, *Understanding Intercultural Communication* (Belmont, CA: Wadsworth Publishing Company, 1981).

52. Andrew Kohut and Bruce Stokes, *America against the World: How We Are Different and Why We Are Disliked* (New York: Henry Holt and Co., 2007).

53. Betteke van Ruler and Dejan Verčič, "Overview of Public Relations and Communication Management in Europe," in *Public Relations and Communication Management in Europe*, ed. B. van Ruler and D. Verčič (Hague: Mouton de Gruyter, 2004), 1—11.

54. Felipe Korzenny and Betty Ann Korzenny, *Hispanic Marketing: A Cultural Perspective* (Burlington, MA: Elsevier/Butterworth-Heinemann, 2005).

55. Ibn Khaldun, The Muqaddimah: *An Introduction to History,* ed. N. J. Dawood, trans. Franz Rosenthal, Bollingen Series (Princeton, NJ: Princeton University Press, 1967).

56. Peter Ogom Nwosu, "Understanding Africans' Conceptualizations of Intercultural Competence," in *The Sage Handbook of Intercultural Competence*, ed. Darla Deardorff (Thousand Oaks, CA: Sage, 2009), 158—78.

57. Durganand Sinha, "Changing Perspectives in Social Psychology in India: A Journey towards Indigenization," *Asian Journal of Social Psychology* 1, no.1 (1998):19.

58. Miike, "Harmony without Uniformity: An Asiacentric Worldview and Its Communicative Implications."

59. 关于缺失对于成对关系的见解的观点，在跨文化心理学研究中备受重视。可参见 Brewer and Chen, "Where (Who) Are Collectives in Collectivism?";

Ho et al., "Indigenization and Beyond"; Kashima and Hardie, "The Development and Validation of the Relational, Individual, and Collective Self-Aspects (RIC) Scale," April 2000。

60. Xiao-Ping Chen and Chao C. Chen, "On the Intricacies of the Chinese Guanxi: A Process Model of Guanxi Development," *Asia Pacific Journal of Management* 21, no.3 (September 8, 2004):305—24.

61. Marshall McLuhan, *Understanding Media: The Extensions of Man* (Cambridge, MA: MIT Press, 1994).

62. S. A. Gunaratne, "De-Westernizing Communication/Social Science Research: Opportunities and Limitations," *Media, Culture & Society* 32, no.3 (May 2010):473—500.

63. Ronald D. Gordon, "Beyond the Failures of Western Communication Theory," *Journal of Multicultural Discourses* 2, no.2 (November 15, 2007):89—107, https://doi.org/ 10.2167/md090.0; Kim, Non-Western Perspectives on Human Communication.

64. Harry Charalambos Triandis, *Individualism and Collectivism*, 21; cited in Georgette Wang and Zhong-Bo Liu, "What Collective?"

65. Confucius, *The Analects,* trans. William E. Soothill, Dover Thrift Editions (New York: Dover Publications, 1910), chapter 9, https://www.amazon.com/ Analects-Dover-Thrift-Editions-ebook/dp/B00A62Y3D2/ref=tmm_kin_swatch_0?_ encoding=UTF8&qid=&sr=.

66. Marsh, "Converging on Harmony," 317—318.

67. Erin J. Rand, "'What One Voice Can Do': Civic Pedagogy and Choric Collectivity at Camp Courage," *Text and Performance Quarterly* 34, no.1 (2014):28—51.

68. Elleke Boehmer, *Nelson Mandela: A Very Short Introduction* (Oxford: Oxford University Press, 2008).

第二章　关系的世界，传播的世界

　　我们如何看待关系直接与我们对于传播和外交的假定密切相关。如果我们能理解看待关系有多种方式，我们就可以扩大对于传播和公共外交的视野。本章拟探讨个人主义、个人性和关联性等维度。

　　很难想象，人们会千差万别地体验像传播这样如此亲密而且重要的东西。如同英国小说家弗吉尼亚·伍尔夫（Virginia Woolf）的《三个旧金币》（*Three Guineas*）中写的那样，"尽管我们看到的是同一个世界，但是，我们是从不同的眼光看的。"[1]

　　当我随同来自地球两端的父母长大的过程中，我对此是深有体会的。我着迷于两个成年人（我的父母）怎么会对同一个对象或事件有着截然不同的观点，而且每个人还确信只有一个合乎逻辑的观点。这个现象和丹麦心理学家埃德加·鲁宾（Edgar Rubin）的两张人脸／花瓶幻觉图片很相似（见图 2.1）。图片中白色空间分明就是花瓶，的确很难一下子看出两张图片，就如同我父母那样看不见对

71

方的视角。

图 2.1　鲁宾幻觉

资料来源：约翰·史密森，2007 年，英文维基百科。发布于公共网域：https://
en.wikipedia.org/wiki/File:Rubin2.jpg。

　　本章首先追溯对于他者的学术研究，这是理解跨文化交际问题的方法，但我认为这样的方法是有致命缺陷的。我接下去会讲一些传播逻辑如何出现的背景故事，首先使用一些西方的跨文化模型，然后汇集一些非西方的视角。正如前面一章探讨的那样，我越是试图使用跨文化模型和西方与非西方思维的二元对立性来拓宽我对于传播的理解，我越是意识到跨文化模型——就像"文化"观点本身那样——会限制我的视野。此外，关系，而不是文化，似乎越来越成为理解传播和外交多元性的真正具有全球性的泛人类方法。我们对于关系的假定会直接影响我们如何看待传播和外交。在本章，我们省去探讨那些给别人赋予范畴的严密的模型。我使用关系主义作为分析透镜，开始进行全球学术探索，来研究关系性质的广泛的假定。不论作为跨界者的你第一眼在图像中看到的是一个花瓶还是一张脸，我都希望你在本章结束后，眼界会改变和拓宽。

研究他者：当代跨文化交际

和其他跨文化交际学者一样，当我开始研究美国针对伊斯兰世界的公共外交的时候，我求助于主流的跨文化交际模型。表面上，这些跨文化交际模型或连续体会给出一些见解，并且，我一开始也汲取了一些这样的见解去描述对于传播的不同理解。

一些主流的跨文化交际模型是爱德华·霍尔（Edward Hall）提出来的。霍尔多产的作品和受过严格训练的人类学眼光对于研究和撰写有关传播行为、模式和视角提供了一个范例。[2]虽然霍尔被广泛认可为"跨文化交际之父"，他的学术著作却是起源于传统外交，为美国的外交官提供了文化方面的培训。[3]

霍尔提出的文化传播模型中有"低语境"和"高语境"文化的概念。[4]他将低语境文化描述为意义不受语境或传播环境的影响，而是聚焦于语码和信息。低语境传播风格是具体明确和直截了当的，[5]具有线性的组织模式，[6]强调准确性和精确度。[7]个人主义逻辑就反映出对于内容或者信息的低语境关注，传播基本上就是关于发送和接受信息。传播问题的解决被认为就是修正错误信息。

高语境传播，反过来，认为"大多数信息要么存在现实环境中，要么内化于人的内心，很少存在于信息被编码、解码和被发送的部分中"[8]。换句话说，在高语境传播中，我们不能只依赖信息内容进行理解。根据霍尔的观点，高语境传播中的受众依赖于熟练的技巧来解读非言语和语境化的线索，以辨别讲话者的意图。[9]整体主义逻辑就反映出对于语境的强烈关注，如同传播参与者的关系就是高语境的内容。

　　另一个广为引用的跨文化模型就是个人主义–集体主义连续体。心理学家哈里·特里安第斯进行的深入的全球研究证实了这一观点。[10]格尔茨·霍夫斯泰德（Geertz Hofstede）的跨国研究成果《文化的后果》（*Culture's Consequences*）为不同的民族文化划分了范畴，帮助维持了这个连续体的流行和普及。[11]

　　个人主义—集体主义连续体首次出现在 1953 年美国人类学家弗洛伦丝·克拉克洪（Florence Kluckholn）一篇关于"价值取向"（value orientations）的开创性论文中。[12]克拉克洪提出的五个基本价值导向之一就是"人与别人的关系"。她提出了三个关系模式：个人主义的（核心的、直系亲属）、附属的（在世的亲属集团成员）和线状的（在世和已故的亲缘血统成员）。所有的社会都有附属的、广义的群体关系，只是在于"区分重点"。克拉克洪认为，"如果个人主义占据主流，"她写道，"个人主义目标就会超越附属或群体的目标占据主流。"[13]传播中的个人主义和集体主义的差别可以通过其是否聚焦于个人还是集团看出来。个人主义逻辑反映出对于个人的关注，而关系主义和整体主义逻辑聚焦于关系联系和更大的社会语境。

　　另一个连续体，最开始也形成了逻辑，就是克拉克洪和斯特多贝克（Strodtbeck）提出的活动取向和存在取向的文化差别。[14]活动取向优先注重"通过行动获得可测量的成就"。[15]爱德华·斯图尔特（Edward Stewart）把这两种取向差别描述为"行动"和"存在"文化。"行动"文化的个人注重可见的成就和成就衡量标准——结果。[16]但是，在"存在"文化中，一个人的身份比其行动的意义更加重要。[17]个人主义逻辑认为传播目的性强、具有工具理性且以目标为导向。这是建立个人话语的积极行动。相比之下，关系主义逻辑和整体主义逻辑反映出关系或关系结构的存在状况，并不一定带有预期的结果。

最后一个有助于本书观点的传播共同点来自加拿大学者哈罗德·英尼斯（Harold Innis）和詹姆斯·凯瑞（James Carey）。在20世纪50年代初期，作为一名政治经济学家，英尼斯认为，与宗教帝国及其对时间征服有关的"粗重的、持久的、基于时间的媒体"和与军国主义帝国及其对空间征服相关的"轻量的、可携带的、基于空间的媒体"是有区别的。[18]凯瑞将英尼斯的观点进一步深化为关于传播的"传递"（transmission）和"仪式"（ritual）观点。根据凯瑞的说法，传递观点的中心就是"为了控制而远距离传递信号或信息"。[19]传递的观点寻求"传递信息"，仪式的观点则聚焦于"表征共同的信念"。[20]仪式观点扎根于宗教仪式或者那些将人以情谊和共性的名义聚拢来的神圣仪式的暗喻。凯瑞在将传播活动凸显为仪式的同时，通过交换的透镜来看待它们，并且注意到"很少的信息会被传递出来"。[21]关系主义逻辑反映出将传播视为"社会润滑剂"的看法。但是，正如我们所见，关系主义逻辑涵盖的范围远不止仪式。

这些模型在传播领域的研究中广为使用，从广告到市场营销，再到有组织传播、公共关系和战略沟通。此处假定依然是，如果一个人能够理解塑造认知和行为方面的文化模型的特定世界观，那么，尽管有文化差异，他也可以使用这些模型进行传播。这就是后"9·11"的美国公共外交背后的思维：如果美国能够理解文化差异，专门为特定的受众准备信息，采用特定的方法，那么这样的"传播"就是有效的。

回顾过去，这个假定惊人的短视令人尴尬。即便是学者研究了不同他者的"文化"和"传播"，他们也经常忽视研究中自己的作用，正如下一节探讨的那样。

忽视自己，创造他者

当代跨文化交际似乎是西方学术传统的产品，因为是那里的学者研究出来的。正如同第一章所探讨的个人主义／集体主义模型的缺陷，这两对连续体在假定和模式上惊人地相似。在研究他者的时候，学者似乎忽视了自身的文化假定。

首先，前面提到的文化模型都可以被视为连续体，这表明存在一个范围和梯度。但是，在学术研究和训练中，它们通常被视为相反的两个极端：高语境对低语境、个人主义对集体主义、过去取向对未来取向。这种二元极端的假定就是它们是互相排斥的。文化就是关于两者总要选其一。

这种二元结构使得连续体在人性或推而广之到社会的不可避免的冲突面前显得脆弱不堪。前面提到的每个连续体都充满了冲突。这些冲突在流行的个人主义／集体主义模型中尤为明显。研究经常将这些看似铁板一块的文化并列起来，将西方文化贴上个人主义的标签，将东方文化贴上集体主义的标签。但是，这样去个性化的"集体"概念没有捕捉到所谓"集体主义"文化中关系的浓重的私人性质。[22] 相似地，个人主义没有能够捕捉到西方社会的集体主义行为。比如说，鲜明的群体内／群体外的区别一直被引述为集体主义文化的标志。但是，二十多年前的研究人员就认为西方社会即使不易做出区分，也一向如此。[23] 考虑到西方国家发生的反移民辩论和政策，明确显示了本土主义的群体内／群体外之间区别。这样就是一个恰当的例证。

从二元对立的角度看待跨文化模型，会促使学者讨论关系的极端情况。个人主义社会会有集体主义特征[24]或两个维度同时存在的可能性[25]被忽视了。实际上，个人主义和集体主义并不是相互排斥的，而是相互兼容、相互向往的。"在每一个社会里，人们都可以满足个人和集体的需求，即没有哪一个文化、集体和社会本身是'个人主义的'或是集体主义的"。[26]

从传播视角来看，这些模型最显著的特点是它们聚焦于信息如何在分离的参与者之间进行交换。这些模型围绕着两个中心：自我和他者。在批判性地审视跨文化交际的时候，我们可以看到关于分离的自我的假定和对于文化相异的他者的热心关注。参与者的特征和发送信息的方式会发生变化。但是，关于分离的自我和不同的他者的假定不会发生变化。这样的关注会显得自然而然，本身就具有启迪作用。它反映了贯穿于当代传播研究中的潜在的一些假定。

分离的自我的前提是个人主义的核心。学者多年来一直大声疾呼，对于当代传播研究领域美国视角的主流地位甚至将个人主义视为显著特征的观点予以关注。[27]在研究他者的时候，跨文化交际学者似乎假定了一个中立的自我。这种假定一点也不令人意外，正如金敏珊所说的那样："人们不会质疑那些不言而喻或自然而然的事实。"[28]

这个分离的参与者的假定和对于它们行为和结果的关注会将传播降低为一个可以嵌入不同文化模型的模板。模板和这些文化连续体的魅力在于其简洁性。然而，使得这些文化连续体具有破坏力的原因在于，它们从来不质疑制约我们理解传播的潜在前提。

关系主义透镜

随着我越来越清楚地意识到跨文化交际模型的局限性，我也注意到关系或关系假定的参考条目多么频繁地出现在文献中。关系似乎是关键性的。关系的重要性提高了使用关系——具体来讲就是一个人与自我、他者和社会的关系——来对传播形成泛人类理解进行概念化的可能性。关系能够成为理解传播的关键吗？当我开始进行关于"关系""关系主义"和"传播"的跨学科研究时，我首先使用的是"西方的"和"非西方的"这两个宽泛的文化类别。后来，我将关注点缩小到特定的地理区域和主流的文化遗产上去（例如，非洲、亚洲、阿拉伯、欧洲、拉美等）。文献是丰富的。正如印度学者杜加南德·辛哈（Durganand Sinha）在 1965 年说的那样：

> 早在西方的科学心理学出现之前，印度和其他大多数发展中国家一样，都有自己的宗教和玄学体系，其中包含对于人性、行动、个人性和世界上的人际关系的复杂理论……[29]

关系主义的概念进一步深化了我的研究。林泽尔（Rintzer）和金道夫（Gindoff）提出方法论关系主义，作为与方法论个人主义和方法论整体主义平行的元理论透镜。[30] 方法论个人主义倾向于将个人作为分析单位，偏向于个人主义视角。而方法论整体主义倾向于将集团或社会当作分析单位，偏向于宏观层面的视角。第三个维度，即方法论关系主义，聚焦于关系，偏向于关系主义视角。

关系主义提供了一个关于关系的细致入微的观点，包括关系联系的多重维度和类别、关系语境、过程和结构。例如，霍（Ho）使用关系主义来区分关系网中的人（一个同时参与多重关系的人）（person-in-relations）和关系中的人们（一个关系中的人们）（persons-in-relation）。[31]

尽管关系主义对于传播研究相对比较新，但它在社会科学方面出现的频率越来越高。在西方学术界，关系主义已经出现在社会心理学[32]和社会学[33]中了。亚洲学者也谈及亚洲的——具体的说就是中国的——关系主义的理论，这种理论主要来源于儒家对于关系的重视。[34]随着关系主义作为一种分析透镜被发现，我又重新审视了个人主义，不是将其作为设计信息的方式，而是作为探讨关系和传播的潜在假定的模式来进行考察。

列出在不同的知识传统中的一系列鲜明的术语、主流特征、重复主题之后，关系主题开始出现。下一部分将使用关系主义作为分析透镜来看待关系的概念。与美国文化遗产相关的个人主义假定催生了当代传播研究，我由这个假定转向探讨与美国密切相关的文化氛围和遗产，例如西欧，然后再探讨与美国文化相去甚远的文化范围和遗产，例如东亚。

个人主义

罗伯特·贝拉（Robert Bellah）和他的同事在《内心的习惯》（*Habits of the Heart*）一书中对于美国社会的研究认为，"个人主义是美国文化的核心"。[35]拉里·萨默瓦（Larry Samovar）和他的同事进一步将个人主义和美国在建国和定居时候的个人生存相提并论。"人们越能够不依赖别人而自力更生，就越能够在这片未开垦的土地上生存下来，自力更生极其重要。"[36]

阿列克西·托克维尔是一位法国贵族，被认为在 19 世纪 30 年代访美之际创造了"个人主义"这一新词。在对于美国特征的多次反思之中，他指出，"那个占据主导又几乎涵盖全部的东西……就是每一个美国人都喜欢运用个人方式，去实现自己的理解。"后来，他就将这种特征称为"个人主义"。[37] 托克维尔将这个"新颖的表达"定义为：

> 个人主义就是一种成熟的、冷静的感受，可以让社会中每一个成员脱离其余同胞，将自己和家人、朋友分开，以便在形成自己的小圈子之后，他可以心甘情愿地让社会自生自灭去了。[38]

令人称奇的是，这个美国主流的特征摇身变成遍布学术界的西方的假定。150 多年以后，美国著名人类学家克利福德·格尔茨（Clifford Geertz）在其著作中提供了最全面的个人主义见解之一。但是，他没有称之为美国个人主义，而是关于个人的西方见解：

> 西方对于人的概念认为，人是有边界的、独特的、多少有协调动机的且有认知能力的整体，是一个具有意识、情感、判断力、行动的动态的中心，协调一致形成独特的整体，又与其他这样的整体和社会背景形成鲜明的对比……[39]

在格尔茨的个人主义概念里有几个关于关系的重要的假定，我会在下一部分进行梳理。

分离且自治的个人

首先，我们来看看这个观点：个人是分离又自治的。对于托克维尔来说，平等是极其重要的，是巩固个人主义的经常性主题："平等使人即使在共同的联系纽带断开之后也可以平等相待。"[40] 他将联系纽带的缺乏和"贵族的"链条进行对比："贵族将社会的每一个成员，从农民到国王，都结成了链条。"[41] 在这根链条中，"所有的社会成员都被连接起来，并且相互依赖"[42]。

但是，对于个人主义者来讲，没有联系意味着对别人没有义务。分离和自治成为标准，关系成为独立的对立面。正如托克维尔所说："他们不亏欠任何人，也不希望从别人那里得到什么；他们养成了独立自主的习惯，他们容易认为自己的命运由自己掌握。"[43] 这样的结论在 2007 年美国皮尤中心的民意测验的报告中一字不差地得到呼应，该报告发现美国人最容易认为自己能掌控局势。[44]

个人自治的前提条件设定独立个体为世界上自然的存在状态。因为，个人主义暗示自治是存在的自然状态，与人结交被认为是讨厌的、不自然的。采取自治就需要非常重视个人自由。学者已经揭示出个人追求的渴望与社会集团的责任之间的紧张状态。如果一个人的确要与他人发生联系，这应该是个人选择，有着充分的理由。关系是自愿的、有帮助作用的，通常服务于某一个目的。否则，为什么个人要走出自治的自然状态，付出额外的努力，走进放弃自治的非自然状态呢？

有边界的、完整"整体"的个人

自治个人的第二个维度就是个人天生的完整性，到自己为止的有边界的整体。正如格尔茨所言，个人的这个方面就是"一个综合的……整体"，而且也是"特色鲜明的整体"。[45]个人不仅仅是有边界的和完整的，他者也是如此。这里的平等假定就会有额外的关系主义意义。康登（Condon）和优素福（Yousef）发现"个人主义和平等的融合"，还用美国国旗作为证明，"其上面每一颗星星都象征着个人主义观点——每一个州不仅是独立的，而且还是平等的"。[46]高度重视平等导致对于水平的、点对点的关系产生了相应的偏好。[47]"平等主体间的关系"的假定会使关系的不平等和不对称，例如等级制，令人质疑。

平等也会建立，自我和他者之间的熟悉的、可预测的动力。在关系上，从个人视角来看，他者存在于自我的对立面。每一个实体都有独特的特性，这被认为是区别于他者的关键。每一个个人的有边界的整体性暗示，对立面必须是相互排斥的。

至关重要的是，格尔茨的概念认定个人特性"是与其他这样的整体以及它的社会背景形成鲜明对比的"，表明将差异视为自我和他者进行区分的手段。当关系或联盟被建立，人们就会假定认为它们是基于相似性的——一个人和他者共同拥有的东西。当自我的特性和他者的特性一致的时候，就有合作的机会。在同等的人之间的合作关系是一个理想。当两个有边界的、不一样的个人接触时，"有边界又完整"的假定是有问题的。这样的相遇不可避免地会造成摩擦。这种立场认为冲突即使算不上不可避免，也是自然而然的。

解释和维持关系

如果自治是个人主义的偏好，甚至是其自然状态，那么与人联系就成了它的对立面。故意偏离自治、走向放弃自由和与人联系的非自然状态，就需要解释了。托克维尔认为，个人会出于自身利益和必要性而与人联系。根据托克维尔的说法，单独的个人脱离社会联系和命运的主宰，会享受大量自由，而个人主义"也会揭示出他的孤单和不受保护的状态"。[48] 托克维尔的话是尖刻的："在平等的时代，每个人天生就是孤独的；他没有可以寻求合作的天然盟友，也没有可以寻求安慰的阶级：他很容易被人排挤，也很容易遭人肆意践踏。"[49]

有时候，我们会看到个人出于必要而联系别人，去满足自己的目标或是更大的社会目标。这又需要合理解释。毫不意外的是，"交换理论"是当代人际关系中最主流的理论。[50] 根据交换理论，个人之间要形成关系，因为每个人都需要从别人那里接受一些益处。关系有实用价值，为更大的目的提供实现的方法。这种"理性选择"是国际关系模型中占据主流的。个人之间寻求共同点和相互利益，培养一种期待，即持久的关系本质上是积极的，也是相互成就的。

个人作用产生的关系

因为个人主义认为自治是存在的自然状态，与人联系不仅需要合理的理由，还需要个人作用。关系必须被创造和建立。关于早期美国人如何建立关系，托克维尔已经提出了几个新颖的见解。首先，他注意到结成社团的习惯："每个人为了再小的事业也会寻求结成社团，"他写道，将此习惯归结于缺乏持久的关系。"所有公民都是独立的，力量微薄；他们依靠自己很难干成什么事情，没有人能够强迫同胞施以援手。"因此，结成社团："如果他们没有学会心甘情愿地互相帮助，他们就会因此变得毫无力量。"[51]

第二点就是说服的重要性。个人主义者必须说服其他个人联合起来。"当人们不再以牢固且持久的关系团结在一起，你就不可能获得大多数人的合作，除非你能说服每一个人来帮助你。"[52]

托克维尔观察到，说服的工具就是媒体，尤其是报纸。"平等使人失去了从他的社会联系那里获得的支持；但是，报纸可以让他求助于同胞和同伴。"因此，媒体是极其重要的。他接着写道："如果没有报纸，就没有共同的活动。"[53] 他认为报纸特别适合早期的美国。"每天提供交流的方法，却不用见面，共同采取步骤，却不用碰面。"[54] 在这里，我们认为媒体是一种渠道，传播是建构关系的过程。传播作为过程，个人可以用来创建、维持甚至结束关系。

关系主义"生命周期"

最后一个重要的关系假定就是，因为关系是一种个人选择，自治是自然状态，关系可以被"中断"或"终结"。关于人际交往的文献经常使用"生命周期"（life cycle）这个词语来描述关系。[55] 关系的生命周期和个人的生命周期相似，是线形的发展模式，从关系的诞生到稳定成熟，最终进入衰落的过程。衰落主要由于负面的和没有实现的目标造成。尽管我们用了"周期"一词，其为环形且暗示连续性，周期与个人而不是关系密切相关。因此，自治的自我会从自治到关系，最终再回到自治，从而形成循环。

个人性

让我们短暂地按下暂停键。尽管从个人主义视角来看，这些关于关系的假定可能很熟悉，但它们还不是人人都有的。格尔茨对前面提到的个人主义概念进行了具体说明，又加了几句警示之语："无论看上去它多么无可救药，它（个人主义概念）在世界文化背景中还是十分独特的概念（强调为笔者所加）。"[56]换句话说，个人主义是全球例外，而不是通例。在其他社会，我们也看到关系性占据主流：即假定认为所有的个人天生都需要与别人发生联系或与更大的关系世界相互联系。人类被认为是关系动物，即便是个人也是这样。

关系性似乎是个人主义的对立面，如同在个人主义—集体主义的二元结构中那样。但是，事实并非如此。康登和优索福提出了个人性（individuality）的概念，它在观点上和个人主义是相通的：每个人都是独特的，没有与之相同的存在。[57]但是，和个人主义不同的是，个人性并不假定分离性的存在。反过来，个人独特的个人性一部分源自和别人的关系。我的家庭就是赋予我独特个性的部分原因，如同我认为你的家庭同样也是赋予你独特个人性的部分原因。

对于跨界者和学者而言，个人性的重要方面就在于它创造了关于身份的思考空间，把身份个人当作集体的一部分（具有很多联系），而不是脱离别人（具有分离性）的。关系是人类经验的重要组成部分。新西兰毛利人的谱系学（whakapapa）概念可以很好地阐释相互关联的整体中个人的独特性。[58]谱系学是非常重要的，因为每一个毛利人和其他毛利人联系在一起，在一个过去一代、现在一代和未来一代人以及周围的世界相互关联的链条中密切联系。错过任何一环——对于任何独特的个体——都会扰乱这样的相互关联。每个人都具有独特的价值，正是因为他与整体中的他人产生联系。

关系性最重要的一点就是它并不是个人所具有的内在特性或属性。关系性也不是一种"世界观"，就如同文化连续体显示的那样。

关系，而不是个人，才是基本的分析单位。为了理解个人，包括他们的特性，尤其是其行为，人们必须理解他们之间的关系。从这个视角出发，任何个体实体的传播和外交，都是从审视关系开始的。

关系性

关系性是处于一种关系的状态和假定。作为一个分析透镜，关系主义提供了一个关于关系的细致入微的观点，视为在丰富模型中的联系和相互联系。尽管"关系性"一词还没有进入英语词典，这个术语"关系性"一直出现在全球的社会、传统和学术界，包括美国。

作为存在的自然状态的关系

关系性将关系视为个人存在的自然状态。从这个角度来说，人类经验依赖于关系并由关系定义的。人们是通过关系（父母）而存在的，他们生在一个关系网络（家庭）里，存在于一个关系网络（社会）里。

在许多文化传统中，"家庭"被当作关键和核心的主题。在欧洲，作为社会和政治结构根基的家庭对托克维尔探讨的贵族社会是基础性的。相似地，拉美地区的观点承认个人层面的视角，但是总是将与家庭的联系视为社会重心和传播的中心。正如费利佩·科尔仁尼和贝蒂·安·科尔仁尼（Felipe Korzenny and Betty Ann Korzenny）所说，"总有人把家庭和所属的集团视为人生的正常功能和乐趣的核心要素。"[59]甚至一些国家的宪法规定，家庭，而不是个人，才是社会的基本单元。正如智利宪法的第一条规定："家庭是社会的基本核心。"[60]

需要与他人发生联系的假定使得发展关系成为标准。与个人主义相反，在关系性中，没有联系的存在状态需要解释理由。正如一位学者所说，个人与他人"在某种程度上是分离的"这种观点本身就值得怀疑。[61] 非洲的一些文化传统表达了对于关系联系的重视。早前提到的泛非洲的乌班图精神就是这样的概念。一个与它密切相关的短语就是，人通过别人成其为人（umuntu ngumuntu ngabantu）。[62] 安杰·克罗格（Antjiehi Krog）这样解释这句话："一个人的人性反映在这个人和他人的关系中。"[63] 不仅仅人通过关系成为人，断绝重要的关系还等同于死亡。[64] 东尼日利亚的伊格伯人说："没有和自己大家庭在一起的人须要埋葬自己。"[65]

　　跨界者需要注意的是家庭意义的宽度。家庭的概念范围从父母和子女延伸到祖父母和亲戚的大家庭，再到部落。这样的家庭概念假定存在直接的亲属联系或者血缘关系。但是，对于一些文化传统来说，所有的人都是人类大家庭的成员，因此，称呼别人就为"兄弟"或"姐妹"。对于另外一些文化传统，家庭的"概念"延伸到非人类的实体。例如，在美洲印第安人和泛波利尼西亚的传说中，家庭就不仅仅包括动植物，还包括河流山川、风和天空这样的自然力。一切都有亲属关系，一切都是家人。

关系语境和范围

　　关系语境和关系联系的重要性也在我的研究中显现出来。当个人主义聚焦于个人参与者和作用，关于受众的观点就点出了关系的可能性。但是，聚焦于参与者—受众的二元结构就会忽略重要的社会语境。其他人在哪里？什么样的关系可以在社会真空中存在？如果关系性被当作标准，那么，分析自然而然就会开始从关系层面开始，将关系本身而不是个人作为焦点。离开了他们深嵌其中的关系，人们就无法研究个人或者个人之间的传播。

许多的学术传统强调语境中的关系。在欧洲学术界，社会语境占据显著的主流。[66] 例如，德国社会学家尤尔根·哈贝马斯（Jürgen Habermas）对于"公共领域"[67] 的著作就认为，关系不会发生在社会真空之中。福尔齐（Vercic）和他的同事暗示对于"公共领域"的关注使得欧洲的公共传播区别于美国对于"公众"的聚焦。[68]

印度学者指出文化是理解关系的重要的语境。乌萨·雷迪（Usha Reddi）说："对于印度人来说，文化是无处不在的，是一种占支配地位的原则、一种无形的价值秩序和关系秩序。"[69] 文化的重要性和印度公共领域的多样性是密切相关的，正如雷迪描述的那样，印度的公共领域是由 14 种主要语言、至少 5 种主要宗教和种族、不同的音乐和舞蹈形式组成的高度复杂的拼图。[70]

尽管公共领域和社会语境的概念为关系提供了背景，但是，两者都非常抽象。拉美的视角提出了这样的观点：关系会产生新的关系，并扩大关系，形成一个不断扩展的关系网，或者可以称为"关系领域"（relational spheres）。例如，与朋友的关系可以扩展为与其家人和其他朋友的关系。利用关系来构建关系的观点加强了职业和社交关系网的实践。多年以前，中国学者费孝通认为，人际关系和社会关系的图像——就像投在湖水中的石头那样——会从个人实体那里形成无数的同心圆，向外扩散，并和别人的关系圈交叉重叠。[71] 这样的图像把个人置于不断扩展的关系网的中心，从近处的、紧密的关系向远处的、疏远的关系扩展。值得注意的是，亚洲的文献预设关系距离并不仅仅是空间和认知上的，而且主要是情感上的亲近或亲密无间。[72]

作为情感纽带的关系

情感(emotions)和感情(feelings)会和家庭一起作为主要主题出现在对关系的探讨之中。在许多方面,家庭就是关系和情感纽带的暗喻。人们不仅在血缘上存在联系,还通过相互吸引、相互喜欢在情感上相互联系。情感作为黏合剂将人们联系起来。家庭作为情感联系的突出隐喻也可以延伸到那些家庭成员之外的人。例如阿玛纳外交中的国王们,我会在第四章详细探讨其关系联系,他们在外交沟通中彼此利用家庭关系,公开表达对于自己"兄弟们"的友爱。

情感在关系中的首要性加强了乌班图精神的概念,其体现的观点就是将人本主义视为"对于他人的感情"。廉俊将乌班图精神的情感纽带比拟为儒家哲学中的"仁",儒家哲学也认为人本主义是对他人的内在感情。[73]和在含义上表示没有充沛感情的"集体"一词不同,对于别人的情感和感情在关系的讨论中是私人的和具体的。

我们可以在阿拉伯世界的学术界中看到情感的私人和关系特性的另一面。关系中的情感纽带为身份打下基础。阿拉伯社会学的奠基人伊本·赫勒敦将人类社会组织的力量与团结(assabiyah)、或集体感情、集体意识联系起来。团结可以在一个部落内建立起来,也可以在整个地理区域内在政治上建立起来。[74]约翰·默瑟(John Mercer)对于今日国家的观察与此相呼应,他观察到,"情感为关系建立结构。一个没有情感的群体只是自治个人的集合"[75]。

关系区分

在个人主义中,所有关系似乎都相同,都是平等的。关系主义提供了一个关于关系的细致入微的观点。在宽广的关系语境下，关系的区分似乎是自然而然的。就像手指，每个手指位置不同，功能却和其他手指关系密切。我们也可以回到费孝通先生的向外扩散的同心圆的图像，该图像将关系按照亲密和义务表现为刻度等级，或者按照他的说法，为"等级的不同方式"。儒家的五种基本关系就是这样区分的很好例证：（1）父子（爱的关系）；（2）君臣（义的关系）；（3）夫妻（行为贞洁的关系）；（4）长幼（有序的关系）；（5）朋友（忠实的关系）。[76]

虽然孔子将维持适当的关系视为中国社会的根基，但是，关系的区分在不同社会中都非常重要。通过非语言的权力和地位的暗示，区分通常很容易就完成了。区分也可以通过语言和词语的选择来确认：非正式的语言表明亲密的关系，正式的语言表明较疏远的关系。许多语言使用动词的词形变化来体现这一点，再加上正式和非正式的称呼形式，例如法语中的 vous（正式的"你"）和 tu（非正式的"你"）。

层级是关系区分的隐含的假定。我们稍后将探讨，即便是在同伴关系占主导的社会，层级也是作为取得社会稳定和个人身份的手段而蓬勃发展。对于外交领域的跨界者来说，在传统外交和公共外交中，层级的迹象可谓大量存在，尽管可能不易觉察。外交礼节中繁杂的规矩，例如，接待排队谁站在哪里，甚至是否有一个接待队伍来迎接来访的官员，都会在关系层级中得到体现。在公共外交领域，关系区分在精英公众和具有影响力的人的观点中得到体现。

关系的作用和承诺

我们可以在非洲社群主义的传统价值中看到预先存在的联系和

承诺。社群主义认为社群的重要性超过个人："个人生于社群，因此总是深嵌其中的一部分。"[77] 正如彼得·诺苏（Peter Nwosu）解释的那样，"社群主义体现着相互依赖的承诺、社群联系、他者和我们的概念"[78]。社群中的"我们"就是"我"或者个人的基础。因此，非洲谚语说："因为我们是什么，我才是什么；因为我是什么，我们才是什么。"

社群的成员资格承载着具体的义务和责任。关系责任反映在经常听到的这句谚语"举全村之力"中。社群中每个成员的贡献，包括孩子和老人，在非洲谚语中体现得淋漓尽致："孩子的手太短，够不着高架子；老人的手太大，伸不进狭窄的葫芦。"这句话生动地体现出这样的观点：关系责任不是将个人置于他者的对立面，而是相互协调和互补的关系。自我和他者的天然关系是伙伴关系（fellowship）。未能实现关系期待在社交上成本高昂，因为会让社群失望，损失面子和声誉。

从把关系视为选择而不是条件的个人主义的视角来看，镶嵌于一个内定的关系网意味着局限、约束，甚至是威胁。[79] 从这个视角来看，个人和社会之间的关系是对立的：个人对社会（the individual versus society）。这种对立姿态的假定对于许多文化传统都是陌生的。[80]

关系世界中的关系

个人是更大的关系世界中不可分割的部分的观点令我们在全球学术考察中得出另一个重要的关系假定。印度和其他亚洲学者强调相互连接的关系世界的观点。在美国有关个人主义假定的著作中，人们可以发现，整个关于关系的讨论都没有提及更大的社会语境下的联系。在公共外交的学术研究中，我们也可以看到几乎只聚焦于一个国家或一个目标受众的讨论。人们或许会问，世界其他地方呢？正如我们在欧洲、拉美和阿拉伯世界的学术研究中看到的那样，有一个假定的社会语境，例如公共领域或家庭。在亚洲的学术研究中，人们可以得到关于社会体系的感受，关系会被从体系的视角来看待的。从体系的视角来看，一切都是相互关联的。个人不是分析单位，更大的体系即整个关系世界才是。

来自亚洲传统的学者将关系世界比喻为"没有头尾的奔腾不息的河流"[81]。辛哈试图解释"人与社会"同"社会中的人"之间的区别，以及"人—社会"的不可分割性。

> 在西方，人的模型是"社会中的人"即"人与社会"——两者被视为既独特又分离的概念。就印度人的思维看来，这个模型是"人-社会"，即处在共生关系的两者，你不能将它们彼此分开。[82]

在这样的世界观里，尽管每个人都是独特的，离开更大的关系世界。人们就无法理解或研究个人。

关系存在和非作用

出现在亚洲文献中的最后一个假定就是"关系存在"（relational beings）的概念。[83]人—社会或者关系存在的视角削弱了在创建和控制关系上发挥人的作用的必要性。例如，乔和金就谈论了韩语传播中的"yon"的概念："yon与这样一种观念有关，即关系的形成、维护和终止是由可控制的外力而不是由自己有意识的努力决定的。"[84]

关系存在的前提代表着范式从通过个人作用"建立"关系转移到在关系中"存在"，这就不需要个人作用了。宫原哲（Akira Miyahara）指出，在谈及与他人的关系的时候，英语文献会使用"创建""建立""管理""终结"这样的词语。[85] 从"关系存在"的视角来看，这样的词语不仅让人感到陌生，而且也是多余的：人们怎么可以"创建"已经存在的关系呢？

虽然在创建更大的关系结构上没有发挥作用，但个人会按照他们的关系位置肩负责任。实际上，这个视角就是按照关系责任而不是个人权力来看待关系位置的。但是，更大的关系世界再一次成为指南。正如金武乔（Uichol Kim）所说的那样，"特定的义务和责任是附属于角色和地位的，不是附属于个人的"[86]。不同的角色和责任之间的相互关联性存在于关系世界中的关系存在的责任当中。

关系和传播的世界

在我从使用西方或者非西方的"传播"模型来解释"传播"的尝试中进行彻底突破，转向不同的关系模型，这些模型对于泛人类的经验来讲是基础性的。关系的重要性算不上新颖的见解。新颖的是试图去理解关系如何改变那些关于人们相互交往或者"交流"后会发生什么的假定。通过关系视角来看待传播，就会发现关于传播的假定能够随着关系的改变而改变。将不同的关系假定理解为人类经验的共同方面，这处于想象、实践、培养不同的"传播"观点的核心。

为了理解关系假定的基础性意义，我们在定义和解决"传播问题"时需要考虑以下的鲜明的关系视角。

人们认为个人是分离的、有边界的自治实体。传播本质上就变成来回传递某些东西——信息——为的是创建和建立关系。传播也必然变成设计和传递信息的传输过程。个人对信息清晰度和说服力负有责任。从这个角度来看，那些"传播问题"发生在个人发送的信息没有被对方理解（或接收）的时候。个人试图解决这些"传播问题"，搞懂传输过程在哪里失败以及如何失败的。或许，人们会认为对方没有明白我的意思。个人会试图修改信息或者尝试另外的渠道。我该如何修改信息？或许我们应该见面而不是打电话？解决传播问题的努力依赖于个人作用和能力，去发现传输失败的源头来解决"传播问题"。

但是，如果人们认为个人不是分离的，而且内在地和他人相互联系，那么对"传播问题"的认识会如何改变呢？如果人们天生就是联系在一起的，传输信息就不再适用了。关系联系才是"传播"的鲜明的特征，而不是传输信息。关系的性质塑造传播的性质。当关系紧张或破裂时，"传播问题"就会出现。例如，如果和一个好朋友闹翻了，人们就会通过修补关系来尝试解决"传播问题"。解决传播问题依赖于修补关系。

或者我们也可以这样问，如果人们认为在影响传播的包罗万象的关系世界里，个人都要与他人相互联系，结果会怎样？从这个视角来看，个人修补"传播问题"的作用和能力将是巨大的。传播不是通过个人或关系联系来定义的，而是通过更大的关系世界来定义的。如果是关系世界来定义"传播"，"传播"对于个人来讲就是学习和保护这个关系世界。当个人不了解或者与关系世界的传播动力不协调的时候，"传播问题"就会出现。在一个新的社会背景中不同步或不协调的窘迫感就会引发"传播问题"。解决"传播问题"依赖于学会与新的或陌生的关系世界保持同步。

大多数人都会或多或少意识到这三种关系中的一些"传播问题"——这才是重点。人们能够与不同的关系视角产生共鸣。我希望不同的关系视角明显不是互相排斥的。这不是非此即彼或者西方/非西方的。三个关系模型——个人主义的、关系主义的、整体主义的——定义着人类的生存，对于人类社会的繁衍、存续和生存必不可少。我们在给后代命名的普遍行为中可以看出个人主义的重要性。婚姻制度体现着关系联系的神圣性。社会生活和工作的经验反映出我们共同生活的关系世界的观点。

正如第一章讨论的那样，我使用了本章出现的三个关系模型，来探讨三个相应的传播逻辑：个人主义逻辑、关系主义逻辑、整体主义逻辑。本章分享了这些逻辑如何发展成型的背景故事。本书的其余部分就是去讨论每一个逻辑如何从一种关系前提开始，编织出关于假定的网络，直到逐渐形成传播逻辑。

致跨界者

有一句话说："老外看得见老外懂的东西。"在许多方面，对于彼此关于传播的理解上，我们都是亲密的陌生人。我们彼此亲密，因为传播对于我们共同的生存至关重要。我们彼此陌生，因为我们把不同的假定带到了我们共同的社会空间。我们每个人都倾向于关心熟悉的和对于我们有意义的事务，就会不知不觉地忽略其他的东西。正如本章开头讲到的脸/花瓶的图像，我们可能只会固定看一个方面的图像。正如美国的个人主义塑造了特定的传播观点，进而塑造了公共外交的观点，关于关系的替代假定可以扩大传播和公共外交的视野。对于跨界者来说，培养全球视野和全球化习惯就意味着要同时看见脸和花瓶：从单向的、排他的视野转向复杂的、包容的视野。有几个结论观点值得关注。

认识看待事物的习惯

跨界者培养全球化视野的第一步就是要认识到自己看待事物的习惯。正如我们的全球学术探索之旅显示的那样，关系的假定各不相同。对于关系，没有单一的普适性观点，而是存在各种各样的关系假定。个人主义作为关系假定在传播中极为重要，因为它帮助将自治设立为标准。托克维尔总结的 19 世纪的美国特征在 20 世纪就成为西方的特征。因为许多传播学者没有将个人主义列为概念上的偏见，基于个人主义的传播理论继续扩散，就好像它具有普适性那样。但是，正如我们所见，情况远非如此。

跨界者需要关注个人主义、个人性、关系性是如何限制或扩大我们对于自身和他人的看法的概念空间的。个人主义认可分离性，个人性偏爱独特性，却不管个人是分离的还是与人相联系的。有些人甚至将他们与他人的联系看作自己独特个性的一部分。此外，虽然个人主义和美国的地缘文化语境有关，集体主义也通常和亚洲文化有关，但个人性是泛人类的——个人可以是分离的，也可以是与人联系的。

就像在很多方面个人性会拓宽我们的思维、跨越个人主义那样，关系性也可以加强我们的思维，跨越集体主义。从亲密的成对关系到包罗万象的关系世界，关系性提供了一个宽广的视野来看待关系的形成。关系性不是某个个人或某个社会的特性，而是全球性的。但是，对美国个人主义假定的关注正逐渐减弱，关于关系性的假定也没有受到关注。最熟练的跨界者是那些对于传播和公共外交中关系主义假定保持敏感的人。

过时的跨文化连续体

本章的一个目标就是为拓宽——而不是相互抵消——另一种看问题的方式提供一个可以令人信服的案例。跨文化模型的价值就在于，它们为看待问题的方式提供了鲜明的对比和见解。借鉴这些见解是可能的。风险就在于总会陷于一种视野，没有意识到存在另一种看问题的方式。跨界者需要小心翼翼地看待跨文化交际模型，例如个人主义/集体主义、高语境/低语境，等等。它们并非关于传播截然不同的观点模式，它们似乎是依然占主流的个人主义传播模板的变异，把自我和他者视为分离的、相互排斥的。正如汪琪所说，依赖于跨文化交际模型会使学者重复收集数据，增强限制性的视野，而不是进入方法论、理论、传播范式的新领域。[87]

我想进一步指出的是，早期形成的跨文化交际模型很快就要过时，是时候让它们退出舞台了。这些跨文化类型不仅基本上都是由西方学者提出的，而且都是在不同的研究阶段发展起来的。正如纳尔逊和她的同事指出的那样，当跨文化交际领域处在年轻时期，确定文化差异的模式是非常重要的，模型服务于"有用的目的"。学者们补充说："没有哪一个特征能够充分描述每一个语境下任何群体的传播模式。"[88]

更成问题的是，传播的这些文化类型已经变成"民族文化"，其表明了特定民族的人是如何沟通交流的。霍夫斯泰德的模型如今还在被人广为引述，该模型基于其在 1967—1973 年期间对"民族文化"所做的研究。那时也是冷战两极世界的顶峰时期。将世界分成文化二元结构的做法反映出国际政治领域的二元结构。在今天全球化、互联互通的世界，这样僵化的、铁板一块的文化类型是毫无意义的。如今，民族文化通常包含多样的民族传统，而文化能够跨越多样的民族。正如英格丽德·皮勒（Ingrid Piller）所说，跨文化交际模型实际上会增强文化歧视和误解，尤其是将文化归因于民族。对于跨界者而言，考虑民族和文化内部的差异和仅思考它们之间的差异同样重要。

关系主义

当跨文化交际模型不再像以前被认为的那样有用，学会理解相互联系的世界里的关系动力就变得越来越重要了。将关系主义发展为分析工具可以帮助人们培养看问题的新方式，当我在电脑上输入"关系主义"一词的时候，屏幕上显示的是红色的拼写错误。它还不是标准英语字典收录的词汇。我希望，随着传播领域的国际化和不同学者在著作中分享更多对于关系性的见解，这种状况在未来的岁月中会发生改变。不仅是社交媒体偏爱互联互通，而且学者现在也拥有了可以绘制这些联系的计算技术、网络分析技术。即便这样也是困难重重：网络分析有助于展示关系，但是视觉表征会突出分离的个人的重要性，把它们表现为单个的"节点"。自我网络，或者研究单一民族的关系动力的网络，在国际关系领域独领风骚，相比之下，整个网络的研究就很少见了。[89]关系主义的动力并不是从单个节点开始的，而是从关系世界本身的不可分割性开始的。关系世界的重要性是基本的分析单位。离开了整体就不能去研究部分。关系主义在当代传播中的应用依然处于发展初期。因此，我们提出的工具、词汇、见解都可以帮助我们按照克罗格的建议行事，并"读懂相互联系"。[90]

外交中的行动者属性

正如我们在下面的章节中可以看到，关系假定对于外交有着重要的含义和见解。一个突出的观察结果就是个人主义对于单个实体的强调，在传播中，这就意味着关注"传播者"。在外交中，我们发现对于国家／非国家行为体的同样重视。这样对于行为体的关注忽视了以下内容，即关于关系的不同假定如何塑造不同行为体之间的关系动力，以及在不同条件下采取的最优关系策略。秦亚青概述了世界政治中广泛的关系理论，尤其包括关系如何限制或强化行为体的。[91] 在另一个例子中，杨及其同事也探讨了利比亚危机中各行为体之间的软平衡，以强调要注意更大的关系语境的重要性。[92]

关系假定对于塑造竞争和合作的倾向方面非常重要。例如，新西兰毛利人的关系前提就包含地球所有生物和其他实体。关系存在意味着关系责任。这种关系前提在他们的"监护人"（Kai-tia-tanga）的概念或对于地球上其他实体的责任中体现出来。新西兰外交部也将毛利人的"监护人"概念写进政策目标和外交方法。

看待"他者"

这些不同的关系观点的另一个含义就是对于他者的多重认识。正如格尔茨强调的那样，在个人主义中，自我和他者的观点互相分离，而且它们之间的差异对比鲜明。我们看到，这种分离的假定可以延伸到当代外交和国际研究领域，就必然假定需要权力、控制、竞争和被异化的他者。詹姆斯·德里安1987年出版的经典著作《论外交：西方异化的演化史》（*On Diplomacy：A Genealogy of Western Estrangement*）是一个现成的例子。德里安指出，外交就是调停"异化的关系（由冷漠到敌意的疏离感）"。[93] 他似乎自然而然地想到与他者的关系就是异化和疏离。

关系性偏爱连通性，会产生另一种对他者的看法，暗示着伙伴关系。外交理想和实践遵循着不同的路线。家庭成为主要的外交模板。在许多前威斯特伐利亚外交中，包括欧洲的不同王朝，政治关系基本上就是按照家族关系来定义的，君主之间都是以"兄弟"相称的。正如此前探讨的那样，古代阿玛纳外交也是如此，我们将在第四章中详细探讨。我们也可以在前面提到的毛利人的"监护人"的例子、其他原住民外交中看到天下一家的假定。[94] 自1987年以来，德里安似乎已经从异化拓宽到关系性。2010年，他和科斯塔·康斯坦丁努一起编辑了一本关于"可持续外交"的书。[95] 这样的外交倡议是可持续的，因为它涵盖了广泛的关系区域。

总　结

在本章中，我们探讨了传播逻辑如何从跨文化类型中演化得来的背景故事。由早期的跨文化交际模型提出的类型不仅具有限制性，还充满了不一致。为了研究传播而采取的另一个研究路径中，关系主义作为切实可行的分析透镜出现了。从个人主义到关系性，对于关系概念的全球调查揭示出千差万别的假定。在后面的章节中，我们将仔细地探讨不同的关系是如何用不同的逻辑创造出不同的传播和公共外交的。

注释

1. Virginia Woolf, *Three Guineas*, Hogarth Critics (London: Hogarth, 1938).

2. Hall, *The Silent Language* (New York: Anchor Books, 1973); Hall, *Beyond Culture* (New York: Anchor Books, 1977); Hall, *The Dance of Life: The Other Dimension of Time* (Garden City, NY: Anchor Press/Doubleday, 1984); Hall, *Understanding Cultural Differences* (Yarmouth, ME: Intercultural Press, 1990); Hall, *An Anthropology of Everyday Life* (New York: Doubleday, 1992).

3. 正如利兹-赫维茨（Leeds-Hurwitz）所说，第二次世界大战后，按照语言和文化假定，美国人开始重新评估他们对于其他国家的知识和理解。从1951年到1955年，霍尔在被邀请的人类学家和语言学家之列，到新建的美国外交研究院为美国外交官教授文化知识。令他大为惊讶的是，霍尔意识到，外交官们认为，他对于文化所做的人类学讨论，令他们觉得模糊和"浪费时间"。他们想要关于如何与他们即将驻扎的国家里的人进行互动的具体信息。作为呼应，霍尔开始探讨"模型差异"。参见 Leeds-Hurwitz, Wendy. "Notes in the History of Intercultural Communication: The Foreign Service Institute and the Mandate for Intercultural Training," in *Readings in Cultural Contexts*, ed. Judith N. Martin, Thomas K. Nakayama, and Lisa A. Flores (Mountain View, CA: Mayfield Publishing, 1998), 15—28。

4. Hall, *Beyond Culture*, 105—116.

5. Donald Nathan Levine, *The Flight from Ambiguity: Essays in Social and Cultural Theory* (Chicago: University of Chicago Press, 1985); Stella Ting-Toomey, "Toward a Theory of Conflict and Culture," in *Communication, Culture, and Organization Processes*, ed. William B. Gudykunst, Lea Stewart, and Stella Ting-Toomey, International and Intercultural Communication Annual, Vol. 9 (Beverly Hills, CA: Sage Publications, 1985), 71—86.

6. Dorothy Lee, "A Lineal and Nonlineal Codification of Reality," in *The

Production of Reality, ed. P. Kollock and J. O'Brien (Thousand Oaks, CA: Pine-Forge Press, 1977), 101—11; Carley H. Dodd, *Dynamics of Intercultural Communication*, 4th ed. (Madison, WI: Brown and Benchmark, 1995).

7. Stephen Best, "Walter J. Ong, Orality and Literacy (1982)," *Public Culture* 32, no.2 (2020):431—39.

8. Hall, *Beyond Culture*, 91.

9. Hall, *Beyond Culture*, 98.

10. Harry Triandis, *Individualism and Collectivism* (Boulder, CO: Westview Press, 1995).

11. Geert Hofstede, *Culture's Consequences: National Differences in Thinking and Organizing*, (Beverly Hills, CA: Sage, 1980).

12. Florence Kluckhohn, "Dominant and Variant Value Orientations," in *Personality in Nature, Society and Culture*, ed. Clyde Kluckhohn and Henry A. Murray, 2nd ed. (New York: Alfred A. Knopf, 1953), 346.

13. Kluckhohn, 352.

14. Florence Rockwood Kluckhohn and Fred L. Strodtbeck, *Variations in Value Orientations* (Evanston, IL: Row, Peterson, 1961), 1—48.

15. Kluckhohn and Strodtbeck, 351.

16. Edward Stewart, *American Cultural Patterns: A Cross-Cultural Perspective* (Chicago: Intercultural Press, 1972), 36.

17. Roichi Okabe, "Cultural Assumptions of East and West: Japan and the U.S.," in *Theories in Intercultural Communication*, ed. Yun Kim and William B. Gudykunst (Newbury Park, CA: Sage Publications, 1988), 24.

18. Harold Adams Innis, *The Bias of Communication* (Toronto: University of Toronto Press, 1951).

19. James W. Carey, *Communication as Culture: Essays on Media and Society*, Media and Popular Culture 1 (Boston: Unwin Hyman, 1989), 15.

20. Carey, 18.

21. Carey, 18.

22. Marilynn B. Brewer and Ya-Ru Chen, "Where (Who) Are Collectives in Collectivism? Toward Conceptual Clarification of Individualism and Collectivism," *Psychological Review* 114, no.1 (2007):133—51; Emiko S. Kashima and Elizabeth A. Hardie, "The Development and Validation of the Relational, Individual, and Collective Self-Aspects (RIC) Scale," *Asian Journal of Social Psychology* 3, no.1 (2000):19—48.

23. 韦瑟雷尔（Wetherell）发现波利尼西亚背景的儿童比欧洲背景的儿童表现出更弱的群体偏见，他们试图令组内和组外的成员都受益匪浅。M. Wetherell, "Cross-Cultural Studies of Minimal Groups: Implications for the Social Identity Theory of Intergroup Relations," in *Social Identity and Intergroup Relations*, ed. H. Tajfel (Cambridge, UK: Cambridge University Press, 1982), 147.

24. Harry C. Triandis et al., "Individualism and Collectivism: Cross-Cultural Perspectives on Self-Ingroup Relationships," *Journal of Personality and Social Psychology* 54, no.2 (1988):323—38; Vas Taras et al., "Opposite Ends of the Same Stick? Multi-Method Test of the Dimensionality of Individualism and Collectivism," *Journal of Cross-Cultural Psychology* 45, no.2 (February 1, 2014):213—45.

25. Jai B. P. Sinha et al., "Collectivism Coexisting with Individualism: An Indian Scenario," *Asian Journal of Social Psychology* 4 (2001):133—45.

26. R. Kreuzbauer, S. Lin, and C-Y. Chiu, "Relational versus Group Collectivism and Optimal Distinctiveness in Consumption Context," *Advances in Consumer Research* 36 (2009):472.

27. Satoshi Ishii, "Complementing Contemporary Intercultural Communication Research with East Asian Sociocultural Perspectives and Practices," *China Media Research* 2, no.1 (2006):13—20; Min-Sun Kim, *Non-Western Perspectives on Human Communication: Implications for Theory and Practice* (Thousand

Oaks: Sage Publications, 2002); Yoshitaka Miike, "Beyond Eurocentrism in the Intercultural Field," in *Ferment in the Intercultural Field*, ed. William J. Starosta and Gou-Ming Chen (Thousand Oaks, CA: Sage, 2003), 243—76; John C. Condon and Fathi S. Yousef, *An Introduction to Intercultural Communication* (Indianapolis: Bobbs-Merrill Educational Publishing, 1983); Edward C. Stewart and Milton J. Bennett, *American Cultural Patterns: A Cross-Cultural Perspective* (Yarmouth, ME: Intercultural Press, 1975).

28. Kim, 4.

29. Durganand Sinha, "Origins and Development of Psychology in India: Outgrowing the Alien Framework," *International Journal of Psychology* 29, no.6 (1994):695—705.

30. George Ritzer and Pamela Gindoff, "Methodological Relationism: Lessons for and from Social Psychology," *Social Psychology Quarterly* 55, no.2 (1992):128—40, https://doi.org/10.2307/2786942.

31. David Y. F. Ho et al., "Indigenization and beyond: Methodological Relationalism in the Study of Personality across Cultural Traditions," *Journal of Personality* 69, no.6 (2001):925—53.

32. Brewer and Chen, "Where (Who) Are Collectives in Collectivism? Toward Conceptual Clarification of Individualism and Collectivism"; Kashima and Hardie, "The Development and Validation of the Relational, Individual, and Collective Self-Aspects (RIC) Scale"; Ritzer and Gindoff, "Methodological Relationism."

33. Mustafa Emirbayer, "Manifesto for a Relational Sociology," *The American Journal of Sociology* 103, no.2 (1997):281—317.

34. Ho et al., "Indigenization and Beyond"; Yoshitaka Miike, "Non-Western Theory in Western Research? An Asiacentric Agenda for Asian Communication Studies," Review of Communication 6, no.1—2 (2006):4—31; Miike, "Beyond Eurocentrism in the Intercultural Field"; Kuang-Hui Yeh, "Relationalism: The

Essence and Evolving Process of Chinese Interactive Relationships," *Chinese Journal of Communication* 3, no.1 (2010):76—94; Kwang-Kuo Hwang, "Chinese Relationalism: Theoretical Construction and Methodological Considerations," *Journal for the Theory of Social Behaviour* 30, no.2 (December 25, 2001):155—78; Georgette Wang and Zhong-Bo Liu, "What Collective? Collectivism and Relationalism from a Chinese Perspective," *Chinese Journal of Communication* 3, no.1 (2010):42—63.

35. Robert N. Bellah, Richard Madsen, William M. Sullivan, Ann Swidler, Steven M. Tipton, *Habits of the Heart: Individualism and Commitment in American Life: Updated Edition with a New Introduction* (Berkeley: University of California Press, 1996).

36. Larry A. Samovar, Richard E. Porter, and Nemi C. Jain, *Understanding Intercultural Communication* (Belmont, CA: Wadsworth Publishing Company, 1981), 65.

37. Alexis de Tocqueville, *Democracy in America* Volume 2, trans. Henry Reeve, revised Francis Bowen, editorial notes Phillips Bradley (New York: Vintage Books, 1945).

38. de Tocqueville, *Democracy in America*, Book 2, Chapter II, 104.

39. Clifford Geertz, *Local Knowledge: Further Essays in Interpretive Anthropology* (New York: Basic Books, 1983).

40. de Tocqueville, *Democracy in America*, Book 2, Chapter II, 104.

41. de Tocqueville, *Democracy in America*, Book 2, Chapter II, 105.

42. de Tocqueville, *Democracy in America*, Book 1, Chapter XXI, 94.

43. de Tocqueville, *Democracy in America*, Book 2, Chapter II, 105.

44. Andrew Kohut and Bruce Stokes, *America Against the World: How We Are Different and Why We Are Disliked* (New York: Holt, 2007).

45. Geertz, *Local Knowledge*, 59.

46. John C. Condon and Fathi S. Yousef, *An Introduction to Intercultural Communication* (Indianapolis, IN: Bobbs-Merrill Series in Speech Communication, 1975), 65.

47. Harry C. Triandis, "Cross-Cultural Studies of Individualism and Collectivism," in *Nebraska Symposium on Motivation 1989: Cross-Cultural Perspectives*, ed. John J. Berman (Lincoln: University of Nebraska Press, 1990), 41—133.

48. de Tocqueville, *Democracy in America*, Book 1, Chapter 2, 11.

49. de Tocqueville, *Democracy in America*, Book 4, Chapter VII, 342.

50. Julia T. Wood, *Interpersonal Communication: Everyday Encounters*, 2nd ed. (Belmont, CA: Wadsworth Publishing, 1999).

51. de Tocqueville, *Democracy in America*, Book 2, Chapter V, 115.

52. de Tocqueville, *Democracy in America*, Book 2, Chapter V, 116.

53. de Tocqueville, *Democracy in America*, Book 2, Chapter VI, 119.

54. de Tocqueville, *Democracy in America*, Book 2, Chapter VI, 120.

55. Mark L. Knapp, *Interpersonal Communication and Human Relationships*, 3rd ed (Boston: Allyn and Bacon, 1996).

56. Geertz, *Local Knowledge*, 59.

57. Condon and Yousef, *An Introduction to Intercultural Communication*, 65.

58. New Zealand Ministry of Justice, He Hinatore Ki Te Ao Māori; A Glimpse into the Mäori World, Mäori Perspectives on Justice (Wellington, NZ: Ministry of Justice, 2001), https://www.justice.govt.nz/assets/Documents/Publications/he-hinatora-ki-te-ao-maori.pdf; James Graham, "Nā Rangi Tāua, Nā Tūānuku e Takoto Nei: Research Methodology Framed by Whakapapa," *MAI Review*, no.1 (2009):1—9; Di Pitama et al., *Guardianship, Custody and Access: Māori Perspectives and Experiences* (Wellington, NZ: Ministry of Justice, 2002), http://www.justice.govt.nz/pubs/reports/ 2002/guardianship-custody-access-maori/guardianship-custody-access-

maori.pdf.

59. Felipe Korzenny and Betty Ann Korzenny, *Hispanic Marketing: A Cultural Perspective* (Burlington, MA: Elsevier/Butterworth-Heinemann, 2005).

60. *Constitution of Chile*, HeinOnline World Constitutions Illustrated (Chicago: University of Chicago Press, 2010).

61. Rana Raddawi, "Teaching Critical Thinking Skills to Arab University Students," in *Teaching and Learning in the Arab World*, ed. Christina Gitsaki (Bern: P. Lang, 2011), 80.

62. "乌班图"（Ubuntu）来自祖鲁语，但是许多学者将它描述为泛非洲的。参见 Betty Press, *I Am Because We Are: African Wisdom in Image and Proverb* (St. Paul, MN: Books for Africa, 2011); B. Nussbaum, "Ubuntu: Reflections of a South African on Our Common Humanity," *Reflections* 4, no.4 (2003):21; Pieter J. Fourie, "Communication, Cultural and Media Studies: Ubuntuism as a Framework for South African Media Practice and Performance: Can It Work?" *Communication* 34, no.1 (2008):53—79。

63. Antjie Krog, "'... If It Means He Gets His Humanity Back...': The Worldview Underpinning the South African Truth and Reconciliation Commission," *Journal of Multicultural Discourses* 3, no.3 (2008), 207.

64. Peter Ogom Nwosu, "Understanding Africans' Conceptualizations of Intercultural Competence," in *The Sage Handbook of Intercultural Competence*, ed. Darla Deardorff (Thousand Oaks, CA: Sage Publications, 2009), 169.

65. Nwosu, "Understanding Africans' Conceptualizations of Intercultural Competence," 169.

66. Giorgia Nesti and Chiara Valentini, *Public Communication in the European Union: History, Perspectives and Challenges* (Newcastle upon Tyne: Cambridge Scholars, 2010).

67. Jurgen Habermas, *The Structural Transformation of the Public Sphere: An*

Inquiry into a Category of Bourgeois Society (Cambridge, MA: MIT Press, 1991).

68. Dejan Verčič et al., "On the Definition of Public Relations: A European View," *Public Relations Review* 27, no.4 (2001):373—87.

69. Usha Vyasulu Reddi, "Communication Theory: An Indian Perspective," *Media Asia* 13, no.1 (January 1986):6.

70. Vyasulu Reddi, 6.

71. Xiaotong Fei, *From the Soil: The Foundations of Chinese Society; A Translation of Fei Xiaotong's Xiangtu Zhongguo, with an Introduction and Epilogue by Gary G. Hamilton and Wang Zheng* (Berkeley: University of California Press, 1992), 50.

72. Xiao-Ping Chen and Chao C. Chen, "On the Intricacies of the Chinese Guanxi: A Process Model of Guanxi Development," *Asia Pacific Journal of Management* 21, no.3 (September 8, 2004):305—24.

73. June Ock Yum, "Confucianism and Communication: Jen, Li, and Ubuntu," *China Media Research* 3, no.4 (2007):15—22.

74. Ibn Khaldun, *The Muqaddimah: An Introduction to History*, ed. N. J. Dawood, trans. Franz Rosenthal, Bollingen Series (Princeton, NJ: Princeton University Press, 1967).

75. Jonathan Mercer, "Feeling like a State: Social Emotion and Identity," *International Theory* 6, no.3 (November 2014), 523.

76. Hui-Ching Chang and G. Richard Holt, "More than Relationship: Chinese Interaction and the Principle of Kuan-Hsi," *Communication Quarterly* 39, no.3 (1991):251—71.

77. Elza Venter, "The Notion of Ubuntu and Communalism in African Educational Discourse," *Studies in Philosophy and Education* 23, no.2 (March 1, 2004):149—60.

78. Nwosu, "Understanding Africans' Conceptualizations of Intercultural

Competence," 169.

79. 爱德华·斯图亚特（Edward Stewart）在对美国文化模式的最全面的分析中说："美国人很小的时候就强调把个人作为参照点，美国孩子从小被鼓励要自治……美国人不喜欢向权威屈服，不管是来自家庭还是来自传统和组织的权威。" Stewart, *American Cultural Patterns: A Cross-Cultural Perspective*, 70.

80. Shi-Xu, "Reconstructing Eastern Paradigms of Discourse Studies," *Journal of Multicultural Discourses* 4, no.1 (2009):29—48; Ron Scollon and Suzie Wong Scollon, "Face Parameters in East-West Discourse," in *The Challenge of Facework: Cross-Cultural and Interpersonal Issues*, ed. Stella Ting-Toomey (Albany, NY: SUNY Press, 1994), 133—57; Satoshi Ishii, "Enryo-Sasshi Communication: A Key to Understanding Japanese Interpersonal Relations," *Cross Currents* 11, no.1 (1984):49—58.

81. Guo-Ming Chen, "Asian Communication Studies: What and Where to Now," *Review of Communication* 6, no.4 (2006):295—311.

82. D. 辛哈的"社会中的人"的观点可能很好地描述了嵌入社会的概念，这更接近于拉美和中东的知识遗产中的表述。Durganand Sinha, "Changing Perspectives in Social Psychology in India: A Journey Towards Indigenization," *Asian Journal of Social Psychology* 1, no.1 (1998):17—31.

83. Samsup Jo and Yungwook Kim, "Media or Personal Relations? Exploring Media Relations Dimensions in South Korea," *Journalism and Mass Communication Quarterly* 81, no.2 (June 1, 2004):292—306, Ho et al., "Indigenization and Beyond," D. Sinha, "Changing Perspectives."

84. Samsup Jo and Yungwook Kim, "Media or Personal Relations? Exploring Media Relations Dimensions in South Korea," *Journalism and Mass Communication Quarterly* 81, no.2 (June 1, 2004), 294.

85. Akira Miyahara, "Toward Theorizing Japanese Interpersonal Communication Competence from a Non-Western Perspective," *American*

Communication Journal 3, no.1 (2006), 9.

86. Uichol Kim, "Psychology, Science, and Culture: Cross-Cultural Analysis of National Psychologies," *International Journal of Psychology* 30, no.6 (1995), 670.

87. Georgette Wang, "Paradigm Shift and the Centrality of Communication Discipline," *International Journal of Communication* 5 (2011), 1461.

88. Gayle L. Nelson, Mahmoud Al Batal, and Waguida El Bakary, "Directness vs. Indirectness: Egyptian Arabic and US English Communication Style," *International Journal of Intercultural Relations* 26, no.1 (2002), 55.

89. Keith G. Provan, Amy Fish, and Joerg Sydow, "Interorganizational Networks at the Network Level: A Review of the Empirical Literature on Whole Networks," *Journal of Management* 33, no.3 (2007):479—516; Emilie M. Hafner-Burton, Miles Kahler, and Alexander H. Montgomery, "Network Analysis for International Relations," *International Organization* 63, no.3 (July 2009):559—92.

90. Krog, "'... If It Means He Gets His Humanity Back ...," 208.

91. Yaqing Qin, *A Relational Theory of World Politics* (Cambridge: Cambridge University Press, 2018).

92. Aimei Yang, Anna Klyueva, and Maureen Taylor, "Beyond a Dyadic Approach to Public Diplomacy: Understanding Relationships in Multipolar World," *Public Relations Review* 38, no.5 (2012):652—64.

93. James Der Derian, *On Diplomacy: A Genealogy of Western Estrangement* (Oxford: Blackwell, 1987), 27.

94. Ravi de Costa, "Indigenous Diplomacies before the Nation-State," in *Indigenous Diplomacies*, ed. J. Marshall Beier (New York: Palgrave Macmillan, 2009), 61—77.

95. Costas M. Constantinou and James Der Derian, *Sustainable Diplomacies* (London: Palgrave Macmillan, 2010), https://doi.org/10.1057/9780230297159.

第三章　个人主义逻辑
——亚里士多德的遗产

$$\longrightarrow$$

　　个人主义逻辑是基于个人传播者的有边界、自治的前提。他们特性和作用的独特组合定义了传播经验。

　　这是古代雅典的黄金时代。哲学、艺术、科学都欣欣向荣。参与式民主深入人心，演讲技巧的重要性日益增长。公共演讲成为"必不可少的成就"，因为公民需要在宫廷和公共集会上代表自己。[1]在公共广场（Ἀγορά），政治家和外交使团唇枪舌剑试图说服别人来支持自己的事业，在辩论中击败同样激情四射的演讲对手。公众演讲、说服同胞、为自己辩护的能力和身体防卫一样性命攸关。正如伟大的雅典政治家伯里克利（Pericles，公元前495—429）庄严说道："一个对事有判断力却不能向人解释清楚的人或许从未对此进行过思考。"[2]

　　2500多年前，亚里士多德编写了他的笔记《修辞学》，探讨公共演讲的技巧。古希腊被人们广泛认为是西方文化的源头，亚里士多德的《修辞学》在当代（西方）传播研究领域是最被广泛引用的著作。正如一位著名的西方传播理论学者所说，"传播总体上是和修辞同义的"[3]。

语言表达的雄辩是人类经验的共同维度之一。它也是传播的个人主义表达逻辑的核心。今天，全球公共领域和社交媒体工具取代了古希腊的公共广场。作为语言斗士向对手夸耀的修辞立场依赖于复杂的策略和工具，需要参加影响受众的辩论。这样的辩论——无论口头还是书面——都是争强好胜、零和的场景。公共外交的术语像"赢得人心""观点之战""信息武器"或者"战略叙事""反叙事"都呼应着古代的言语斗争。

考虑到亚里士多德的《修辞学》的影响力，我们求助于它和社会—政治语境，从中可以发现一个关系主义前提的窗口，发现交织的假定和个人主义逻辑的传播动力。

亚里士多德关于说服的遗产

当亚里士多德于公元前376年，也就是他17岁那年到达雅典时，那里就已经是西方世界的知识中心。他在哲学家柏拉图的门下学习了20年。作为一名刻苦的研究者和藏书家，亚里士多德一共撰写了200多部专著，涉及农学、生物学、植物学、舞蹈和表演、伦理学、数学、医学、形而上学、物理学和动物学等。[4]他的逻辑理论和系统研究影响了西方学术传统。亚里士多德后来在雅典建立了自己的学校，即"吕克昂学园"（Lyceum）。

当时，亚里士多德并不是唯一撰写关于公共演讲艺术的人（见专栏 3.1)。在雅典，"从政是惯例而不是例外"[5]。演讲术对于政治参与和个人声望极其重要。因此其形式和训练方法就是辩论的长期主题来源。在亚里士多德之前的时代，在公元前 427 年，来自莱昂蒂尼（Leontini）的诡辩家、演讲家高吉亚斯（Gorgias）作为西西里的代表团成员抵达雅典，以他的雄辩征服了雅典。高吉亚斯的演讲术推进了以华丽辞藻和恭维为特征的诡辩风格。[6]

专栏 3.1　古希腊名人
伯里克利（公元前 495—429）
高吉亚斯（公元前 483—375）
苏格拉底（大约公元前 470—399）
伊索克拉底（公元前 436—338）
柏拉图（公元前 428/427—348/347）
亚里士多德（公元前 384—322）
亚历山大大帝（公元前 356—323）

当诡辩家的传播发明吸引了雅典年轻人的想象的时候，并不是所有的内容都可以叫人一见倾心的。诡辩家使用骗术和不惜代价的说服就广遭批评，以致"诡辩术"一词今天还具有贬义。伟大的哲学家苏格拉底在高吉亚斯走红的时代就是雅典知识界的中流砥柱人物，号召人们"揭掉"诡辩家言语骗术上的"面纱"。他的学生柏拉图对于诡辩术持更加批判的立场，提出了"rhetorike"一词，修辞"rhetoric"一词正是从中演化而来的。[7]柏拉图认为，真正的修辞或演讲之术应该将寻求真理和对于人类行为的理性知识结合起来。

柏拉图的门徒亚里士多德又肩负起解释修辞的挑战。在《修辞学》一书中，亚里士多德宣称开始关注说服。"修辞研究，严格来讲，就是研究说服模式。"[8]他进一步详细说明，将修辞定义为"观察说服方式的能力"[9]。演讲家应该在场景、语境和受众中寻求说服的可能性。对于说服的强调是个人主义逻辑的基石。传播是有目的的活动。

亚里士多德将其公共演讲分为三类：政治（political）演说、法学（forensic）演说、典礼（ornamental）演说。他说政治演讲甚少被人涉猎，因此，他致力于公共政治领域。亚里士多德对于公共政治领域的演讲的重视是值得关注的，因为它对于精英和公共教育具有持久的影响力。修辞和语法与逻辑一道成为古典拉丁语"三艺"的一部分。三艺是祭司、律师、医生、外交官和其他公职人员的必修课，这些人需要在演讲和写作中掌握"有说服力的和微妙而好斗的模式"[10]。请注意外交官是包括在内的。

亚里士多德的修辞学遗产不仅在传播学中可以发现，在外交中也可以发现。外交，如同政治民主一样，都是在公共领域开展的。外交使团，例如莱昂蒂尼的高吉亚斯都是需要当众陈述他们的任务。荣松和霍尔赞誉古代雅典为"现代外交有关的口头技巧和雄辩的先驱者"[11]。

修辞在精英教育中的作用转到公共教育上了。公共演讲和辩论被纳入公共教育的课程大纲之中。学生争先恐后地报名参加获取学校辩论队的名额。早在 20 世纪头 10 年的美国，公共演讲和辩论的教师就成立了慢慢演变成今天传播协会的组织：国际传播协会（International Communication Association，ICA）和全国传播协会（National Communication Association，NCA）。两者成立之初就是演讲协会，后来随着大量的社会科学研究人员涌入才将"演讲"改名为"传播"（ICA 于 1969 年成立，NCA 于 2014 年成立）。[12] 正如我们在第六章看到的，言语的力量——不论是口头还是书面——是个人主义逻辑的主要优势。

亚里士多德提出了组织演讲的三个关键因素：演讲者、主题和受众。这三者反映出对发送者、信息和接收者的关注，这些在现代传播和个人主义逻辑中都可以发现。亚里士多德认为，在这演讲的三要素中，"最后一个因素'受众'决定了演讲的目的和目标"[13]。受众接受信息也是在个人主义逻辑中衡量传播成功或有效性的重要决定因素。

在探讨向受众的说服方式中，亚里士多德提出了所谓"艺术证据"（artistic proofs）或"诉求"：品质（ethos）、激情（pathos）和理性（logos）。这些古希腊的术语在包括电子时代的今天的研究中还在使用。正如学者古尔布兰德森（Gulbrandsen）和尤斯特（Just）在数字研究调查中所说，尽管数字技术为了研究"在线的传播者"呼吁对于过时的传播理论进行彻底的重新评估，"经典的修辞概念……品质、激情和理性依然有用武之地"。按照他们的推理，"人们继续有目的地行动，试图说服彼此。利益冲突和控制别人的企图一直存在"[14]。相似地，个人主义逻辑也是目标驱动的，受到这几个艺术证据的影响。

亚里士多德在《修辞学》一书的其余部分都详细探讨了这三个说服的艺术证据。第一个证据，品质，指的是演讲者的品质，包括他的形象和名誉。亚里士多德认为，"说服需要通过演讲者的个人品质来实现，他的演讲让人觉得他是可靠的"[15]。在个人主义逻辑中，传播者的品质在定义传播经验上面依然是重要因素。在其他的逻辑中，关系主义纽带和关系世界也在传播中分量很重。

第二个证据，激情，就是有时候把说服魅力等同于感情。亚里士多德将感情定义为"那些能改变人、用对立面来影响其判断力的情感……比如愤怒、怜悯、恐惧，等等"[16]。但是，也有学者提醒，这个证据远比恐惧和愤怒复杂。[17]对于亚里士多德来讲，问题不仅仅在于激发受众的情感，还在于理解受众的感情状态，这些感情是如何与认知和行为联系的。

亚里士多德对于人类行为的细致入微的观察已经过去几千年。正如一位研究说服的学者所说："古代人对于能不能说服的描述看上去就和现代的一样。事实上，我们认为现代的说服研究，在某种程度上就是来源于亚里士多德的著作。"[18]的确如此，美国社会科学家在 1940—1960 年间对说服理论的深入研究及其发展现在被称为"新科学修辞学"[19]。有趣的是，个人主义理解倾向于通过说服的透镜来看待感情。正如我们在关系主义逻辑和整体主义逻辑中看到的那样，感情也和亲近假定、关系纽带和身份密切相关。

第三个证据是理性。亚里士多德将理性框定为系统地、深思熟虑地构建论点，去吸引听众。辩论者必须解构或驳斥对手的论点。在勾勒一种机制去构筑或者驳斥论点的过程中，我们可以看到逻辑的生成，包括对立面的逻辑（A 或非 A）。对立面被描述为对立的、互相排斥的，而不是天然共存的或互补的——这也是前一章节里探讨的个人主义逻辑的倾向。亚里士多德在西方的文化遗产中被称为"逻辑学之父"，就是因为他的系统推理法。

进一步研究之后，亚里士多德对于言语、情感和逻辑的不同方面的探讨显示出古希腊人具有爱建立模型的倾向，对于目标和事件寻求范畴化、制定规则来系统描述、预测、解释。[20]我们在当代传播研究的各种模型中看到描述—预测—解释链条，同时构建相互排斥、区别明显的范畴。个人主义逻辑就是基于模型的观点。

言语的系统观点、说服的语言处理策略、关注逻辑、描述世界的范畴和模型全都是亚里士多德的遗产。古希腊人的修辞学在2500多年后依然塑造着当代传播研究的概念。这仿佛是公元前5世纪的雅典广场还活在今天。下一节，当我们进一步探讨个人主义逻辑的潜在的假定时，我们看到古希腊人对当代传播的烙印的平行元素也会扩展到公共外交中。

传播者

传播的个人主义逻辑依赖于没有关系的关系主义自相矛盾的前提。遵循第二章里人类学家克利福德·格尔茨对于个人的描述，个人被认为是"有边界、独特的、多少综合具有动机和认知能力的整体……一个特色鲜明的整体……与别的整体在社会和自然背景下形成对比"[21]。

如果我们分析格尔茨的描述，可以发现几个紧密相连的、互相彼此可以增强的假定，使得从个人主义逻辑的传播观点无懈可击。首先，个人是有边界的，这暗示个人是完整的，或者是"一个特色鲜明的整体"，一个可以到自己为止的整体。个人整体包括特性（意识、情感、判断力）和作用（行动）。跨界者应该注意这个论点认为个人的特性和所能是个人内在的——不在于语境或关系。边界暗示个人或自我与非自我或有别于自己的之间确定的边界。[22]个人自我必须和他人有所区别，自我表达对于定义自我和自我的边界极其重要。

有边界的自我的前提将传播的关注全部置于个人之上。在当代传播中，个人是传播的重点的假定以及负责传播的假定都在这一术语中得到呼应。个人不仅仅是"发送者"，而且也被称为"来源"或"传播者"。在最近编撰一部当代西方传播综合理论的书时，对和传播相关的50多种期刊杂志在过去7年时间里的调查显示它们大多数将传播的第一要素称为"传播者"[23]。

在格尔茨的描述中，我们可以看到隐藏的分离假定：在作为"特色鲜明的整体"和"别的这样的整体"个人之间有鲜明的边界。[24]格尔茨隐含地假设个人不仅仅是鲜明的实体，别的实体也是这样。个人主义逻辑从自己的角度看待别人是分离的、鲜明的。分离假定意味着关系必须产生，关系对于人作为社会动物的生存来说极其重要。关系是必需的，但不是预设的。

分离假定支持传播作为过程的全部观点。在个人主义逻辑下，个人认为没有关系的存在，因此继续沟通，仿佛根本没有关系存在的样子。本质上来说，传播就如同凯瑞所说的不同实体之间接收和发送的"传递过程"。[25]尽管一些学者对于"传播"作为"传递"的观点有所保留，我们可以看到这个隐含的分离假定在当代传播研究中对于信息的关注，将传播描述为"信息流"，或"单向""双向"，甚至互动式"交流"。个人主义逻辑的分离前提在寻求和别人"达到""联系""接触"的明确的目标中是显而易见的。对于跨界者，个人主义逻辑中值得关注的是，关系是传播的副产品，不是传播的先决条件或者存在状态。

和每一个个体实体的完整性和分离性密切相关的是自治概念。每一个个体都是有边界的、分离的、自治的。自治偏爱独立、个人选择和行动的自由。自治本质上对于定义边界极其重要，还需要警惕别人和更大的社会组织，防止他们践踏身份表达或行动的个人边界。格尔茨的措辞不仅仅承认分离性，还要承认本质上与他人或更大的社会集团对立："（1）鲜明的整体（个体）……与（2）其他这样的整体，以及（3）其社会或自然背景形成反差。"[26] "形成反差"暗示寻求差异，而不是寻求共同点和关注相似性。

这些与作为传播者的个人特点紧密相连的天性使得推理变得无懈可击。没有寻找到他者的理由，就很难去探讨某一个人。如果个人是有边界的整体，那么按照定义他应该也是自治的和分离的。如果和他人是分离的，他也会是有边界的，因此也是自治的。如果他是自治的，他一定是完整的，那就暗示着分离。

但是，如果我们进一步探讨这个隐藏的假定，我们可以看到它的另一个层次。这个隐藏的层次就包含古希腊人的影子，尤其是亚里士多德的《修辞学》。一个使得"传播者"成为可能的不言而喻的假定——个人可以为传播负责——就是个人作用的必要前提。

作用（agency）是个人主义逻辑的核心。自我定义、自我表达、由单个个体建构关系等一系列概念都暗示着作用的存在。一点也不令人意外的是，作用被理查德·奈斯比特（Richard Nisbett）领导的国际团队称为古希腊鲜明的特征。[27] 正如奈斯比特和他的同事所说，参与式民主就充分说明了个人的作用。"雅典城邦的概念就是个人联盟，个人可以自由地发挥权力，以自己的方式生活。"[28] 修辞本质上就是给个人赋能、提升个人的作用。

进一步探讨，我们可以看到另一个必然的假定。不仅个人有作用，这个作用还和言语的力量密切相连。古希腊因为辩论而出名，一个人在政治领域如同在战场上需要自我防卫。对于亚里士多德来说，"使用理性的言语作为防卫手段比使用四肢更加能够彰显人的鲜明特征"[29]。用来影响别人和自己环境的言语赋予说服的目标和影响力以特权。亚里士多德对"使用所有手段的说服"的关注呼应着个人主义逻辑的核心前提：个人主义传播者通过言语的力量影响着作用，目标是影响他人和自己的环境。

戴维·贝洛（David Berlo）在《传播过程》（*The Process of Communication*）一书中恰当地体现了作用、言语、说服和影响的假定。这本书是将学生们领进传播领域的早期著作之一。在开头一章，贝洛解释了传播的目的：我们自从生下来作为"完全无助的人"的行为发展的缓慢演化。他写道："我们不能控制我们的行为，也不能控制别人的行为，也不能控制所处的环境……我们受控于影响我们的相关的力量。"[30] 作为婴儿，我们的作用为零。渐渐地，"我们形成了听觉，我们学会了有些声音可以引起他人满意的行为……我们开始去影响别人，也被别人影响"[31]。因此，我们有了作用，即使是我们没有意识到那些作用。

慢慢地，我们获得了更大的意识和作用。贝洛暗示通过言语获得作用："我们开始掌握口头语言……我们学会说话、提问、提要求……"[32] 我们变得复杂起来："我们和别人互动。传播就是互动的基础。"但是，贝洛问道："我们为什么传播？我们的目的是什么？"作用，就是作用，正如贝洛所说：

> 我们传播的基本作用就是起到一个有影响力的作用，去影响别人、我们所处的环境和我们自己。成为一个决定性的施动

者，在事物的形成中有投票权。简而言之，我们传播是为影响——有意地影响。[33]

抛弃拥有投票权的观点看上去不太恰当，但是，它可以把我们带回到古希腊的广场。贝洛援引亚里士多德："这种传播目的的表达方式和亚里士多德的经典言论非常类似。它似乎反复讨论显而易见的事实。"[34] 对于那些偏爱个人主义逻辑的人来说，它会是"显而易见的"。对于那些跨界者来说，很重要的一点就是要注意到，正如我们在其逻辑中见到的那样，没有一个部分是显而易见的——除非某一个逻辑开始探讨个人传播者的关系前提。

这些支持传播中个人主义逻辑的隐藏的假定中，有一些因素可以延伸到公共外交领域，包括把演讲和作用联系起来。当意大利的城邦开始实行交换外交代表的时候，驻外大使一开始就被称为"驻外演讲家"[35]。正如今天一样，"外交官的价值就在于传播、谈判和说服的能力"[36]。在对传播和外交的广泛讨论中，荣松和霍尔写道："在外交传播中，'说就是做'，'做就是说'"。[37] 他们继续写道：外交官的"语义强迫症"，正如阿巴·埃班（Aba Eban）所说，依赖于人们认识到"言语就是行动的有力形式"。[38]

在今天的外交实践中，口才敏捷也备受推崇。在公共外交中，演讲就是包括暴力和胁迫等行动的代名词，体现了软实力的概念。约瑟夫·奈在 1990 年提出了这一概念，他对比了"软实力"——通过吸引力实现说服——和"硬实力"，使用经济和军事实力[39]。下一节我们将探讨独特的传播动力，帮助维持关系前提和个人主义逻辑的假定。

赢得人心

正如我们所见，保留个人自治和作用在个人主义逻辑中极其重要。以这种方式，逻辑的传播动力有助于保留自治和作用。我们可以听见亚里士多德的遗产和传播者寻求赢得人心的呼应。我们强调几个重要的传播动力，大多数对于当代传播模型和公共外交来说都是非常熟悉的。

个人特性和作用

假如关注个人传播者，个人主义逻辑的第一批突出动力就是个人实体的特性和作用。特性会是价值、信仰或习惯性特征。作用关注言语和非言语的传播行为。根据这个逻辑，每个人的言行都在传播。因此，早期的传播格言"人不可能不传播"[40]，言之有理。当有意为之的时候，那些行为就变成了传播技巧和能力。熟练的传播者通常等同于有效的传播者。跨界者应该注意到根据个人主义逻辑，特性和作用只能是个人传播者所具有的品质。

正如我们所见，亚里士多德认为品质，或者是演讲者的品质，是说服的根本。亚里士多德把"好人"的特性定义为善行。什么构成"好人"呢？对于亚里士多德来说，演讲者自己品质中的三个特性"可以让我们相信证据以外的东西：良知、道德品质和好心"[41]。好心是非常重要的品质。"它帮助演讲者使我们相信他。"亚里士多德说道："如果我们相信他自己有某些品质，即善行，或对我们的好心，那或许两者兼而有之。"[42]当代传播研究把个人魅力和能力增添到亚里士多德提出的特色中去。[43]

在公共外交中，软实力概念的兴起说明了对于把个人特性当作说服基础的关注。约瑟夫·奈将国家文化、政治观点和政策都视为软实力资源，或者是这个国家的内在特性。奈视公共外交为在国际舞台上为了吸引和影响别人而"运用"这些软实力资源。[44]"运用"这个概念和把传播作为作用的重要性紧密相关。根据这一逻辑，还不足以拥有吸引人的特色。正如罗恩斯利（Rawnsley）谈及各国软实力竞争时所说，"公共外交就是有意识地和外国公众进行沟通的行为……毕竟，如果没有人了解你的价值和善行，权力在哪里呢？"[45]

信息

威尔伯·施拉姆强调信息的重要性，但他观察到"在过程中的某一个点，（信息）是与发送者或接收者脱离的"[46]。信息是个体发送者和接收者之间重要的联系。信息使得自治的个体可以和别人发送联系。信息是说服别人的关键。早期的传播模式（香农和韦弗模式）关注给信息编码和解码，为的是发送者想要发送的信息是接收者能够理解的信息，并且信息能够达到目标。正如戴伯特（Deibert）所说，并非巧合，"信息内容和策略一直是当代传播领域的主流关注点"[47]。

亚里士多德认为，信息是很重要的因素。他为对于合乎逻辑的论点和逻辑的使用的预期奠定了基础。正如亚里士多德所写："当我们证明了真理或者通过与问题恰当的说服论点证明了一个浅显的真理的时候，说服是通过言语本身实现的。"[48]他提出了许多构建说服论点的策略。例如，三段论就是一个修辞技巧，它提出了主要前提和次要前提，通过演绎推理最终得出结论。

在公共外交中，信息不仅对于说服极其重要，对于表达也是如此。我们在美国公共外交中可以看到这一点，信息收发在其中极其重要。在"9·11"调查委员会早期关于公共外交的报告中，这可以得到验证，上面写道："从我们的独立战争的第一天起，美国的安全就依赖于明确的信息：不要践踏我们。"[49]该委员会的首份公共外交推荐报告就是："美国政府必须定义我们的信息，它们代表着什么。"[50]随着互联网的兴起，对于静态信息的关注已经被动态的叙事质量取代。公共外交领域最具创新性的理论建构之一就是战略叙事，这些就是米斯科蒙（Miskommon）、奥洛林（O'Loughlin）和罗塞尔等研究团队的领域。[51]

媒介

个人主义逻辑的第三个动力就是信息发布，或者是传播媒介。如果按照这个逻辑，传播者首先会问：我们的信息是什么？接下去会问道，我们怎么样才能够把信息传输出去？最有效的传递信息和说服受众的方法是什么？信息设计和信息传达通常是紧密相连的。信息内容通常决定传达方式的选择。在古希腊，信息内容和信息传输都通过演讲者呈现出来。另外还有演讲方式的重要性也是如此。演讲者风格是信息有效性和身份的一部分。比如，雅典人以他们精心准备的、冗长的论文和雄辩的风格而闻名。相比之下，斯巴达人却以简洁的、掌握精炼的反驳而闻名。[52]

信息设计和传达在当代传播研究中密切相关。一方的推进会让另一方也推进。例如，大众传媒的到来预示着更加复杂的信息设计和传达策略，来送达更广泛的受众。随着大众媒介的发展，我们可以看到市场营销、广告、公共关系和宣传的诞生。传播领域一直痴迷于媒体及其塑造信息的方式。按照马歇尔·麦克卢汉的描述："媒介就是信息。"[53]尽管麦克卢汉所说的在大众传媒时代就是指电视和电台，这句话在数字时代也是会引起强烈共鸣的。[54] 在数字媒体广泛讨论"功能可及性"或者感知使用，或者"行动可能性"，比如互动和合作时，这句话"媒介就是信息"经常被提起。[55]

杰夫·皮格曼认为，在传统外交和公共外交中，变化中的传播技术的影响力在从"老外交"到"新外交"的视角改变中起到极其重要的作用。[56] 早期电报的发展大大改变了传统外交的时间动态。在公共外交中，早期的大众传媒工具在送达外国受众上是有作用的。开始于一战和二战的电台广播一直持续到冷战，更先进的媒体技术和说服策略出现了。在"9·11"袭击发生后没多久，美国公共外交立即利用一系列大众传播工具，从电台到光面纸杂志。外交学者肖恩·赖尔登（Shaun Riordan）认为，随着数字和社交媒体的快速兴起，公共外交很快就被称为"数字外交"[57]，也很快就变成了外交部长的"痴迷"。[58]

受众

个人主义逻辑的第四个动力和接收者，即受众有关。亚里士多德考虑将听者当作评委，最终决定演讲的有效性。他讨论了听众的不同类型和受众的特征，我们今天可以称之为基础的人口统计学。[59] 但是，在经典修辞学中，关注点是在修辞者或传播者身上。受众的作用基本上是被动的，正如一位学者所说："修辞者需要弄懂受众，为的是说服他们，但是，修辞者并没有从受众那里学会什么。"[60]

个人主义逻辑和现代传播研究都是主要关注传播者。因为两者都认为传播者是分离的，和受众是不同的。受众不是天生就会弄懂的，必须通过研究，加以识别。分析受众和理解人的行为在当代西方传播学研究和个人主义逻辑中也有呼应。[61] 在当代传播学中，有大量的文献关于如何研究受众。然而，相关的想法——就像我们在很多传统中看到的那样，即受众研究传播者的观点——并非一定成立。再次强调，传播者研究受众，却没有从受众那里学会什么。个人主义逻辑把受众大体上看成是被动的，是传播的接收者。受众是被动的、出于单向的信息流动和影响之中的观点反映出当代传播学研究早期的模型。后期的模型增加了受众反馈、让传播成为一个闭环或者从接收者到发送者的双向信息流。缺少信息交换或相互学习会增强把受众当作被动的，即使不是疏远的，也是不同的"他者"的观点。

公共外交也在谁构成了公共外交中的"公众"的假定里涵盖了受众是分离的"他者"的观点。凯茜·菲茨帕特里克在公共外交学术研究的公共外交定义中发现人们有共同的默契认为公共外交的目的就是为了外国公众。[62] 但是，埃伦·惠济格（Ellen Huijgh）在她研究一些国家的公共外交实践中发现国内公众才是关键的。[63] 中国人称呼公共外交为"人民外交"，反映的就是这个优先事项。[64] 相同地，国家品牌运动，例如南非——和可能性共生（South Africa—Alive with Possibility）、哥伦比亚的激情四射（Colombia es Passion）、印度尼西亚的百年民族觉醒（Indonesia Hundred Years of National Awakening）都是在进入国际领域之前预设了国内受众的理解政策的前提。

目标导向

个人主义逻辑的目标导向和作用的假定密切相关。在这个逻辑当中，传播是说服性的、有目的性的，头脑中是有最终目的的。对于古希腊人来说，修辞训练的目标就是说服足够的人来确保主流意见，赢得辩论。希腊和其他主要古代文明的不同之处在于冲突是由多数规则来解决的。辩论者不需要像在共识政治中那样和对手或整个社群去调和差异。反过来，对手之间的差异有可能被有意地增强，为的是赢得怀疑者的支持，巩固同意者的支持。[65] 各方强劲的支持会增强对于充满争议的政治话语的容忍度。

个人主义逻辑反映出古希腊人的目标导向。在当代传播研究和个人主义逻辑中值得关注的是个人定义逻辑。传播目标就是通知、说服、娱乐和教育。例如，使用与满足理论就是突出的例子，是个人寻求使用媒体的理论。

公共外交和学术探讨和政策探讨都突出地显示目标导向。例如，奈就将软实力定义为"通过吸引和说服，而不是通过胁迫或购买而实现目标的方法"[66]。学者也明确地将公共外交称为修辞文类。例如，海登就讨论了"软实力修辞"[67]。杰克逊写道"扭曲的话语与改变的行动"[68]。正如格伯所说："公共外交的核心就是说服性努力，关注于影响国外公众，以在某种程度上改变他们的行为。"[69] 国家中心的外交也聚焦于个人层面的说服，正如我们在早期的公共外交的定义中所见：它就是一种通知、影响、接触国外公众的方法。

可衡量性

最后，目标导向也暗示传播结果是可以衡量的。在希腊政治中为了确保多数，一方需要获得比对手多的选票。多一张选票就意味着在辩论中输或赢——这个实践就是基于分离的、自治的个人的假定之上的。

个人主义逻辑把两个相互关联的前提配对：传播是有最终目的的；我们可以通过那个目标来衡量传播的成功。我们在当代传播最早的一个模型中可以看到这样的目标导向。哈罗德·拉斯韦尔（Harold Lasswell）的语言模型（verbal model）体现了个人主义逻辑的所有传播动力，包括需要去评估影响力或后果："谁向谁说了什么，通过什么渠道产生了什么后果。"[70] 对传播效果的量化传统非常偏爱量化评估方法，例如民意测验、内容分析，最近，更加偏爱大数据处理，而舍弃更有机的定性分析。定量分析研究传播是否达成了目标，如果是，多大程度上达成了目标。

今天，可衡量性已经被抬高而超越了它的实际功能，几乎本身就成了目的。我们经常提到的"责任""后果"和"有效性"都支持这个概念，即传播结果一定可以通过衡量来产生价值。[71] 正如尼古拉斯·卡尔所说，这种对于沟通的衡量会包含不同的数字，例如交换生的人数、文化展览，或者公共意见的变化等。[72]

如果我们回头再看看拉斯韦尔的语言模型，"谁向谁说了什么，通过什么渠道产生了什么后果"，我们可以对于个人主义逻辑中得到加强的传播动力进行简短的总结。"谁"对应着传播者，"什么"就是信息，"向谁"就是受众，"通过上面渠道"就是传播方法，"产生什么效果"就反映出目标导向假定和可衡量性。当然，这些动力也会出现在其他逻辑里面，但是，不会被这样解读，或被这样重视。例如，一个适应了目标导向的个人主义逻辑的未来传播者可能会希望获取影响力或控制力，因此，他会带着这个目标和关系主义逻辑中的伙伴建立关系。这些努力会被认为不真诚或爱操控，破坏了他要寻求建立的关系。"衡量关系"的概念看上去令人不愉快。但是，在关系主义逻辑中，伙伴会以微妙的、有时候不太微妙的方法衡量他们之间关系纽带的优点。

致跨界者

在传播逻辑中，跨界者既需要寻求共同点，也需要注意差异性。寻求共性对于个人主义逻辑来说尤其重要。正如格尔茨所说，因为个人在自身范围内是有边界的、完整的，其倾向就是寻找对比和差异，而不是相似性。[73]

个人主义和个人性

跨界者的一个可能的共同点就是注意到个人主义和个人性之间的区别。我们在第二章从关系主义视角探讨过两者的区别。这里，我们进一步突出个人主义逻辑的传播含义。个人主义——既分离又相隔的、有边界的实体的观点——一直是和西方的，尤其是美国的视角紧密相关。[74] 在这里，个人主义会被视为只限定于特定人群的特性。反过来，个人性是泛人类的。个人性观点就是认为每个人都是独特的，和别人有区别——倒不必和别人是分离的，或隔离的。换句话说，人们并不非要是分离的才能是独特的或与别人有区别的。个人性是普天之下普遍的，给刚刚出生的孩子取名就是很好的例证。命名使得个人变得独一无二、容易辨识、容易与别人区别。相似的还有，个人的指纹、面部特征，甚至眼睛虹膜都是泛人类的与别人相区别的身体特征，使得个人成为独一无二的个体。我们鲜明的个人性也可以使我们容易与别人区别，包括我们心情不好或"不在状态"的时候。个人性加强独特性，而个人主义加强分离性。

个人主义逻辑突出个人是有边界的、分离的、自治的。因为它认可自治性，这个逻辑将个人性——使得个人独一无二——和个人作用紧密联系起来。个人主义暗示着边界性，在个人范围内探明独特的特性和作用。例如，软实力就是一个国家的特性，它并不是基于地缘政治语境或从关系上基于共同的文化遗产。但是，个人性却将独特特性和作用归因于个人，又不将这些特性唯独确定在个人范围内。

个人主义逻辑推崇独立性和"自力更生"，因为它们维护了个人的自治性。在社交场景下，个人会选择独立或者和其他自治的个人保持独立关系。如果自治性和身份相关，失去了自治就会有和失去了身份或独特性一样的感受。独立的风险就在于会把个人的个体身份和集体身份进行融合。因为，这个逻辑认为循规蹈矩、被动性、顺从和妥协会威胁或侵蚀个人自治性，个人主义倾向于强调平等性和互惠以及水平关系模式。

个人性并不暗示个人主义或者暗示成为分离的、有边界的、自治的实体。个人性为了定义和保存鲜明特性，并不以需要分离为前提。事实上，因为关系主义语境认为个人天生需要和别人发生联系，这些联系为个人身份奠定了基础。正如乌班图精神表达的："他在故我在。"和更大的社会集团保持联系是个人性的一个重要的维度。不用寻求通过和社会集团的分离来表达个人性，个人在关系的社会语境下表达个人性。

当个人主义逻辑强调个人作用，我们在关系主义和整体主义逻辑中可以看到个人性的关系特征和语境特征。其中，对于身份来说更大的风险并不是失去自治性，而是和社会集团分离或隔绝。宝贵的个人特性如忠诚、慷慨、真诚和敏感都是关系层面的限定词，暗含着宝贵的社会特性如集体团结或和谐。看上去，个人层面的品质如尊严、荣誉和"面子"不像个人特性那样拥有巨大的价值，但是，可以获得社交价值。相似地，"公共面子"的概念不是一个个人特性，而是一个应该守护和保护的集体特性。

对于跨界者来说，为了沟通差异、寻求共性、在解决问题中充分利用多样性，理解个人主义和个人性之间细微的差别非常重要。

个人性：身份和表达

对于跨界者来说，个人性在理解人类语言的重要性和语言表达与身份的联系方面尤其重要。两者在个人主义逻辑中都很重要。

在个人主义逻辑中，一条重要的潜在线索就是自我表达和身份之间的联系。表面上，个人主义逻辑似乎过度强调说话，形成了西方人都很健谈的特征。个人主义逻辑不仅仅重视说话，而且要勇敢地说出来、大声地说出来。每一个个体都是自力更生的，这就包括在沟通中可以为自己说话。个人主义逻辑包括耳熟能详的短语"自我身份""自我表达""自我提升""自我主张"等。还可以看到和听到很多这样的词汇纷至沓来。自信被认为积极的，因为它直接表达情感和要求。[75] 缺乏自信的人可以参加自信训练班。

为什么关注口头表达呢？这不仅是政治参与或作用的问题。如果我们再回头看个人主义的前提，个人表达是存在的必要条件。任何形式的个人表达在本质上就是自我表达。个人唯一的为别人"所知"、和别人"联系"，或维持自治性的方法都需要自我表达。正如本章开头引用的雅典政治家伯里克利的话来强调这句话的含义那样，除非一个人能够清楚地表达自我，否则他或许永远不会被认为具有思想。伯里克利将表达的价值等同于思想。[76] 离开了口头表达，仿佛个人思想就没有价值一样。

正如肯尼迪所说，古希腊公共演讲最突出的特征就是它的爱辩论的特性。厄里斯（Eris），希腊神话中专司混沌、冲突和不和的女神，她的名字派生出了"辩论"（eristic）一词。虽然古希腊人陶醉于其公共辩论的争议性质，但这种情绪不是普遍的。正如肯尼迪说，在其他修辞传统中，"差异是通过婉转、礼貌的方式被说出来的"，而且"警告人们要用软性回答或沉默来拒绝愤怒"。[77]

表达或大声说出来的价值有一个必然的后果，就是倾向于贬低沉默。个人主义逻辑把沉默看成是"少言寡语"[78]。沉默通常被视为缺乏与人沟通的技巧和信心，会显示出害羞和焦虑。它也可以被视为不愿意沟通，因此，表现出不和与敌意以及权力状态或控制。[79]在公共传播中，那些支持个人主义逻辑的人会将沉默贬义地解读为一种负疚表现。发言人被提醒不要使用"无可奉告"这样的短语。在危机场景或对抗局面下，沉默会给对手占上风的机会或者让对手有可以填补的话语真空。因为它植根于个人主义逻辑，当代（西方）公共外交就反映了对于沉默的负面观点。

对于那些习惯于个人主义逻辑的人来说，对于这样明确主张的需求可能会令人迷惑不解，会被视为富有攻击性、傲慢和肤浅的措辞。在一些文化传统中，沉默被视为优于言辞。韩语中的"乖巧"和日语中的（腹艺）"无语沟通"都体现出无需口头表达而达到积极正面的沟通。[80]沉默也是瑜伽的一个特征。[81]在冥思中，沉默对于与自我的交流是极其重要的。正是这样，沉默可以通往真理。沉默在公共传播中备受重视。印度领导人甘地领导印度从英国独立出来，就是将非暴力和从沉默中得来的耐心作为美德。甘地从"坚持寻求真理"概念中汲取力量，将沉默的价值从个人层面的自我净化提升到大众、公共层面，展现出"用沉默来抗议"的力量。[82]

在个人主义逻辑中，对沉默的负面看法远不止缺乏言语，其身份的缺失也可能是一个威胁或者风险。和大声说出来造成的误解相比，美国第一位负责公共外交的副国务卿说，"沉默要危险得多"[83]。她的继任者也在"9·11"调查委员会国会公共外交建议听证会上呼应着这个情绪："如果我们不定义自己，别人就会欣欣然为我们下定义。"[84]她的声明让我们回到 1911 年，那时候，美国电话电报公司的总裁西奥多·维尔（Theodore Vail），就抓住了不能不大声说话的基本原理："如果我们不讲出我们自己的真理，别人会讲出来的。"[85]

在个人主义逻辑中，自我表达对于个人身份观的建立和世界的存在至关重要。在一个由有边界的个人组成的社交场景中，每一个人都是和别人分离的，自我让他人认识自己的唯一途径就是自我表达。分离假定对于共同的情感没有一个内在的本能的感受。口头表达就是这样的桥梁，给他人提供一条信息生命线，产生和别人联系的情感纽带。在表达和身份之间暗含的关系假定强调了开口说话的必要性。它就是一个诱因，产生直接的反应来保护"言论自由"作为神圣不可侵犯的权利。个人的自我表达对于个人的身份至关重要。

分享和保护遗产

跨界者最后需要注意的是知识遗产错综复杂这一特性的重要性。例如，个人主义逻辑似乎起源于古代雅典。西方文化明显就是其继承者。但是，如果人们研究修辞研究的时间线，明显存在几个世纪的时间差。发生了什么？当古希腊沦陷于罗马帝国的时候，所有艺术品都被劫掠、毁坏或偷盗。有一些辗转流落到君士坦丁堡（今天的伊斯坦布尔），在那里被一些基督徒、亚述人和犹太人翻译为其他文字。在伊斯兰文艺复兴时期，巴格达的阿巴斯王朝哈里发曼苏尔发动了一场古希腊作品的"翻译运动"，尤其包括那些亚里士多德的作品。[86] 在他的先锋研究中，乌韦·维奇普珥（Uwe Vagelphol）描述这场希腊—阿拉伯的翻译运动为"无论是在规模上还是在影响力上，这都是一个前所未有的文化传播和转化的过程"[87]。这场运动持续了一个多世纪，翻译的作品在伊斯兰帝国流传。当伊斯兰帝国在西班牙陷落的时候，欧洲学者在安达卢西亚的图书馆里面到处搜寻，惊人地发现了古希腊留下来的遗失的文化遗产。这次发现促使欧洲走出了黑暗世纪，引发了它们的文艺复兴的兴起。[88] 今天的跨界者可以看到文化接触和交流的同步性，以及最终对一种文化遗产的保护是如何往往依赖于对另一种文化遗产的保护。

总　结

有边界的、分离的、自治的，合在一起，这些假定的个人品质就会凸显为什么修辞或者熟练的语言表达能力，实际上就是自我表达，对于个人主义逻辑如此重要了。这三个特性是相互关联的概念，彼此会增强其他两者的逻辑存在。如果是自治的，个人一定是完整的，或有边界的；如果个人是有边界的、自治的，他们必须通过沟通和别人联系，别人同样也被推定是分离的、自治的。因为这是人们必须做的事情，传播是有目的的，是目标导向的，与人联系是为了自身和社会的生存。尽管个人主义逻辑认为人是分离的、独立的，但与人联系的需求还是很强烈的、持久的，因为个人实体需要他人才能生存。和别人联系的动力因此就是自治本身的一个反讽：每一个实体在理论上都是自治的，但是，生存又依赖于和别人联系，说得温和一点就是自治的人或许根本就不是自治的。

下一章我们将大胆探讨古代近东的关系主义逻辑的起源。正如学者所说，如果古希腊预示着外交的语言维度，那么，古代美索不达米亚就预示着外交传播和礼节的关系主义维度。[89]

注释

1. E. M. Cope, *An Introduction to Aristotle's Rhetoric with Analysis Notes and Appendices* (London: Macmillan and Co., 1867), 2.

2. Thucydides, *Book II*，转引自 Cope, 9。

3. Robert T. Craig, "Communication," in *Encyclopedia of Rhetoric*, ed. Thomas O. Sloane (New York: Oxford University Press, 2001), 125—137.

4. "Aristotle," Internet Encyclopedia of Philosophy, accessed October 13, 2019, https://iep.utm.edu/aristotl/.

5. Cope, *An Introduction to Aristotle's Rhetoric*, 2.

6. Scott Porter Consigny, *Gorgias, Sophist and Artist* (Columbia: University of South Carolina Press, 2001).

7. George Alexander Kennedy, *Comparative Rhetoric: An Historical and Cross-Cultural Introduction* (New York: Oxford University Press, 1998).

8. Aristotle, *Rhetoric*, trans. W. Rhys Roberts, Provided by The Internet Classics Archive. Available online at http://classics.mit.edu/Aristotle/rhetoric.html Dover Thrift Editions (Mineola, NY: Dover Publications, 1946), Book I, part 1.

9. Aristotle, Book I, part 2.

10. Walter J. Ong, *Orality and Literacy: The Technologizing of the Word* (New York: Routledge, 1982), 111/master n6.

11. Christer Jönsson and Martin Hall, *Essence of Diplomacy* (Berlin: Springer, 2005), 87—88.

12. 有关历史学概述，请参见 George R. Miller, "Taking Stock of a Discipline," *Journal of Communication* 33, no.3 (1983):31—41; Wilbur Schramm, Steven H. Chaffee, and Everett M. Rogers, *The Beginnings of Communication Study in America: A Personal Memoir* (Thousand Oaks: Sage, 1997); Pat Gehrke and William M. Keith, *A Century of Communication Studies: The Unfinished Conversation* (New York: Routledge, 2015)。

13. Aristotle, *Rhetoric*, Book I, part 3.

14. T. Gulbrandsen and S. N. Just, "The Collaborative Paradigm: Towards an Invitational and Participatory Concept of Online Communication," *Media, Culture & Society* 33, no.7 (2011):1103.

15. Aristotle, *Rhetoric*, Book I, part 2.

16. Aristotle, Book II, part 2.

17. Laura K. Hahn, Lance Lippert, and Scott T. Paynton, *Survey of Communication Study* September 22, 2021 (https://en.wikibooks.org/wiki/Survey_of_Communication_Study, 2017).

18. Charles U. Larson, *Persuasion: Reception and Responsibility*, 6th ed. (Belmont, CA: Wadsworth Publishing, 1992), 81.

19. Nathan Maccoby, "The New 'Scientific' Rhetoric," in *The Science of Human Communication: New Directions and New Findings in Communication Research*, ed. Wilbur Schramm (New York: Basic Books, 1963), 41—54.

20. Richard E. Nisbett et al., "Culture and Systems of Thought: Holistic versus Analytic Cognition," *Psychological Review* 108, no.2 (2001):292.

21. Clifford Geertz, *Local Knowledge: Further Essays in Interpretive Anthropology* (New York: Basic Books, 1983), 59.

22. Edward E. Sampson, "The Debate on Individualism: Indigenous Psychologies of the Individual and Their Role in Personal and Societal Functioning," *American Psychologist* 43, no.1 (1988):15—22, https://doi.org/10.1037/0003-

066X.43.1.15.

23．Stephen W. Littlejohn and Karen A. Foss, *Theories of Human Communication*, 10th ed. (Long Grove, IL: Waveland Press, 2010), 79.

24．Geertz, *Local Knowledge*, 59.

25．James Carey, *Communication as Culture* (New York: Routledge, 1989), 15—18.

26．Geertz, *Local Knowledge*, 59.

27．Nisbett et al., "Culture and Systems of Thought."

28．Nisbett et al., 292; E. Hamilton, *The Greek Way* (New York: Avon, 1930), 25, cited by Nisbett et al., 2001, 292.

29．Aristotle, *Rhetoric*, Book I, part 1. Provided by The Internet Classics Archive. Available online at http://classics.mit.edu/Aristotle/rhetoric.html.

30．David K. Berlo, *The Process of Communication* (New York: Holt, Rinehart and Winston, 1960), 10.

31．Berlo, 11.

32．Berlo, 11.

33．Berlo, 11—12.

34．Berlo, 12.

35．Keith Hamilton and Professor Richard Langhorne, *The Practice of Diplomacy: Its Evolution, Theory and Administration* (New York: Routledge, 2013), 33.

36．Hamilton and Langhorne, 232.

37．Jönsson and Hall, *Essence of Diplomacy*, 86.

38．Eban, *The New Diplomacy: International Affairs in the Modern Age* (1983), 393，转引自 Jönsson and Hall, 86。

39．Joseph S. Nye, *Bound to Lead: The Changing Nature of American Power*, reprint ed. (New York: Basic Books, 1990).

40．Paul Watzlawick, Janet Beavin Bavelas, and Don D. Jackson, *Pragmatics of Human Communication: A Study of Interactional Patterns, Pathologies and Paradoxes* (New York: W. W. Norton & Company, 2011), 51.

41. Aristotle, *Rhetoric*, Book I, part 2, 1378a.

42. Aristotle, Book I, part 8. Provided by The Internet Classics Archive. Available online at http://classics.mit.edu/Aristotle/rhetoric.html.

43. Bruce E. Gronbeck, *The Articulate Person* (Glenview, IL: Scott, Foresman, 1983).

44. 奈从民族—国家的角度关注软实力。Joseph S. Nye, *Soft Power: The Means to Success in World Politics* (New York: Public Affairs, 2004).

45. Gary Rawnsley, "Approaches to Soft Power and Public Diplomacy in China and Taiwan," *Journal of International Communication* 18, no.2 (August 1, 2012):123, https://doi.org/10.1080/13216597.2012.695744.

46. Schramm, *The Science of Human Communication*, 7.

47. Ronald J. Deibert, *Parchment, Printing and Hypermedia: Communication and World Order Transformation* (New York: Columbia University Press, 1997), 21.

48. Aristotle, *Rhetoric*, 1356a.

49. 9/11 Commission, "The 9/11 Commission Report," 2004, 100, https://9-11commission.gov/report/911Report.pdf.

50. 9/11 Commission, 376.

51. Alister Miskimmon, Ben O'Loughlin, and Laura Roselle, *Strategic Narratives: Communication Power and the New World Order* (New York: Routledge, 2013).

52. "稀疏"(sparse) 这个词就来源于这种风格特征。

53. Marshall McLuhan, *Understanding Media: The Extensions of Man* (New York: Signet Books 1964).

54. Carlos Alberto Scolari, "Mapping Conversations about New Media: The Theoretical Field of Digital Communication," *New Media & Society* 11, no.6 (2009):943—964.

55. Donald A. Norman, "Affordance, Conventions and Design," *Interactions* 6, no.3 (1999):38—43.

56. Geoffrey Allen Pigman, *Contemporary Diplomacy: Representation and Communication in a Globalized World* (Cambridge, UK: Polity, 2010).

57. Fergus Hanson, "Baked in and Wired: EDiplomacy @ State," Foreign Policy Paper Series (Washington DC: The Brookings Institution, 2012), https:// www.brookings.edu/research/baked-in-and-wired-ediplomacy-state/.

58. Shaun Riordan, "Digital Diplomacy 2.0: Beyond the Social Media Obsession," CPD Blog (blog), April 25, 2016, http://uscpublicdiplomacy.org/blog/ digital-diplomacy-20-beyond-social-media-obsession.

59. John Louis Lucaites, Celeste Michelle Condit, and Sally Caudill, *Contemporary Rhetorical Theory: A Reader* (New York: Guilford Press, 1999).

60. Theresa Enos, *Encyclopedia of Rhetoric and Composition: Communication from Ancient Times to the Information Age* (New York: Taylor & Francis, 1996), 44—45.

61. Hahn, Lippert, and Paynton, *Survey of Communication Study*.

62. Kathy Fitzpatrick, *The Future of U.S. Public Diplomacy: An Uncertain Fate* (Leiden: Martinus Nijhoff, 2010), 200.

63. Ellen Huijgh, "Changing Tunes for Public Diplomacy: Exploring the Domestic Dimension," *Exchange: The Journal of Public Diplomacy* 2, no.1 (2013):1—12; Ellen Huijgh, "Indonesia's 'Intermestic' Public Diplomacy: Features and Future," *Politics & Policy* 45, no.5 (2017):762—792; Ellen Huijgh, *Public Diplomacy at Home: Domestic Dimensions* (The Netherlands: Brill Nijhoff University Press, 2019).

64. Tanina Zappone, "New Words for a New International Communication: The Case of Public Diplomacy" (London: Europe China Research and Advice Network, 2012), https://www.academia.edu/5235863/New_Words_for_A_New_

International_Communication._The_Case_of_Public_Diplomacy; Zhao Qizheng, *One World: Bridging the Communication Gap* (Beijing: China Intercontinental Press, 2008); Y. Wang, "Relational Dimensions of a Chinese Model of Public Diplomacy," in *Relational, Networking and Collaborative Approaches to Public Diplomacy: The Connective Mindshift*, ed. R. Zaharna, A. Fisher, and A. Arsenault (New York: Routledge, 2013), 86—99; Yiwei Wang, "Public Diplomacy and the Rise of Chinese Soft Power," *The Annals of the American Academy of Political and Social Science* 616, no.1 (March 1, 2008):257—73, https://doi.org/10.1177/0002716207312757.

65. 正如肯尼迪写道："如果演讲者不需要稳妥的共识，他就不需要与激进的对手和解，基本上可以忽略他们的担心，专注于巩固支持，赢得怀疑者。对于对手和他的动机进行有力的个人抨击有助于达到这个目的。" George Alexander Kennedy, *Comparative Rhetoric: An Historical and Cross-Cultural Introduction* (New York: Oxford University Press, 1998), 201.

66. Nye, *Soft Power*, 4.

67. Craig Hayden, *The Rhetoric of Soft Power: Public Diplomacy in Global Contexts* (Lanham, MD: Lexington Books, 2012).

68. Patrick Jackson, "Twisting Tongues and Twisting Arms: The Power of Political Rhetoric," *Journal of International Relations* 13 (2006):35.

69. Mathew G. Gerber, "On the Consideration of 'Public Diplomacy' as a Rhetorical Genre," *Contemporary Argumentation and Debate* 29 (2008):123.

70. Harold D. Lasswell, "The Structure and Function of Communication in Society," *The Communication of Ideas* 37 (1948):215—228.

71. Robert Banks, *A Resource Guide to Public Diplomacy Evaluation, CPD Perspectives on Public Diplomacy* (Los Angeles: Figueroa Press, 2011).

72. Nicholas Cull, "Introduction," in *Data Driven Public Diplomacy: Progress towards Measuring the Impact of Public Diplomacy and International Broadcasting Activities (report)*, ed. Katherine Brown and Chris Hensman (Washington, DC:

United States Advisory Commission on Public Diplomacy 2014), https://2009-2017. state.gov/documents/organization/231945.pdf.

73. Geertz, *Local Knowledge*, 59.

74. 跨文化学者康登和优素福区分了个人主义和个人性。他们对于个人性的定义似乎将两者融合，并强调作用："个人性指在社会结构框架内个人采取不同方式作出回应的自由。" John C. Condon and Fathi S. Yousef, *An Introduction to Intercultural Communication* (Indianapolis, IN: Bobbs-Merrill Series in Speech Communication, 1975), 65.

75. Gary Althen, Amanda R. Doran, and Susan J. Szmania, *American Ways: A Guide for Foreigners in the United States* (London: Intercultural Press, 2003), 17.

76. "一个对事有判断力却不能向别人解释清楚的人或许从未对此进行过思考。"

77. Kennedy, *Comparative Rhetoric*, 197.

78. Roumen Dimitrov, "Silence and Invisibility in Public Relations," *Public Relations Review* 41, no.5 (December 2015):636—51, https://doi.org/10.1016/j.pub rev.2014.02.019.

79. Min-Sun Kim, *Non-Western Perspectives on Human Communication: Implications for Theory and Practice* (Thousand Oaks, CA: Sage Publications, 2002), 131—139.

80. Kim, 137.

81. Nemi C. Jain and Anuradha Matukumalli, "The Functions of Silence in India: Implications for Intercultural Communication Research," in *The Global Intercultural Communication Reader* 2nd Edition, ed. Molefi Asante, Yoshitaka Miike, and J. Yin (New York: Routledge, 2014), 248—254.

82. Jain and Matukumalli, 253.

83. Charlotte Beers, Under Secretary for Public Diplomacy and Public Affairs, "Public Diplomacy after September 11" (Remarks to National Press Club,

Washington, D.C., Department of State. The Office of Electronic Information, Bureau of Public Affairs, December 18, 2002), https://2001-2009.state.gov/r/us/16269.htm.

84. Patricia Harrison, "The 9/11 Commission Recommendations on Public Diplomacy: Defending Ideals and Defining the Message," § Subcommittee on National Security, Emerging Threats and International Relations, Committee on Government Reform, U.S. House of Representatives (2004), https://www.govinfo.gov/content/pkg/CHRG-108hhrg98211/html/CHRG-108hhrg98211.htm; Patricia Harrison, Acting under Secretary of State for Public Diplomacy and Public Affairs, Department of State.

85. Kenneth P. Todd, *A Capsule History of the Bell System* (American Telephone and Telegraph Company, 1975), https://www.beatriceco.com/bti/porticus/bell/capsule_bell_system.html#The%20Corporation%20Grows.

86. Uwe Vagelpohl, *Aristotle's Rhetoric in the East: The Syriac and Arabic Translation and Commentary Tradition* (Leiden, Netherlands: Brill, 2008), http://ebookcentral.proquest.com/lib/aul/detail.action?docID=682393; Lahcen E. Ezzaher et al., *Three Arabic Treatises on Aristotle's Rhetoric: The Commentaries of al-Fārābī, Avicenna, and Averroes*, Landmarks in Rhetoric and Public Address (Carbondale: Southern Illinois University Press, 2015).

87. Vagelpohl, *Aristotle's Rhetoric in the East*, vi.

88. Jonathan Lyons, *The House of Wisdom: How Arab Learning Transformed Western Civilization* (New York: Bloomsbury Press, 2009); Richard E. Rubenstein, *Aristotle's Children: How Christians, Muslims, and Jews Rediscovered Ancient Wisdom and Illuminated the Middle Ages* (San Diego, CA: Harcourt, 2004).

89. 例如，可参见 Jönsson and Hall, *Essence of Diplomacy*。

第四章　关系主义逻辑
——王室的兄弟情谊纽带

　　传播的关系主义逻辑基于关系性的前提之上，关系纽带构成了人类和传播的基础。

　　这是古代近东青铜时代的晚期（公元前1500—前1200年间）。米坦尼国王正在和谋士们商量国事：如何应对野心勃勃的年轻的法老？战争的代价将是昂贵的。国王没有发动战争，而是主动提出和埃及的统治者通过构建关系来进行接触，这和他与邻近的叙利亚国王们培养的联系类似。[1]没有派遣军队，米坦尼的国王送来了问候礼物和一封信，这些都被记录在石板上蚀刻的楔形文字手稿中。令人惊讶的是，强大的法老接受了这样的外交提议。当法老回信的时候，没有用写在莎草纸上的埃及象形文字，而是用阿卡德人蚀刻在石板上的楔形文字。他也回赠问候礼物。以后见之明，窑炉烘制的泥板要比脆弱的莎草纸更加能够经历风雨。更重要的是，通过互相问候和互赠礼物，他打开了通往联盟之路。

大约 3500 年以后，在 1887 年，一位埃及的农民在田间劳作时发现了这一份古代君王之间的通信。这些由 382 片泥板组成的艺术品被称为阿玛纳信件（Amarna letters）。在阿玛纳信件中，外交学者发现当时的五大强国（埃及、巴比伦、哈提、米坦尼和亚述，见图 4.1）[2] 的统治者之间蓬勃发展的、复杂的外交关系体系，国王之间互称"兄弟"。兄弟情谊并不是空洞的计划，而是政治意义影响深远的庄严纽带。[3]

王室兄弟情谊的核心是一种复杂的交换礼物的惯例和其他的一

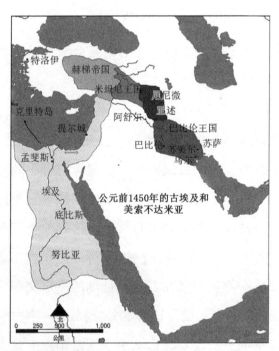

作者：Свифт/Svift，2013 年。

资料来源：https://commons.wikimedia.org/wiki/NOTFile:Ancient Egypt and Mesopotamia c.1450 BC.png.

图 4.1　公元前 1450 年古代近东王国地图

些姿态，用来定义和维持关系纽带和情感纽带。关系主义逻辑凸显了情感在人类传播中起到的多重作用。因为情感受控于大脑的边缘系统（limbic system），而这一系统只控制非语言行为，正如我们将见到的那样，关系主义逻辑的传播动力并不依赖于文字。

传播是依靠直觉的，而不是直截了当表达出来的。我们可以利用阿玛纳外交作为一个窗口来探讨关系主义逻辑。对于跨界者来说，我们通过结合古代的文本和神经科学的最新研究中的见解来总结本章，为我们理解前提、假定和关系主义逻辑的动力打下基础。

阿玛纳外交：培养关系纽带

外交学者荣松和霍尔认为，如果说古希腊预示着外交的言语维度，古代近东则在外交传播和礼仪上培养了许多非言语的、象征的、关系主义的维度。[4]当米坦尼国王接近埃及统治者的时候，他吸取了公元前 24 世纪叙利亚埃勒拉城（Ebla）的外交实践传统。那些信件是用阿卡德文字写的，那是巴比伦人开发的国际外交语言，在近东地区广泛使用。在阿玛纳信件所处的青铜时代晚期，外交实践已经被重新定义。"阿玛纳外交"当时被人熟知，和当代外交有很多的相似之处。它有规则、公约、程序和机构，来负责管理国王之间的代表、沟通和谈判。[5]

我们在阿玛纳外交中可以看到许多关系主义逻辑的细微差别，其首先假设个人并不是天生分离的，而是生在一个亲戚朋友组成的亲密的关系之中。阿玛纳外交就是建立在"家庭隐喻"[6]之上的。国王之间不仅仅以"兄弟"相称，他们还视彼此为家人，期待那种亲兄弟之间向彼此表达的忠诚。[7]

　　一旦建立关系纽带，和其他的有机体现象一样，它就会需要不断地关注和滋养，防止停滞不前和腐烂。阿玛纳外交生动地展示了如何对这样的纽带给予足够的关注。不间断地互派使臣，带来问候和礼物，有助于界定和维持关系的活力。延迟派遣下一批的使臣会被视为不悦或者关系的恶化。[8]

　　我们也在阿玛纳外交中看到了情感的中枢作用。关系可以建立在认知因素之上，例如共同的理解、战略利益等，情感在建立、定义、维持关系方面发挥着更强大的作用。在王室兄弟情谊中，公开又持续的表达情感对于维持关系必不可少。阿玛纳信件中充满了表达手足之情（ahhutu）和友爱关系的确认（阿卡德语 raamutu 及其派生词）。根据将其译成英语的威廉·莫兰（William Morant）所说，它包含亲情、忠诚和尊重等。莫兰认为，"友爱""变成了国际关系术语的一部分"。[9]下面就是公开表达友爱的一封信："阿蒙霍特普三世（Nimmureya），埃及的国王，我的兄弟，我爱的和爱我的女婿。因此，图什拉塔（Tushratta），爱你的米坦尼的国王，你的岳父。对我来说，一切良好。祝愿你也一切顺利。"[10]

　　国王们不仅通过不间断的互动和暖心的祈祷，还提供具体的情谊象征来滋养关系。对于王室兄弟来说，这就意味着互相赠送礼物。礼物非常精美，品类丰富：黄金马车、镶嵌着令人垂涎的青金石的短剑、宝马和异国的动物，还有一箱箱的珠宝、饰品、雕刻品、化妆品、梳子、碗、酒杯，以及用金、银、铜、石膏和象牙制作的厨具，等等。[11]每一件礼物都会被登记在册，详细描述，称好重量，然后密封包装在箱子里，等待收礼的国王当众开启。展示礼物是公开宣示强大的联盟。

礼物表达情感："礼物越慷慨，爱意越深厚。至少理论上如此。"[12] 它们同样体现着送礼者的声望和慷慨："我兄弟只管写信给我要任何他想要的东西，这些都可以从我家里拿走。"[13] 礼物通常表明关系的深厚。一位新的王子，在登上巴比伦的王位之时，没有收到他父亲在位时就被埃及国王允诺的金像，而是收到金盘木雕，他就知道他们之间的关系有问题了。[14]

在那时，对于国王来说，从事买卖是不大光彩的事情。奢侈品，例如那些国王之间互换的，只能通过礼物或者战利品获得。一旦联盟形成之后，王室兄弟就会毫不犹豫地讨要礼物。正如一位国王写信给埃及的强大的王室兄弟："黄金在你的国家如粪土，人们只要拾之即可，你为什么还要吝惜呢？我正在修建一座宫殿，我需要多少黄金来装饰宫殿，你就送给我多少吧。"[15] 当收到的礼物没有和互惠期望一致的时候，王室兄弟也不会抑制自己的情感。一位巴比伦的国王写信给埃及的兄弟："我收到的礼物没有和我每年送给你的礼物等量齐观。"[16]

在王室弟兄之间的礼物交换中，"没有比王室新娘更加贵重的了"[17]。王室新娘直接将国王联系起来。虽然外交条约在公元前2400年的时候就在该地区明显存在，王室新娘的互换却有效地增强了国王之间的家庭纽带，因此，比书面条约更加持久也更加盛行。[18] 王室新娘交换（国王的女儿们和姐妹们）将象征性的家庭纽带转变成了实际纽带。

正如一些学者所说，在阿玛纳外交中，兄弟之间的纽带对应着政治和外交联盟。[19] 但是，所有的这些家族问候、情感表达、慷慨的礼物都是留给大王（the Great Kings）的家庭的，是他特意建立和培养了强大的纽带。

反过来，除非兄弟们建立和培养了关系，否则传播就会不顺利或不存在。当一个统治者冒昧称呼一个国王为"兄弟"——在还没有建立关系的时候——他会被狠狠地驳斥，他的精神状态和动机会被严重怀疑："为何我要写信给你表达兄弟情谊呢?"[20]兄弟关系决定着传播和身份。

在古代近东培养关系纽带和在当代公共外交中培养外交联盟和伙伴关系很相似。公私伙伴关系、姐妹城市倡议、议会联盟等都是这样的例证。对于跨界者来说，建立关系是一项重要的技能，涉及对关系的细微差别的关注，例如阿玛纳外交中问候和礼物中蕴含的细微差别。正如我们将在第六章所见，标志性的全球领导人如圣雄甘地或马丁·路德·金都是建立关系和联盟的大师。本章的下一节探讨关系主义的支柱。然后，我们会具体探讨传播和关系主义动力，这些是跨界者需要在关系主义逻辑里特别警惕的。

纽　带

关系主义逻辑依赖于关系性的前提，个人作为关系存在本质地需要和别人发生联系。正如三池义孝所说："世界上没有人和事物是孤立存在的。"[21]别人之间会建立伙伴情谊。[22]与预设个人是分离的和自治的，并因此寻求和别人"创立"关系的个人主义逻辑不同的是，关系主义逻辑始于这样一种观点，即个人生来就存在于关系之中，在与别人的关系中生活着，因此寻求定义、构建和管理这些关系。这种关系性反过来意味着个人身份并不是单独由个人特性或行动（即自我表达）来定义的，而是由和别人的关系来定义的。在阿玛纳信件中，我们可以看见表达兄弟情谊和国王之间关系的伙伴精神。

对于寻求弥合传播逻辑分歧的跨界者而言，认识到关系主义的前提是很重要的，这可以把关系主义逻辑与个人主义逻辑以及整体主义逻辑区别开来。关系主义逻辑和整体主义逻辑共同的前提就是关系性。但是，关系主义逻辑聚焦明确，即聚焦于亲密的、成对的关系，以及维持这种成对的关系纽带的传播动力。对于整体主义逻辑而言，它聚焦于更大的关系结构和传播动力，寻求保持整个关系结构的完整性和连续性。

在传播焦点方面，关系主义逻辑也是特色鲜明的。正如我们所见，个人主义逻辑基本上聚焦于"传播者"，认为发送者、接受者和演讲者／听众都是分离的单元。关系主义逻辑尤其会模糊这些分离的范畴。吉川宗雄（Muneo Yoshikawa）利用无限大符号（见图 4.2）形象地表达了传播参与者是内在不可分割的观点："两个都不是一或者二，但是，两者都彼此需要对方。"[23] 沟通的焦点或重心落在了人们的目光所及之处——连接两者的关系纽带。[24]

对于亲密的、成对的关系进行聚焦包含了几个塑造了对传播的理解的隐含假定。第一个假定就是互惠性（mutuality）。互惠性就是两者联系的内在体现。能够影响一方就会影响另一方。互惠性是探讨对话的突出主题，包括在经典作品如马丁·布伯（Martin Buber）的《我和你》（I and Thou）以及巴赫金（Mikhail Bakhtin）的《对话想象》（The Dialogical Imagination）也是如此。[25] 对于跨界者来说，很重要的一点就是要认识到在主张自治的个人主义逻辑中，互惠性是故意的选择，因此，正如马丁和巴赫金的著作所表明的那样，互惠性一定需要好好解释的，其优点也需要详加说明。但是，关系主义逻辑，却把互惠性视为阿玛纳信件那样的关系。王室兄弟可以互相向对方提要求，正是因为互惠性假定。他们互相交流就是为了互相的利益。在本章的下一节，我们将在各种传播动力中见到互惠性假定：互相接触点，共现的互惠性，采用互惠性的视角，共情中的互惠性，以及情感、权力和地位共同的象征中的互惠性。

图 4.2

与互惠性假定密切联系的是互惠（reciprocity）的必然假定。在关系主义逻辑中，互惠性既是概念也是实践。作为实践，我们把互惠视为定义、维持、加强关系纽带的重要的传播动力加以探讨。互赠礼物就带有互惠性宣示和"送礼和收礼的道德义务和神圣义务"[26]。在阿玛纳外交中，有些国王按照互惠原则强行索要。[27] 每一份送出去的礼物需要称好重量，和收到的礼物进行对比。当礼物不等值的时候，国王之间会互相指责。[28] 外交学者就将阿玛纳外交称为"交换系统中神圣的基础原则。没有了它，这个系统就会崩溃"[29]。

最后一个加强互惠性和互助性的关键假定被隐藏在更深层次的同胞情谊（fellow-feeling）中。关系主义逻辑的核心就是与他人的情感联系：共同的感情维系着这种关系。情感贯穿于传播／关系动力。尽管关系可能是正面的或紧张的——或是在王室兄弟中会是你争我夺的——共同的人性前提会使得互惠性和互惠成为道德义务。

在阿玛纳外交中，基于区别于野蛮人的"共同的人性概念"，王室兄弟被描述为"一种新型的集体性"。[30]为了形成纽带，首先需要将他变成兄弟。被认为拥有家庭纽带的人就不会是陌生人、敌人或者野蛮人。[31]

这些相互交织的假定——共同的人性、互惠性和互惠的感情——形成了"传播就是关系"的总体观点。根据关系主义逻辑，关系本身就构成了一种传播行为或传播的状态。不仅关系的性质会定义传播，而且有了关系就是传播。[32]关系纽带塑造传播，牢固的、正面的关系等同于强大的传播，而不牢固的关系或负面的关系就意味着牵强附会的传播。这样将关系和传播直接关联，就是在一些研究传统中将"关系"和"传播"两个词互换使用的原因。[33]

由于关系纽带对于传播的强大影响力，参与者就会用大量的时间和精力致力于发展关系。这样对纽带的关注对于看待词语或信息有着特别的含义。个人主义逻辑认为词语或修辞会产生关系或者成为各方的沟通桥梁。关系主义逻辑则不这么认为，它认为：离开了与各方的关系，词语将毫无意义。若要从关系主义视角理解传播，我们需要审视相关各方的联系。传播意味着关系。没有成熟的关系，传播经验（communication experience）就会痛苦不堪——如果存在传播经验的话。正如一位非洲领导人所说："交换信息和传播不是一回事。"[34]除非关系成熟，否则传播只能局限于繁文缛节，没有建立好关系，就没有认可的传播。正如我们在下一节所见，传播动力会帮助我们定义和增强关系纽带。

增强关系纽带

在关系主义逻辑中，二元成对的纽带定义着传播。有几个重要的传播动力定义、维持、增强关系纽带，进而扩展到整个关系主义逻辑。本节将分别按线性顺序讨论这些动力，但它们是紧密交织在一起的。

接触点

关系主义逻辑的第一个也是最关键的动力就牵涉到如何识别接触点——无论是具体的人还是机会——它们会稳固关系。接触点是形成关系的基础。接触点可以是某个特定的人，比如一位活动家和大使，或者是一个机会，比如一次重要的会议或社交场合。寻找合适的关系联系或场地去建立关系的假定就类似于寻找合适的信息的命令一样。我的一位传播学同事评价她的印度之行的经历为："我对于信息并没有多想。告诉我你想得到什么，你的目标是什么，然后，我会告诉你你需要和谁会谈。对于我来说，我需要和人打交道。你认为我需要和谁联系才能实现这一点呢？"[35] 有一些文化传统隐含地承认接触点是传播的先决条件。我们可以在中国的"关系"和阿拉伯世界的"关系"的例子中看到复杂的本地社交网。[36] 在阿拉伯语中，"关系"一词（字面意思就是"中间"）既是一个动词，也是一个担任中间人的个人，在人们之间培养关系。在中国，"关系"代表着一种类似的实践，利用关系的联系获得和别人交往的机会。[37]

在阿玛纳外交中，国王之间的接触点形成兄弟情谊和家族观念的基础。这又反过来定义相互之间更大的权利和责任、道德义务和互惠的关系预期。

最初与埃及法老接触的巴比伦国王就利用问候礼物来建立接触点。这样的问候在现实和口头上就建立了构成"传播"的关系纽带。

接触点和机会的概念在传统外交和公共外交中十分重要。在传统外交中，外交使节和大使是国家之间的明显的接触点。值得注意的是，接触点的地位和个性在塑造关系的性质上起到很大的作用。高级别的外交代表表明一个国家对于关系的重视程度。例如，在城市外交中，民选的官员或商业领袖可以担任接触点，启动"姐妹城市"之间的正式联系，帮助为联合举办的活动和交流打下基础。[38]社交活动代替了具体的接触人，也可以提供接触机会。举办会议或娱乐论坛，鼓励持续性的非正式互动交往，往往成果丰硕。

对于设计或评估公共外交倡议的跨界者来说，识别强大而持久的接触点或者精心构思的接触机会是非常关键的技能。那些没有首先建立接触点或接触机会的倡议缺乏基础、难以成长。

非言语行为

出现在持续性接触或共现（co-presence）之后的第二个动力就是非言语行为。关系主义逻辑认为，双方必须能够观察对方，要么在亲自出席的面对面场景下、要么在虚拟的间接场景下、要么在由代表参加的象征性场景下。亲自到场的共现是最强大的形式，因为它可以允许多层感官感受到传播。同步的面对面共现，不论是亲自到场还是虚拟形式都可以对于参与者的情感状态和反应提供宝贵的线索。当人们面对面会面时，他们积极地扫视对方的非言语行为，实时地调整他们的沟通。[39]人们会在讲到半句的时候调整措辞，来回应对方由于迷惑而皱紧的额头或者因为怀疑而扬起的眉毛。当察觉到意味着讽刺或失敬而不是信任和尊敬而变化的音调或转动眼睛时，人们会在几秒钟内从放松的姿态变成僵硬的姿态。

非言语行为包含着重要的关系暗示，使得各方可以衡量关系的强度。[40]非言语行为在关系建立和维持上也发挥重要的作用。虽然话语或口头交流包含着"信息"内容，但像眼神接触、面部表情、身体姿态这样的非言语行为也可以提供情感暗示，深化或削弱情感纽带。信任和真诚的感觉——对于建立、维持和增强情感纽带具有基础性意义——就可以通过眼神接触、语音暗示和身体姿态来显示。喜爱和相互吸引或是愤怒和敌意的感觉通常来自身体姿态、身体方位或者身体的接近程度的调整。[41]

在阿玛纳外交中，国王们从未真正见面，都是通过使臣来代表他们的共现。使臣和在宫廷上提交的礼物代替了面对面的接触，成为两位国王之间关系的体现。国王的使臣被当成国王一样对待。[42]他们带来的礼物——黄金、珠宝、战车、王室新娘——都是对于兄弟之间强大的情感纽带和深情厚谊的具体与可见的表达。为此，装载着礼物的密封箱子一定要以正式的礼仪来接收，当着所有人，尤其是来访的贵宾的面公开开启[43]。正如我们所见，阿玛纳外交是非常开放的公共外交。

在公共外交中，或许由于其重要性，有许多共现的例子。访问外交，不论出访的是国家元首还是公众团体，都是非常重要的。正如加洛尔·曼海姆（Jarol Manheim）所说，对来访官员的欢迎程度显示两国之间的关系重要性程度，甚至超过了"仪仗队和欢迎仪式"[44]。和国际会议一样，文化和教育交流项目是另外两个突出的例子。毫不意外，交流被引述为最有效的公共外交方法，可以在参与者之间，进而在他们的国家之间建立互信和友好。[45]

对于跨界者来说，共现的重要价值就在于参与者对于非言语线索的领会。亲自共在很自然地发生在访问外交、体育外交和其他一些参与者亲自出席并参与交流的活动中。厄里（Urry）认为"会晤"

对于社交网络极其重要。"会晤丰富的闲谈性质"有助于产生信任，建立和巩固网络纽带。[46] 由于非言语暗示的重要性，在线的活动通常需要和线下的会晤相结合才能巩固参与者的关系。

情感表达

传播的第三个动力就是情感表达。情感在关系主义逻辑中十分重要，扮演着多重角色。情感被通俗地称为个人关系和社会关系的粘合剂，在关系中起到连接和绑定他人的"联系功能"。[47] 关系主义逻辑中的情感通过"感同身受"的联系能力有别于个人主义逻辑中作为说服工具的情感。在关系主义逻辑中，加强情感联系就是加强关系本身。情感也提供了一个全面的、直观的感知能力，帮助定义关系。情感是衡量关系强度的晴雨表，可用常用词语"强大的""虚弱的"或"紧张的"等来反映。情感也体现了关系的方向和"温度"，可用常用词语"正面的""温和的"，或者"消极的""冰冷的"等来反映。

在阿玛纳信件中，情感是非常突出和直白的。正如莫兰所说，"友爱"和"兄弟情谊"是当时外交辞令中必不可少的语言。[48] 布赖斯（Bryce）描述当时国王之间的沟通为"其特点为洋溢着爱的表达……宣示对于王室弟兄的健康和福祉真诚的关心，这些关心从他的家人开始一直到他跟前有权势的人员，再到他的马匹、战车和他统治的土地"[49]。兄弟之间公开地表达正面的和负面的情感。正如前面提到的，当一位年轻的国王被允诺给两个黄金雕像，却只收到镀金的木制雕像，他就会给他的兄弟写信，描述自己"处于极其痛苦、愤怒和悲伤之中"[50]。这样对情感的公开表达就承认了情感在定义关系中的力量。

在传统外交和公共外交中，情感是一块有吸引力但尚未得到充分探索的研究领域。情感研究被认为是当代国际研究和公共外交的新前沿。[51] 相比之下，文化外交则通过音乐、艺术和舞蹈表演来激发情感和凸显情感。有趣的是，虽然文化外交通常也被描述为建构关系的工具，但人们发现很少有关于情感在文化外交中的作用的明确讨论。[52]

跨界者可能会注意到杰伊·王（Jay Wang）呼吁不仅在"关系层面，还需要在情感层面"更加透彻地理解公众。[53] 我们已经看到王室兄弟关系的情感基调对外交和政治的影响。虽然情感表达是关系的晴雨表，但信任是建立、维持、增强关系纽带的基础。我们将在本章结尾处进一步探讨本节中的情感问题。

视角取向

学者发现关系结盟依赖于视角取向。[54] 视角取向发生在认知层面，需要理解别人的情境或观点。或者它可能表现为情感视角取向——准确判断他人的情感状态和与他人共情的能力。有些学者将其称为"听众导向"，意为听众有责任关注传播的其他参与者的言行，以甄别传播经验的真正含义。爱德华·霍尔用"谈话者"（interlocutor）一词来替代听众描述这一过程：

> 当谈及心中的想法，一个高语境的人就会期待谈话者理解令他感到困扰的东西，这样他就不必具体谈及了。结果就是他会围绕重点不停地说，实际上就是把所有的碎片都放在了合适的位置，除了重点。摆正重点——这块基石——就是谈话者的作用了。[55]

"与人共情"，正如石井聪所说，可以提供一种直观的感知，使得明确的自我表达需求在关系主义逻辑中比在个人主义逻辑中显得不那么迫切。[56]事实上，在一些社会文化传统中，明确地表达个人观点或意向会被认为不可取。这样做其实是隐含地质疑别人的沟通能力，怀疑别人"准确"读懂和预期自己需求的能力。

阿玛纳外交提供了一个关于这样动力的有趣的例子，其中一位国王故意不采取视角取向，而指责他的埃及兄弟没有派遣使臣来问候其安康。[57]这位国王本来也知道派遣使臣会花上几周时间才能到达，在他的埃及兄弟得知其生病或派遣使臣之前，他的病已经痊愈。正是王室兄弟之间这样的关系动力的"元游戏"考验着他们关系纽带的忠诚度和边界。

在公共外交中，我们看到在人们之间和领袖之间展示团结时的视角取向。一个生动的例子来自2005年初，当时有四十多位国家元首在《查理周刊》事件后访问巴黎。当时一张流传甚广的"团结游行"（solidarity march）图片显示这些外国元首和法国总统手挽手，表达和法国公众团结一致，对于攻击事件既表达了伤心也表达了蔑视。

尽管有些人批评这张照片是摆拍，但它还是引人注目，因为它从视觉上捕捉到了关系主义逻辑的传播动力。我们还看到接触点因素，各国元首或政府首脑代表着各自国家和人民。亲自来到巴黎（而不是发表一份政府声明）就可以看出共现的存在。我们可以看出这份纽带是实实在在地通过非言语方式表达出来的，通过手挽手走在一起来表现的。他们共同的严肃的面部表情反映出他们的情感因素，我们在身体姿态和表情中看到所反映出的互惠。下一个动力象征性，也通过亲自出现、手挽手走在一起、严肃的面部表情和黑色的挽幛而表现出来。

互惠

关系主义逻辑的第五个动力就是互惠。正如上文提到的，互惠不仅是关系主义逻辑的一个假定，也是一种实践，具体展示出互惠和期待道义平等。互惠支持关系主义动力，识别共同的接触点、身体共在和视角取向。这些动力可以帮助稳固关系，在初次见面以后或者产生好感之后，互惠可以引导关系发展的轨道。[58] 互惠是可见的，像交换礼物或相互来访。它也可以是非常微妙的，像在拥挤的房间里会心一笑或一瞥而过。它也会是直截了当的，像相互恭维或互施恩惠，在无法掌控的时间里延迟或提前"回馈"收到的善举。荣松和霍尔称互惠为"贯穿外交实践的核心规范主题"[59]。他们区分了具体的互惠和分散的互惠。具体的互惠在性质上直截了当、讲究对等；分散的互惠则稍欠精确、更加开放。他们认为两者的差异通常会被信任所弥合。

在阿玛纳外交中，互惠是非常关键的。但是，考虑到家庭语境下的信任假定，人们会期待国王之间的王室兄弟情谊表现出分散的互惠。正如荣松所说，严格的互换礼物暗示这个动力在定义当时的国际关系方面发挥了更大的、更正式的作用。[60] 兄弟之间的互惠也是地位的关系性声明。王室新娘是最有价值的礼物，在国王之间经常互换——除了埃及法老。其他国王之间形式上是兄弟和平等的，埃及法老却视自己更加平等一些，宣称埃及的公主不会在婚姻上参与互惠。[61]

公共外交中存在大量的互惠的例子。互惠是外交礼节和交流的基石，每一方都在看着对方如何接受自己的外交努力——现代版的阿玛纳国王关注自己的礼物是否和对方的礼物相匹配。

跨界者需要注意互惠的细微含义。古尔德纳（Gouldner）称互惠是一种普遍规范。[62] 但是，不同的文化传统，当然也包括不同的个人，对于互惠都有不同的预期。在一些文化传统中，延迟的互惠会被认为失敬或关系上遭冷遇，因此会削弱关系纽带。在其他文化传统中，立即回赠礼物会被视为在长期的关系承诺中缺乏信任。[63] 找到对于互惠的共同理解是发展关系纽带的一部分。

象征性

象征性和情感一样，是关系主义逻辑的一种独特的动力，在形成成对关系上具有多重作用。关系主义逻辑中的象征性在没有文字可以表达的时候功能强大，这和个人主义逻辑很不同，后者的象征性在自我表达和说服的口头形式上非常明显。和整体主义逻辑也不同，其将象征性嵌进仪式等团体活动中；关系主义逻辑中的象征性对于一对关系中的两个人来说都是独特的。当象征性通过这样的方式经过双方创造出来的时候，它就赋予了这份关系以独特的个人性。[64] 无论何时各方对于关系纽带赋予特殊含义或象征地位的时候，我们就可以在关系纽带的定义中看到象征性的使用了。在人际关系层面，两个约会的人会称自己是"一对"，或者两位商业精英会将"伙伴关系"正规化，而两个国家就会建立一个军事"联盟"。国王通过象征性建立起了正式的联盟。这些国王并不是亲兄弟，但是，通过互称兄弟，他们象征性地重新将关系定义为家人，来将自己和野蛮人区别开来。

通过把关系纽带的抽象方面具体化和可视化，象征性可以用来维持关系。在个人主义逻辑中，包括语言在内的言语符号使思想和观念具体化。在关系主义逻辑中，象征性可以通过言语来表达，正如各方互称对方的特殊称号（例如昵称）或者创建具有特定意义的词语（例如特殊的问候语、故事或线索）。但是，象征性更通常是物品或行为，将各方联系在关系纽带上。例如，婚戒是一对夫妇关系纽带的物质象征。阿利舍尔·费祖拉耶夫（Alisher Faizullaev）认为，象征性在外交关系或个人关系上保持关系纽带上具有重要的作用。[65] 通常，象征性包含正式的、公共的仪式，由第三方来见证这种结合，以增强关系承诺。婚礼是最突出的人际交往的例子。官方的伙伴关系签字仪式、贸易协定或条约都是外交上的例子。

在阿玛纳外交中，使臣象征性地代表国王的亲自出席。仪式接待和慷慨的宴会并不是欢迎使臣，而是欢迎他所代表的国王。相似地，礼物代表着国王的地位和财富水平。[66]

在更高层面的象征性形式上，我们发现了精神领域。拉丰特（Lafont）在阿玛纳外交中让我们注意到无时不在的、地位高贵的诸神，作为"外交生活各个阶段的见证人"和"国际协定的保证人……每一个协定、公约和宣誓的誓言"[67]。在一个缺乏国际制裁的世界，正如玻达尼（Podany）提醒的那样，"诸神对于古人是真实的"，而且"只有诸神"才可以惩罚那些违背条约和联盟的人。[68]

在公共外交中，人道主义援助工作最富有象征性。例如，日本在亚洲和太平洋地区广泛使用桥梁技术来建构"友谊桥梁"。建成的桥梁会通过官方的仪式来正式开通，宣称桥梁是日本和接受国之间友谊的具体象征。这样的象征性和情感一样或许会被忽视。跨界者需要注意这些动力，使得其更加明显，鼓励各方利用或共建象征性表达来定义、增强和保持关系纽带。

致跨界者

每一种逻辑都会指引我们去关注人类传播的不同方面。关系主义逻辑突出人们之间的纽带，突出增强和维持那份纽带的传播动力，在纽带中情感是关键。情感是贯穿五个相互交织的传播动力的一个主线。我们可以求助于关系主义逻辑来扩大视野，看待情感所扮演的多重角色，尤其是在无法用文字表达的传播中。对于跨界者，看见传播中的情感功能的多面性对于关系主义逻辑的构建能力至关重要。

情感和关系身份

关系主义逻辑凸显情感在传播中的多重角色。个人主义逻辑则一直主导着我们对于情感在传播和国际关系中的理解，我们再次看到了亚里士多德的遗产。在设计说服策略时，亚里士多德区分了"理性"和"激情"，提出了传播中对于情感的非此即彼的观点。亚里士多德不仅播下了理性和情感分离的种子，而且突出了理性优先——考虑到亚里士多德对于诡辩家对情感的操控的蔑视，这一点也不奇怪。亚里士多德认为，在公共辩论中，智者通过逻辑、事实和理性来诉诸真理。

专栏 4.1

关系主义逻辑强调了情感在作为"社会性动物"的人类的生活中的首要作用。传播动力在关系中无处不在。但是，由于个人偏好、习惯或训练，我们会忽视它们。

只有孤注一掷者才会寻求情感魅力。这种情感与认知分离的假

定在西方传播理论中占据主流地位。[69] 即便在今天，大多数的传播研究也是通过说服透镜来看待情感，寻求说服魅力。例如，"详尽可能性模型"（ELM）区分了直接传播路线和"外围"路线，直接传播路线要求认知参与，而"外围"路线则依赖于情感诉求。

虽然说服魅力可以帮助赢得受众，但是，它们却很少解释情感在人际关系中的纽带作用。即使是人际传播，一个专注于人际关系的领域，似乎也深受个人主义逻辑的影响。这个领域主要从个人视角（相对于关系主义视角）看待情感，并把情感视为交换信息或观察行为的过程。[70] 交换理论依然是解释为什么个人要建立并维持关系的主流理论。[71]

在国际研究中，长期以来情感在话语中缺失，学者将国家视作理性参与者，依赖权力和理性方法去解释政治动力和国家行为。[72] 但是，正如妮塔·克劳福德（Neta Crawford）在她的前沿研究中指出的那样，情感在世界政治中无处不在。[73] 情感已经成为研究的新前沿，[74] 一些学者开始研究各种行为中的情感作用，包括政治决策[75]、谈判和调停。[76] 一个越来越受关注的研究领域就是情感在政治身份和共同体中的作用问题。正如乔纳森·默瑟（Jonathan Mercer）在文章《感觉像国家》（Feeling Like a State）中指出的那样，"所有的身份都依赖于情感……情感规划着关系的结构。没有情感的集体只不过就是一群个体的集合而已"[77]。

情感和身份之间的联系是关系主义逻辑的重要见解。研究情感可以揭示人类身份的另一个维度。个人主义逻辑凸显个人品质，例如个人性或癖好，也凸显作用，例如技能和能力。但是，除了这些个人身份的指标以外，仅仅因为我们和别人的关系，身份的另一个领域才得以存在。一个人可以成为兄弟或姐妹，仅仅是因为他和另一个人有特定类型的关系。我们中的许多人会是兄弟或姐妹，但并不是每一个人都会成为父亲、母亲、祖父或祖母。这些关系身份也是情感身份。我们也可以像古代的国王一样，将情感寄予别人，来建立关系身份：把别人当成兄弟。

我们还从国际关系研究的文献中看到，情感如何被投递给别人，让那些和"我们一样感同身受的"人成为身份的一部分。这种与人相连的感情既强大又无形，不管是在遍布全球的在线社区还是在"我们"和"他们"之间划清界限的民粹主义中。相似地，安德森的"想象的共同体"和民族主义现象培养了一种共同感情、共同遗产和身份。[78] 正如默瑟所说，没有了与人相连的感情，只剩下一群没有共同身份的个体。[79] 跨界者将会发现不仅寻找外在的、或可辨识的关系身份，例如家中的兄弟是非常重要的，同样重要的还有通过情感纽带锻造和维持的关系身份，例如国王的王室兄弟情谊。

情感、感情和纽带

传播中的关系主义逻辑对情感的关注凸显了人类传播中常被忽视的明显独特方面——传播通常是语言无法表达的。就像个人主义逻辑偏好语言和文本，关系主义逻辑强调在没有言语的情况下的传播——感受情感、沉默和行为。

这种逻辑的动力——接触点、共现、视角取向、互惠和象征性——并不依赖于语言文字。想想接触点吧，我们通常会对见到的人有情感上的本能反应。第一印象在不到一分钟时间内就会形成。在共现中，非言语行为可以在传达对方如何感受和关系的亲密程度上提供情感暗示。准确的视角取向依赖于对于别人的情感状态的衡量。互惠通常是物质性的，例如交换礼物，或者是基于行动的，例如交换恩惠。象征性在没有语言可以表达情感纽带的时候通常是强大的，例如提供信物表达情意，正如那些国王在特殊场合一定会做的那样。

神经科学可以帮助我们更好地理解关系主义逻辑中的这种非言语传播维度。我们哺乳类动物大脑中的神经化学反应表明了塑造我们行为、身份和联盟的情感联系的真实的生理基础。[80] 例如，在感受到信任和安全的时候，荷尔蒙催产素得到释放。催产素通常通过愉悦的触摸被激发出来，也被称为"纽带荷尔蒙"[81]。喝咖啡的愉悦心情和见到朋友的开怀大笑都来自充斥于神经回路中的催产素的化学水平飙升。在生小孩时催产素也会飙升。在哺乳动物的母亲拍打、抚摸和清洗幼崽的时候，她们之间的纽带就形成了。在成年人中，性行为也可以导致另一种催产素飙升。牵手也可以产生这样的效果。

神经科学家认为，哺乳动物的大脑会分泌催产素来维持大脑的稳定和平静状态。催产素的问题是，几个小时以后它就会通过新陈代谢回到体内。是的，的确如此。我们无法维持良好的心情。我们不仅无法维持良好的心情（催产素），恐怕还会因为皮质醇的飙升而受到震惊。皮质醇荷尔蒙会引起紧张感和恐惧感，以及由于感到威胁和危险所引起的焦虑感。为了维持稳定的好心情（催产素）和减少负面的心情（皮质醇），我们发现人类和其他哺乳动物的一个鲜明特征，即要生活在一个相对稳定的社会集团里，如畜群、兽群和部落。

这项神经科学研究为理解关系主义逻辑提供了几个重要的启示。首先，研究表明联系和纽带的感受是神经生物需求。[82] 我们需要社会陪伴和安慰，正如同我们需要食物一样。社会纽带不仅和个人需求紧密相连，而且社会联系在生物性上是我们作为哺乳动物存在和生存的一部分。人多安全。外交结盟似乎就是我们作为哺乳动物遗产的一部分。

其次，大脑中与情感有关的荷尔蒙所在的区域被称为边缘系统。边缘系统不负责语言的产生。它是用语言无法表达的。正如这个领域的顶尖专家约瑟夫·勒杜（Joseph Ledoux）所说，边缘系统是通过荷尔蒙的释放来运转的，这些激素发出信号，表明肌体是接近还是避开。[83] 催产素的释放和愉悦相关，因此就会去接近。皮质醇的释放预示着痛苦，因此会去避开。

理解这个无法用言语表达的区域对于我们理解传播具有重要的意义。是情感不是语言被用来建立和维持对于我们生存至关重要的社交纽带。我们不需要语言来沟通。事实上，如果我们需要"表达"我们的感受，我们就不得不转向探讨大脑的另一个区域，即大脑皮层，那里才是控制语言能力的区域。但是，正如我们大多数人了解的那样，将情感"诉诸语言"并非易事。这是一个习得的认知功能。当跨界者需要学会口头语言的同时，他们也需要通过情感认知和情商来调整适应不借助语言的传播领域。[84]

直觉传播

关系主义逻辑还强调了情感在理解我们的社交世界中的作用。这种直觉是我们感受人和事务的基础。个人主义逻辑主要依赖于语言和认知解释，而关系主义逻辑强调直觉理解。为了更好地理解传播的人类直觉基础，我们可以求助于古代文化遗产，也可以求助于当代的神经科学。在谈及古代印度的经验时，杜加南德·辛哈说道："早在西方科学心理学出现之前，印度……已经提出了一套关于人性、行动、个人性和与世界的相互关系方面的详尽的理论。"[85]他继续说道，这些理论大多数基于直觉知识："现代精心控制的观测方法和实验方法根本就没有市场，严格意义来讲，它不是'科学的'。"[86]

在一些社会中，心和情感感受紧密相连。但是，在许多文化传统中，心——并非大脑——是智慧的所在地，因为它将大脑知识和情感以及直觉感受结合起来。甚至在当代和那些支持审慎决策的社会中，我们也可以发现一些英语的表达，诸如"遵从内心"或"相信直觉"，暗示情感可以凌驾于智力之上。日语中也有类似的表达，如"腹内逻辑"（belly logic）。巧合的是，上腹部是人体神经细胞集中的地方，甚至超过了脊柱，被人称为肠内神经系统，它也可以被叫作"第二大脑"。[87]尽管神经学家猜想这个系统有助于消化，但他们也发现这个系统对于感觉输入非常敏感。他人的细微动作——眼皮的跳动或嘴唇的一毫米移动——可能会逃过认知意识，但是会在我们的第二大脑中敲响警钟。我们会突然不再信任对方。

或许不提到信任，任何对关系的探讨都是不完整的。许多对信任的探讨都聚焦于行为指标，而我们还是求助于神经科学，以求更好地理解是什么令我们彼此信任。根据《镜像人》（*Mirroring People*）一书的作者马尔科·亚科博尼（Marco Iacoboni）所说，神经科学家记录了镜像神经元现象，使得我们可以感受别人的情感状态和产生同情心。[88]在面对面交流中，镜像神经元可以解释为什么我们见证别人的恐惧时也会产生恐惧。[89]马库斯·霍姆斯（Marcus Holmes）将这种镜像能力的研究应用到面对面外交之中。[90]正如霍姆斯所说，镜像神经元系统刺激情感，激发意向；我们在自己大脑里激发别人可能的感受和意向。[91]通过这些激发，我们可以觉察出欺骗。但是，这种神经学能力只有在面对面时才会有。他认为那就是为什么亲身会晤会成为传统外交的主要部分，也是为什么相关利益很高的时候，外交官坚持要面对面谈判。跨界者将再次看到为什么在关系主义传播逻辑中，共现和非言语行为如此重要。这些身体行为，加上情感的神经学基础，都是传播中所体现出来的一部分。我们将在下一章整体主义逻辑中再一次探讨传播中的身体感知和整体主义感知。

总　结

本章探讨了人类传播中的关系主义逻辑。关系主义逻辑将我们对于传播的视野拓宽到第二个关系维度，成对或二元关系，超越了个人主义逻辑。关系主义逻辑依赖于关系性的观点，即个人天生就是与人联系的。与人形成情感纽带的冲动是人类社会中另一个泛人类的进化行为——这是先进的神经科学可以帮助解释的一种冲动。关系主义逻辑是泛人类的和演进式的，因为传播动力可以帮助定义、维持和增强关系纽带。由于各方是相互联系的，而不是分离，这种关系的传播动力就不再依赖信息的传递。情感比语言更加重要。关系主义逻辑强调情感在作为"社会性动物"的人类的生活中的重要作用。

这些动力在人类传播中随处可见。但是，由于个人偏好、习惯和学习经历，我们可能会忽略传播中的情感作用，包括结成纽带、塑造身份、本能感知和信任等。关系主义逻辑打开了一个传播动力的窗口，让人们通过本能感情而不是语言或信息传递来相互联系。因为感情位于大脑的非言语区域，我们必须特别注意这个不依赖于语言的传播动力，例如礼物的象征性、电子邮件的主旨、面部表情和对方的身体姿态等。努力理解可见和不可见的关系动力是跨界者培养传播能力的关键。在关于整体主义逻辑的下一章，我们将探讨关系世界的传播动力，并更深入地探讨泛人类身体传播的动力。

注释

1. 详情可参见 Amanda H. Podany, *Brotherhood of Kings: How International Relations Shaped the Ancient Near East* (New York: Oxford University Press, 2010), 173—176。

2. 哈提 (Hatti) 位于今天的土耳其；巴比伦王国 (Babylonia) 位于今天的伊拉克。

3. Raymond Cohen, "All in the Family: Ancient Near Eastern Diplomacy," *International Negotiation* 1, no.1 (January 1, 1996):11—28.

4. Christer Jönsson and Martin Hall, *Essence of Diplomacy* (Basingstokes: Palgrave Macmillan, 2005).

5. Raymond Cohen and Raymond Westbrook, eds., *Amarna Diplomacy: The Beginnings of International Relations* (Baltimore, MD: Johns Hopkins University Press, 2002), 4.

6. Bertrand Lafont, "International Relations in the Ancient Near East: The Birth of a Complete Diplomatic System," *Diplomacy and Statecraft* 12, no.1 (March 1, 2001):39—60; Mario Liverani, "The Great Powers' Club," in *Amarna Diplomacy*, ed. Raymond Cohen and Raymond Westbrook (Baltimore, MD: Johns Hopkins University Press, 2000), 15—27.

7. Podany, *Brotherhood of Kings*, 10.

8. Christer Jönsson, "Diplomatic Signaling in the Amarna Letters," in *Amarna Diplomacy*, ed. Raymond Cohen and Raymond Westbrook (Baltimore, MD: Johns Hopkins University Press, 2000), 197.

9. William L. Moran, ed., *The Amarna Letters* (Baltimore, MD: Johns Hopkins University Press, 1992), xxiv.

10. Moran, EA 23, cited in Podany, *Royal Brotherhood of Kings*, 7.

11. 更多讨论参见 Podany, *Brotherhood of Kings*, 219—224; Trevor Bryce, *Letters of the Great Kings of the Ancient Near East: The Royal Correspondence of the Late Bronze Age* (New York: Routledge, 2003)。

12. Bryce, 91.

13. Moran, Amarna Letters EA 7: 61—62，转引自 Bryce, *Letters of the Great Kings of the Ancient Near East*, 102。

14. Jönsson, "Diplomatic Signaling in the Amarna Letters," 200.

15. Moran, *Amarna Letters* EA 6: 13—17，转引自 Bryce, *Letters of the Great Kings of the Ancient Near East*, 82。

16. Moran, *Amarna Letters* EA 3: 13—22，转引自 Jönsson, "Diplomatic Signaling in the Amarna Letters," 197。

17. Jönsson, 197.

18. Podany, *Brotherhood of Kings*, 34.

19. Cohen, "All in the Family"; Lafont, "International Relations in the Ancient Near East."

20. Bryce, *Letters of the Great Kings of the Ancient Near East*, 76.

21. Yoshitaka Miike, "Harmony without Uniformity: An Asiacentric Worldview and Its Communicative Implications," in *Intercultural Communication: A Reader*, ed. Larry A. Samovar, Richard E. Porter, and Edwin R. McDaniel (Boston: Wadsworth, 2012), 73.

22. Virgilio G. Enriquez, "Developing a Filipino Psychology," in *Indigenous*

Psychologies: Research and Experience in Cultural Context, ed. Uichol Kim and John Berry, *Cross-Cultural Research and Methodology Series* 17 (Thousand Oaks: Sage, 1993), 152—69; S. A. Gunaratne, "De-Westernizing Communication/Social Science Research: Opportunities and Limitations," *Media, Culture and Society* 32, no.3 (May 2010):473—500.

23. Muneo Jay Yoshikawa, "The Double-Swing Model of Intercultural Communication between the East and the West," in *Communication Theory: Eastern and Western Perspectives*, ed. D. Lawrence Kincaid (New York: Academic Press, 1987), 327.

24. 我们可以在对传播中"听众导向"这一术语的不同理解中看到这种模糊。当代传播学将各方细分为不连续的单位——发送者／接收者，或演讲者／听众。因为演讲者被认为是负责沟通的，"以听众为中心"意味着演讲者需要使信息适应或满足听众的需求。但是，演讲者不需要和听众直接接触。

25. Martin Buber, *I And Thou*, trans. Walter Kaufmann (New York: Touchstone, 1971); M. M. Bakhtin, *The Dialogic Imagination: Four Essays*, ed. Michael Holquist, trans. Caryl Emerson, reprint ed. (Austin: University of Texas Press, 1983)

26. 科恩在"The Great Tradition," 25—26 中利用马塞尔·莫斯（Marcel Mauss）有重大影响的著作 *The Gift: Forms and Functions of Exchange in Archaic Societies* (Glencoe, IL: The Free Press, 1954) 来探讨"送礼和收礼的道德和神圣责任"，以及国王们之间的问候问题。

27. Jönsson, "Diplomatic Signaling in the Amarna Letters," 197—198.

28. Bryce, *Letters of the Great Kings of the Ancient Near East*, 83.

29. Cohen and Westbrook, *Amarna Diplomacy*, 227.

30. Cohen and Westbrook, 227.

31. Podany, *Brotherhood of Kings*, 173.

32. 在英语中，"关系"一词被用作名词。在其他文化传统中，探讨"关系"一词的意义和意向的时候，关系暗含的动能类似于一个动词。这就使得翻译关系术语困难重重，包括中文的"关系 Guanxi"和阿拉伯语的"关系 Wasta"。

33. Betteke van Ruler and Dejan Vercic, *Public Relations and Communication Management in Europe: A Nation-by-Nation Introduction to Public Relations Theory and Practice* (Berlin: De Gruyter Mouton, 2008).

34. Ronél Rensburg, "Communications Management in the Africa Context: Implications for Theory, Research, and Practice," *International Journal of Strategic Communication* 1, no.1 (2007):46.

35. Personal conversation with Dr. K. Sundary, Emeritus Head, Department of Public Relations, Stella Maris College, Chennai, on June 22, 2010, International Communication Association conference, Singapore.

36. Kate Hutchings and David Weir, "Understanding Networking in China and the Arab World: Lessons for International Managers," *Journal of European Industrial Training* 30, no.4 (2006):272—290; Hutchings and Weir, "Guanxi and Wasta: A Comparison," *Thunderbird International Business Review* 48, no.1 (2006):141—156; Peter B. Smith et al., "How Distinctive Are Indigenous Ways of Achieving Influence? A Comparative Study of Guanxi, Wasta, Jeitinho, and 'Pulling Strings,'" *Journal of Cross-Cultural Psychology* 43, no.1 (2012):135—150; Robert B. Cunningham and Yasin K. Sarayrah, *Wasta: The Hidden Force in Middle Eastern Society* (Westport, CT: Praeger Publishers, 1993).

37. Hutchings and Weir, "Understanding Networking in China and the Arab World."

38. Rogier Van der Pluijm and Jan Melissen, *City Diplomacy: The Expanding Role of Cities in International Politics* (The Hague: Netherlands Institute of International Relations Clingendael, 2007).

39. Albert Mehrabian, *Silent Messages* (Belmont, CA: Wadsworth, 1971); Judee K. Burgoon and Jerold L. Hale, "The Fundamental Topoi of Relational

Communication," *Communication Monographs* 51, no.3 (1984):193—214; Judith Burgoon, D. B . Buller, and W. G. Woodall, *Nonverbal Communication: The Unspoken Dialogue*, 2nd ed. (New York: McGraw-Hill, 1996).

40. Burgoon, Buller, and Woodall, *Nonverbal Communication*; Burgoon and Hale, "The Fundamental Topoi of Relational Communication"; Mark L. Knapp, *Nonverbal Communication in Human Interaction* (New York: Holt, Rinehart and Winston, 1972).

41. Mehrabian, *Silent Messages*, 2, 4; Michael Argyle and Mark Cook, *Gaze and Mutual Gaze* (Cambridge: Cambridge University Press, 1976); Ray L. Birdwhistell, *Kinesics and Context: Essays on Body Motion Communication* (Philadelphia: University of Pennsylvania Press, 1970).

42. Jönsson, "Diplomatic Signaling in the Amarna Letters."

43. Bryce, *Letters of the Great Kings of the Ancient Near East*.

44. Jarol B. Manheim, *Strategic Public Diplomacy and American Foreign Policy: The Evolution of Influence* (New York: Oxford University Press, 1994).

45. Kathy Fitzpatrick, *The Future of U.S. Public Diplomacy: An Uncertain Fate* (Leiden; Boston: Brill—Nijhoff, 2009).

46. John Urry, "Social Networks, Travel and Talk," *The British Journal of Sociology* 54, no.2 (2003):161.

47. Agneta H. Fischer et al., "Social Functions of Emotion," in *Handbook of Emotions*, 3rd. ed. (New York: Guilford, 2008), 456—470.

48. Moran, *The Amarna Letters*, 6—8.

49. *Letters of the Great Kings of the Ancient Near East*, 70.

50. Cohen, "All in the Family," 24.

51. Christian Reus-Smit, "Emotions and the Social," *International Theory* 6, no.3 (November 2014):568—574; Sarah Ellen Graham, "Emotion and Public Diplomacy: Dispositions in International Communications, Dialogue, and

Persuasion," *International Studies Review* 16, no.4 (December 1, 2014):522—539.

52. Cynthia P. Schneider, "The Unrealized Potential of Cultural Diplomacy: 'Best Practices' and What Could Be, If Only...," *Journal of Arts Management, Law, and Society* 39, no.4 (2009):260—279.

53. Jian Wang, "Managing National Reputation and International Relations in the Global Era: Public Diplomacy Revisited," *Public Relations Review* 32, no.2 (2006):91—96.

54. Shali Wu and Boaz Keysar, "The Effect of Culture on Perspective Taking," *Psychological Science* 18, no.7 (2007):600—606.

55. Edward T. Hall, *Beyond Culture* (New York: Anchor Books, 1976), 98.

56. Satoshi Ishii, "Enryo-Sasshi Communication: A Key to Understanding Japanese Interpersonal Relations," *Cross Currents* 11, no.1 (1984):49—58.

57. Bryce, *Letters of the Great Kings of the Ancient Near East*, 70.

58. Georgette Wang and Zhong-Bo Liu, "What Collective? Collectivism and Relationalism from a Chinese Perspective," *Chinese Journal of Communication* 3, no.1 (2010):42—63.

59. Jonsson and Hall, *Essence of Diplomacy*, 29.

60. Jönsson, "Diplomatic Signaling in the Amarna Letters."

61. Bryce, *Letters of the Great Kings of the Ancient Near East*; Raymond Cohen, "The Great Tradition: The Spread of Diplomacy in the Ancient World," *Diplomacy and Statecraft* 12, no.1 (March 1, 2001):23—38; Podany, *Brotherhood of Kings*, 217—242.

62. Alvin W. Gouldner, "The Norm of Reciprocity: A Preliminary Statement," *American Sociological Review* 25, no.2 (1960):161.

63. Xiao-Ping Chen and Chao C. Chen, "On the Intricacies of the Chinese Guanxi: A Process Model of Guanxi Development," *Asia Pacific Journal of Management* 21, no.3 (September 8, 2004):305—324.

64. Leslie A. Baxter, "Symbols of Relationship Identity in Relationship Cultures," *Journal of Social and Personal Relationships* 4, no.3 (August 1, 1987):261—280.

65. Alisher Faizullaev, "Diplomacy and Symbolism," *The Hague Journal of Diplomacy* 8, no.2 (January 1, 2013):91—114.

66. Jönsson, "Diplomatic Signaling in the Amarna Letters," 195—196.

67. Lafont, "International Relations in the Ancient Near East," 43—44.

68. Podany, *Brotherhood of Kings*, 30.

69. 详尽可能性模型 (ELM)，例如，对要求认知参与的直接路线和通过情感的外围路线进行区分，来做出决定和采取行动。Richard E. Petty, and John T. Cacioppo, *Attitudes and Persuasion: Classic and Contemporary Approaches* (Boulder, CO: Westview Press, 1996).

70. Ronald B. Adler, Lawrence B. Rosenfeld, and Russell F. Proctor, *Interplay: The Process of Interpersonal Communication*, 14th ed. (New York: Oxford University Press, 2017); Joseph A. DeVito, *The Interpersonal Communication Book*, 14th ed. (Boston: Pearson, 2015); Julia T. Wood, *Interpersonal Communication: Everyday Encounters*, 8th ed. (Boston, MA: Cengage Learning, 2015).

71. Wood, *Interpersonal Communication*.

72. Richard Ned Lebow, "Reason, Emotion and Cooperation," *International Politics* 42, no.3 (September 2005):283—313.

73. Neta C. Crawford, "The Passion of World Politics: Propositions on Emotion and Emotional Relationships," *International Security* 24, no.4 (April 1, 2000), 119.

74. Reus-Smit, "Emotions and the Social."

75. N. Femenia, "Emotional Actor: Foreign Policy Decision-Making in the 1982 Falklands/Malvinas War," in *Social Conflicts and Collective Identities*, ed. P. Coy and L. Woehrle (Lanham, MD: Rowman & Littlefield, 2000), 41—66; Marcus Holmes, "Believing This and Alieving That: Theorizing Affect and Intuitions in

International Politics," *International Studies Quarterly* 59, no.4 (December 1, 2015):706—720.

76. Seanon S. Wong, "Emotions and the Communication of Intentions in Face-to-Face Diplomacy," *European Journal of International Relations* 22, no.1 (March 1, 2016):144—167.

77. Jonathan Mercer, "Feeling like a State: Social Emotion and Identity," *International Theory* 6, no.3 (November 2014):517, 523.

78. Benedict Anderson, *Imagined Communities: Reflections on the Origin and Spread of Nationalism* (New York: Verso, 1983).

79. Mercer, "Feeling like a State."

80. 更多讨论可参见 Antonio Damasio, *Descartes' Error: Emotion, Reason, and the Human Brain*, illustrated ed. (New York: Penguin Books, 2005); Joseph Ledoux, *The Emotional Brain: The Mysterious Underpinnings of Emotional Life* (New York: Simon & Schuster, 1998); Loretta Graziano Breuning, *Your Brain to Boost Your Serotonin, Dopamine, Oxytocin, and Endorphin Levels* (New York: Adams Media, 2015)。

81. 信任和触摸是同步的，母亲和婴儿之间通过触摸开始结成纽带。Loretta Graziano Breuning, *Habits of a Happy Brain*, 71—73. 在疫情前的世界，一个简单的握手动作，都被当作信任。

82. Damasio, *Descartes' Error*, 127—165.

83. Ledoux, *The Emotional Brain*, 90—98.

84. 如果我们仔细探讨有关情商的著作，它们本质上就是关于表达或如何用语言来表达我们的感情 (feeling)——而不是情感 (emotion)——的方式。例如参见 Daniel Goleman, *Emotional Intelligence: Why It Can Matter More than IQ* (New York: Bantam, 2005)。

85. Durganand Sinha, "Origins and Development of Psychology in India: Outgrowing the Alien Framework," *International Journal of Psychology* 29, no.6

(1994):695.

86. Sinha, 695.

87. Michael Gershon, *The Second Brain: A Groundbreaking New Understanding of Nervous Disorders of the Stomach and Intestine* (New York: Harper Perennial, 1998), 12—20.

88. Marco Iacoboni, *Mirroring People: The Science of Empathy and How We Connect with Others* (New York: Picador, 2009).

89. J. M. Kilner and R. N. Lemon, "What We Know Currently about Mirror Neurons," *Current Biology* 23, no.23 (December 2, 2013): R1057—1062, https://doi.org/10.1016/j.cub.2013.10.051; Martin Schulte-Rüther et al., "Mirror Neuron and Theory of Mind Mechanisms Involved in Face-to-Face Interactions: A Functional Magnetic Resonance Imaging Approach to Empathy," *Journal of Cognitive Neuroscience* 19, no.8 (August 1, 2007):1354—1372.

90. Holmes, "Believing This and Alieving That"; Marcus Holmes, *Face-to-Face Diplomacy: Social Neuroscience and International Relations* (New York: Cambridge University Press, 2018).

91. Marcus Holmes, "The Force of Face-to-Face Diplomacy: Mirror Neurons and the Problem of Intentions," *International Organization* 67, no.4 (October 2013), 833.

第五章　整体主义逻辑
——宇宙圈

　　整体主义逻辑在包罗万象的、动态的关系世界里向别人传递成对关系的亲密，让别人感受到联系。关系世界为个人定义传播，个人接下来又帮助整个关系世界维持其完整性和连续性。

　　一开始世界就处于混沌之中。因此，才开始有古希腊和古埃及的创世神话。对于希腊人，卡俄斯（Khaos）是第一位原初神祇。[1]她存在于创始之初的天地间的虚无、无序和无形的气团。对于古埃及人，原始之水、混沌之神努恩（Nun）被正义、平衡与和谐女神玛特（Ma'at）变成了秩序和创造之神。[2]在宇宙世界中，维持秩序依赖于与别人的正确行为，因为每一个人的行为都会影响别人的行为。从可见的自然界和社会关系到不可见的祖先和神祇世界，一切皆有联系和互动。这样的相互关联和互动意味着人类必须遵守玛特的旨意，与人和自然一道维持平衡和和谐——以防混沌再起。

希腊人的信仰体系后来把物质世界的工作原理和精神世界的神祇的突发奇想分离开来。[3]当代的宇宙观反映出从埃及人、希腊人和其他宇宙观里继承来的对于物质世界的关注，但是，保留了自然、社会和精神领域的联系。对他们来讲，感受可见的和不可见的世界之间的联系与今天跨越全球的数字联系，包括将不相识的人联系起来和通过物联网将网络—自然—人类世界互相关联，一样真实。

古代宇宙观认为的互联和互动对于理解我们今天高度互联的世界的动力提供了有价值的见解。这也是理解整体主义逻辑的窗口。同样，个人主义逻辑中的分离假定提出了作用或个人行动的重要性，整体主义逻辑中的互联假定提出了在关系世界中与别人协调互动的重要性。这样的关系世界为所有人的传播提供了基础，并且，所有人在维持整体的完整性和持续性上都可以发挥作用。在本章，我们转向古代世界的宇宙观，去深度探索整体主义逻辑的关系前提、假定和传播动力。我们从分布于古代世界的神圣圆圈的象征性开始探讨。

宇宙圈：连接宇宙

人类在获得语言能力之后不久，就开始对周围的世界进行探索、命名和解释。根据人类学家，历史上的人类社会都有自己的宇宙观，或者创世神话。[4]有些古老的宇宙观，像澳大利亚原住民的梦幻神话，是通过口头来保存的。其他一些是通过视觉形式来保存的，如石头造型或蚀刻的宇宙图。另外一些是通过文字来保存的，如宗教经文。理解这些就是理解整体主义逻辑及其动力的关键。

这些宇宙观显示出我们和别人关系内在的假定，因此，可以为传播和外交提供一些见解，尤其是威斯伐利亚前体系和原住民的做法。例如，埃及女神玛特（图5.1）王冠顶上戴的羽毛就可以用来衡量一个人的行动。轻如鸿毛的善心可以确保灵魂来世顺利转世，显示社会领域和精神领域的相互关联。这位女神的命令传遍非洲大地，强烈呼应着泛非洲的乌班图精神。[5]

图 5.1　戴羽毛的玛特女神

资料来源：Creative Commons，https://commons.wikimedia.org/wiki/File:Maat.jpg; https://creativecommons.org/publicdomain/mark/1.0/deed.en。本文件已被确定不受版权法（包括所有相关权利和邻接权）的限制。

这些古代的宇宙观花样繁多，从中美洲的太阳传说到中国的旋转的阴阳图。[6]他们也惊人的相似，把宇宙看作一个不可分割的互动整体。人类在地球上如何互动（社会领域）都被天上的神祇（精神领域）见证着，他们可以通过大自然的狂暴行为实施惩罚（自然领域）。与此相连的还有审美领域。根据尼科斯·帕帕斯特爵迪（Nikos Papastergiadis）所说，在古希腊的《荷马史诗》中，术语

"宇宙"就是指"创造秩序的审美行为"。他把艺术表达描述为"属于世界的部分象征行为"。[7] 按照这样的解释，艺术就是表达联系。在涉及同步吟唱、歌唱和舞蹈的仪式上，审美领域和社会及精神领域相互交织，密切相连。

不同领域的不间断联系体现在古代宇宙观的流行表现方式——圆圈——中。从欧洲的巨石阵到亚洲的曼陀罗再到美洲的太阳石，人们到处可以发现圆圈和圆形物体。说到非洲的宇宙观，布恩赛奇·伏奇奥（Bunseki Fu-kiau）称太阳圈是人类的第一个几何图形。[8] 他写道，刚果宇宙图就包含一个圆圈，中间一条水平线连通出生到成年，一条竖线连通生者和地下的祖先。连起来看，相互关联的元素就是反映生命循环。

这个圆圈象征性地体现更新和再生的循环特性。在古代埃及和印度的宇宙观中，咬尾蛇反映的是更新和连续的无限循环。这样的更新循环暗示时间的循环观，这和线性时间不同，没有终点。例如，中美洲的阿兹特克文化也将时间视为循环的。他们的日历是典型的圆形，由相互连接的钟表构成。[9] 在墨西哥国家博物馆的阿兹特克太阳石在视觉上不仅体现了循环时间的概念，而且是宇宙创造的象征。（见图 5.2）

按照循环时间的宇宙观点，外交实践要求关系需要通过仪式、访问和礼物等象征姿态来持续关注和更新。这也是北美易洛魁部落的外交实践。欧洲的书面条约外交实践和易洛魁的外交实践相去甚远，反映的是线性时间观。关系在时间上不能被冻结，需要持续更新以防恶化。因此，易洛魁部落每年对停泊在易洛魁港口和领土的英国船舶"打磨链条"的外交实践就是更新英国和易洛魁部落之间

图 5.2　阿兹特克太阳历

资料来源：Creative Commons, https://commons.wikimedia.org/wiki/File:Aztec_calendar_(bronze).svg. Licensed under CC BY-SA 3.0, https://creativecommons.org/licenses/by-sa/3.0/deed.en。

关系纽带的象征性姿态。[10]

圆圈象征着统一，包括人类在情感上和自然、精神和审美领域的联系。传统的夏威夷人和泛波利尼西亚文化按照家庭来谈论人与自然的这种情感联系。[11] 在原住民外交实践中，如中美洲的阿兹特克文化中，这样相互关联的情感使得互惠交流成为最突出的特征。[12] 如果别人被当成大家庭成员看待，人们当然会用礼物慷慨接待他。阿兹特克人就是用这种方式接待当年的西班牙征服者的——带来的后果是宿命的。[13]

圆圈代表的不仅仅是更新，还代表着宇宙动态的、持续变化的特性。许多宇宙观称这种动态特性为"能量""力量"或"生命力"。古代中国人称之为"气"，传统的夏威夷人称之为"灵魂力"，印度瑜伽哲学称之为"精神力"。[14] 对于中美洲的阿兹特克人来说，单单一个"动态的、流动的"生命力就可以使得"人类、植物、山川河流、风、光、木乃伊遗骸、纺织品和石头结构"充满生命。[15]

这个动态的能量不是混乱的，而是协调一致和互惠的。传统的非洲宇宙观用宇宙节奏来谈论和谐运动，古代印度人和古代希腊人的文本中也有类似的观点。[16] 像柏拉图那样的毕达哥拉斯派将一个秩序井然的社会比作音调精准的竖琴："尽管每一个音符都保留着个人性，但所有音符可以作为整体和谐地连在一起形成一个音阶，它们是相互依赖的。"[17]

宇宙的能量和活动都是有序的、按比例的和其他成分如人类和谐相处的。[18] 根据古代阿兹特克人，人类必须"实行互惠性行动，来维持宇宙和人类的平衡和持续存在"[19]。这种互动呼应着前文我们探讨的古代埃及女神玛特的规定。在这些文化中，人类有一个宇宙责任，需要和人行动一致。印度人称之为"法则"，非洲人称之为"乌班图精神"，毛利人称之为"尽在掌握"，儒家称之为"礼"。

尽管今天的"cosmos"就是指宇宙，但它的希腊语词源"kosmos"意思是"秩序"或者"和谐"。和谐不仅仅为希腊人珍视，也被古埃及人、中国人、苏美尔人、印度人、中美洲、大洋洲和波利尼西亚的文化所珍视。[20]

和谐的紧迫性并不是仅限于机会或人类性情，正如古人所观察的，倾向于对立面。包括无所不能的神和祖先的精神领域可以帮助人类调整性情，召唤和宇宙中的其他人承担起道德义务和责任。违反者就会面临神的愤怒。审美领域也会促进秩序。共同的艺术、音乐和舞蹈会提供一种情感上的归属感和愉悦感。正如帕帕斯特爵迪所说，艺术表达和对别人的审美兴趣是和我们爱交际的需求密切相关的。[21] 因此，古代人以两种方式来守护和谐，防止人类的混乱：首先，通过精神领域与道德责任匹配的惩罚威胁；其次，通过审美领域的共同愉悦的好处。这些相互关联的领域互相补充，合在一起，形成了宇宙中的神圣的圆圈。

考虑到现代世界还挣扎在全球化的高度互联互通之中，古代世界的人们会这么注重统一的相互关联可能会令我们感觉奇怪。古人的假定不是基于可见的物理或数字联系，而是不可见的情感和精神联系——整体主义逻辑的关键支柱。我们接下来探讨一些指导性前提。

不可分割的整体

整体主义逻辑和关系主义逻辑一样依赖于关系性，即关系构成人类和传播的基础的观点。虽然两个逻辑都注重关系性，但是它们在范围和重点上是有区别的。正如我们所见，关系主义逻辑聚焦于成对的二元关系和它的情感纽带。整体主义逻辑建立在一个包罗万象的关系世界上，拓宽和增加成对的关系。这个包罗万象、不可分割的关系世界定义了传播，使得整体主义逻辑变得有意义（见专栏 5.1）。

专栏 5.1

正如个人传播者赋予个人主义逻辑意义一样，关系纽带赋予关系主义逻辑意义，是关系世界的整体赋予整体主义逻辑的传播经验意义。

因为成对的关系在关系世界里起到积木块的作用，关系主义逻辑情感动力也贯穿于整体主义逻辑。整体主义逻辑并不是由分离的个人组成的没有感情的集体，而是一个能感受到别人的情感联系。同胞感情使得关系世界绝不是一个没有感情的集体或者一个中性节点的网络。[22] 欣赏在关系世界与人联系的共同情感和归属感是整体

主义逻辑的关键。

　　除此之外，因为传播依赖于关系世界，维持关系世界的整体性和持续性极其重要。在整体主义逻辑中，一个不稳定、混乱的世界使得有意义的传播变得几乎不可能。正如我们可以看见的那样，这个逻辑内的传播动力都是围绕着如何维持整体的完整性和持续性运转的。

　　尽管整体主义逻辑高度重视稳定和秩序，但这里的关系世界绝非静止的，而是如同古人想象的宇宙，处于不停地运转之中。这个动力显示出整体主义逻辑中的关系世界的三个重要前提：连通性、多样性和互动性，加在一起构成和谐的重要性。

　　第一个就是完整的互相连通性前提。在所有的包罗万象的关系世界中，一切皆相连。连通性跨越时空包含所有的关系——不论远近，直接还是间接，看得见的还是看不见的，甚至最遥远的实体也可以相连。关系的连通性是不受时间约束的。过去的关系可能会是很直接的，例如感受到的祖先神灵，而未来的关系可能会发生变化，如同充满恶意的敌人会转化成重要的盟友。尽管连通性的特性会发生变化，但是与其他所有人一直处于关系连通的永久状态的观点不变。没有单一的事务是独善其身的："这个世界是一个整体，每一个人和每一个事务都是相互关联的。"[23] 例如，印度的文化遗产谈到单个精神，将分离性界定为虚幻，问候语"合十礼"意思就是"我的精神尊重你的精神"。

　　因为连通性和不可分割性，没有独立的实体——传播中的整体主义逻辑观的一个重要的因素。[24] 因为没有真正意义上的分离的实体，所以，没有分离的传播者向受众传播信息，试图去影响受众。

既不是说服也不是信息转移驱动着整体主义逻辑。整体主义逻辑的核心传播任务就是需要保持一致，在相互关联的宇宙里平衡各种不同的因素。一个传播任务的完美例子就是诗歌或阿兹特克人的"花与诗"。[25]这首表演诗的目的是诘问式的："结构精美的诗歌和鸟的鸣唱与花的开放一道都是世界上和谐的过程。"[26]

　　整体主义逻辑的另一个支撑前提就是多样性——横跨整个关系世界自然发生的事情。古代的宇宙观生动体现了多样性的假定。例如，阴阳图就包含了阴的元素（女性、黑暗、夜晚、被动）和阳的因素（男性、光明、白天、主动）。多样性的出现和对立面的共现是整体的天然属性。正如弗莱彻和方（Fletcher and Fang）所说："阴阳图体现的并不是对立的力量，而是宇宙万物的成对的特性。"[27]

　　为了更好地理解整体主义逻辑的传播，很重要的是要认识到尽管不同的因素各不相同，它们也不是分离的有边界的实体，反而是被包含在一个更大的整体内。因为多样性就是整体的一个特征，保持多样性对维持整体的完整性和持续性是非常重要的。陈国明探讨了阴阳当中的阴性力量和阳性力量辩证互动，是变化和平衡的至关重要的部分。[28]

　　整体主义逻辑中第三个密不可分的假定就是互动性，其中的各种因素在相互接触中不停地分化组合、调整适应。很像个人主义逻辑突出个人实体的作用，整体主义逻辑突出整体范围内包含的各种因素之间的互动性。互动性隐含在面对面的人类交流中，正如人们不停地调整和校准自己对别人的行为。不同的实体之间的不停的互动说明为什么在整体主义逻辑中，关系很容易被当作动词或动作。不要把网络结构看作静态的关系网格，这个逻辑把这样的网络看作一个能量循环。[29] 所有的宇宙观，不论古代的还是现代的（包括爱因斯坦的质能方程式 $E=mc^2$），都是用能量来描绘宇宙的，能量是下一节探讨传播动力的一个重要概念。

和谐的重要性是整体主义逻辑最后的总览全局的假定。从个人主义逻辑视角出发，和谐看起来是一个志向状态（an aspirational state）。那个逻辑会问如果他们互不相同，一个人如何和个人实体协调一致行动。在个人主义逻辑中，和谐暗示压制多样性来使得不同的因素协调一致。整体主义逻辑并不是这样。和谐并不是以相同为前提。在整体主义逻辑中，各种因素可以互相联系和互动，不用由于相同而协调一致。因为不同的实体相互之间互动，它们也会相互改变。因为这些因素不是分离的，而是大的整体的相互关联的部分，所以，和谐不仅仅是可能的，而且，正如秦亚青所说，也是不可避免的。

从整体主义视角来看，在不同的、相互联系的、互动的因素中实现和谐是维持整体的完整性和持续性的关键。相比于情感纽带是关系主义逻辑的鲜明特征，和谐是整体主义逻辑的鲜明特征。和谐，或者说平衡和秩序的突出重要性在从古希腊哲学家到中国先贤的宇宙观里都十分明显。

在整体主义逻辑里面，和谐，或者如马希（Marsh）所说的"动态平衡"是传播的一项重要任务。[30] 陈国明称和谐为"不仅仅是调节永无止境的过程的路标，还是人类传播的终极目标"[31]。这个重要性来自互动性："既然所有的行动都需要和别人协调一致，或者至少要影响别人，关系中的和谐就是社会生活的主要的目标。"[32] 因为在定义传播中关系结构的全面影响力，人们学会并参与反映和支持整体的关系动力。简而言之，多样性就是关系世界的特征，通过掌握和保存多样性，人们保存了关系世界。像咬尾蛇一样，关系结构为个人定义传播，接下来，个人传播又有助于关系结构的完整性和持续性。下一节按顺序，我们一个一个探讨这些关系动力，但是，跨界者应该注意它们是相互关联的，说到一个就会激发和暗示另一个。

整体和谐

当我们转向整体主义逻辑的传播动力的时候，我们注意到两个要点。第一，由于成对的关系是关系世界的基础，整体主义逻辑包括关系主义逻辑的传播动力（接触点、共现、情感表达、视角取向、互惠和象征性等）。[33] 第二，在整体主义逻辑中，传播动力最好被理解为行动和互动，而不是静态的现象，如传播者、信息，甚至是情感。因为结交关系就是传播，我们可以把这些传播动力视为关系动力。秦亚青提出了世界政治的关系理论，在探讨参与人时提出了"关系者"的概念。[34] 为了支持关系动力，我们可以同时采纳"传播者"和"关系者"两个术语。关系动力或整体主义逻辑中的行为就是行动和互动，这些行动和互动可以保存整体的完整性和持续性。

为了说明整体主义逻辑中的关系动力，我们可以回过头去探讨古代的宇宙图。这些宇宙图装饰在庙宇里，指导着医学和农学实践，帮助人类定位和他者的关系。这些他者包括：人类同胞、动植物、山川河流、风火和星星太阳等——当然，最重要的，还有诸神。

拓展关系

和互联性密切相关的整体主义的第一个传播动力是个体关系者的关系不停地在扩展。包罗万象的整体并不是静态的，其原因就是这样不停地扩展，不论是向内还是向外。秦亚青提出，关系体现着某种权力，因此，关系者寻求扩展关系。[35] 扩展或创建新关系就是整体主义逻辑主要的关系行为。关系扩展可以在多重维度上展开，例如在身体上或地理上（由近及远）、情感上（由亲密到疏远）、意识形态上（由志趣相投到意见不合）。外向扩展体现了包罗万象的整体的无限潜能。

我们可以参考费孝通的观点：关系是同心圆，或者是他所称的"不同的联系"[36]，来想象外向关系扩展和内向关系扩展。如图5.3所示，雨点正好体现这个概念。关注个人实体，个人主义逻辑聚焦于当雨点撞击水面时雨点的外向辐射特性，但是，当我们从更广的整体主义视角来看，随着无数雨点撞击水面，它们的圆圈就会重合。

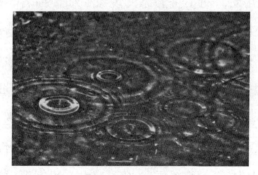

图 5.3　雨点同心圆

资料来源：美国商务部国家海洋和大气管理局，http://www.crh.noaa.gov。

关系者会认识到关系扩展的双重特性：内向性和外向性。内向重合的扩展会和其他关系产生多重的互联性。这样的互惠行为会加强关系纽带。学者施旭（Shi Xu）把内向关系扩展称为互相渗透、互相影响。[37] 在整体主义逻辑里面，任何单向的传播或影响都是不合逻辑的。不受对方的影响，人们是无法去影响别人的。

第五章　整体主义逻辑——宇宙圈

为了更好地说明双重的内向和外向扩展，我们可以转向1.2万年前冥想打坐中的室利延陀罗（Sri Yantra）（见图5.4）。如果人们仔细看，在室利延陀罗的三角形的中心是点滴（Bindu，在梵语中意思是"点"或"滴"）。"宾度"是中心点，宇宙图从其中开始创生。在古代文本中，这是宏大宇宙的微观世界。

图5.4　带宾度点滴的室利延陀罗

资料来源：丹尼尔·康拉德（Daniel Conrad）在哈里什·约合利（Harish Johari）指导下创作的艺术作品。由D.康拉德发布于公共网域，http://commons.wikimedia.org/wiki/File:Sri_Yantra_Correct_Colors_Johari_1974.jpg。

室利延陀罗说明了扩展的双重性：当三角形从中心点扩展时，它们会和其他的三角形交叉重合，形成互相渗透。和雨点一样，每一次外向的扩展伴随着相应的内向扩展。

互联性的内向和外向扩展的传播动力在印度古代的曼陀罗地缘政治中也有回应——在考底利耶（Kautilya）的治国论文《政事论》（Arthashastra，大约公元前150年）中，他把政体定义为一个富有魅力的中心，而不是以边界定义它。正如迪里奥斯（Dellios）所说，古时候，土地丰富，人口稀少，人口是特别珍贵的资源。[38] 权力是基于团结一致的人民的效忠之上，而不是基于征服得来的领土之上。

在当代的公共外交中，双向扩展暗示公共外交中的"公众"，包括外向的外国公众和内向的国内公众。国内公众——包括本国人口和移民——可能是更重要的公众，因为他们对于政体的魅力中心在情感上和物理上是最接近的。公众不仅和政体紧密相连，而且和其他参与者也紧密相连。跨界者需要用宽广的视角看待国家之间和公众之间关系的扩展特性和相互渗透特性。

识别共性，保存多样性

整体主义逻辑的第二个关系动力在于识别和创造共性，同时保存多样性。这两个看上去对立的关系行为事实上是并存的。首先，互联性和共同的人性暗示了相似性和亲缘性的假定。关系人试图积极地找出或创建共性区域。在个人主义逻辑中，寻求共性是通过对话。关系主义逻辑通过互换礼物和互访这样的互惠性姿态来创建共性。在整体主义逻辑中，正如我们所见，共性可以通过吟唱、演唱和舞蹈等同步性活动的纽带力量来实现。

或许，反直觉的是，一个包罗万象的关系世界假定其既有共同的相似点，也有深刻的差异点。因为多样性也是关系世界的另一个内在的假定，保存多样性对于保持关系世界的完整性至关重要。多样性在成对的关系层面上非常重要，因为它有助于保留每一个实体的独特性和个体状态，也因此保留了关系的活力。因为相似的原因，保存多样性对于关系世界层面是极其重要的。多样性是宇宙的协同再生能力的基础。因为不同的元素结合在一起，它们会创造和原来个体存在不同的新的东西出来。整体变得比个体的总和更大。作为创造和互动的过程，这样的协同性起到维持整体的完整性和连续性的作用。

我们再次转向室利延陀罗，专注于它的三角形的互动性，看看保存和合并多样性是如何产生同步性。与阴阳图非常相似，室利延陀罗也有阴性元素——体现在 5 个脸朝下的三角形（见图 5.5），以及阳性元素——体现在 4 个脸朝上的三角形（见图 5.6）。

图 5.5　女性三角

资料来源：作者提供。

图 5.6　男性三角

资料来源：作者提供。

把室利延陀罗的 5 个脸朝下的阴性三角形的含义当作主要方向。如果改变 4 个脸朝上的阳性三角形，来适应主流的向下方向，结果就是会丢失原型的多样性和倍数。我们会得到 9 个三角形，全部脸朝下。

　　但是，当我们保存了 5 个脸朝下的阴性方向的多样性，把它们和脸朝上的阳性方向结合，它们合并产生的多样性远超简单的加法。产生的不是 9 个三角形，而是 43 个新的三角形（见图 5.7）。这就说明了协同性现象。通过保存和合并多样性，整体就会变得比个体的总和还要多。

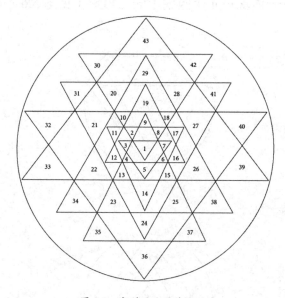

图 5.7　室利延陀罗的协同性

资料来源：作者提供。

　　许多古代的宇宙观和前国家政体都呈现出多样性。例如，根据诺伊曼和威根（Neuman and Wigen）的研究，在中亚大草原，语言的统一并不是政治结盟的鲜明特征，政体和领导人采取的是多样性。[39]通过全球性，公共外交是扎根于多样性的。在参会者交流互动中，每个人都保持不同的视角，产生出协同效果。在这样的情形下，摩擦也是难以避免的。但是，在解决问题中通过合理利用不同的视角，参与者就会产生出协同性选项，没有哪一方能够独自预想。

学会和把握语境敏感

另一个重要的关系动力就是把握语境敏感。这包含培养对于细微差异的意识，区分传播发生和关系生成的不同的关系语境和情景语境。语境的重要性是和连通性密切相关的。正如迪萨纳亚克所说："传播语境的概念只有在一个一切都是互相联系的并且不与其他人隔绝的世界才变得重要起来。"[40] 一个分离的、隔绝的实体不会意识到或不会关心语境，也会意识到或不会关心其行为会影响别人，反之亦然。

语境敏感就是能够觉察和阐释关系提示和情景语境动态的微妙变化的能力。宫原哲将语境敏感比喻为能够"感受出每一个人际关系场景的情绪或氛围，依据读懂的语境特征，临时做出适当的社交行为（字体着重强调）"[41]。辛哈和他的同事按照地点、时间和人物来详细阐述语境。一个人物需要调整适应具体的场景并且对其广泛的含义做出反应。[42]

语境敏感和语境知识暗示人们要意识到一个人的行为如何影响别人或者影响短期和长期的关系。正如陈国民所说，在一个相互交织的关系网中，一个人必须懂得"如何去追寻互动的可能后果"[43]。敏感性不仅与亲密关系有关，而且与疏远关系有关。如果这样做在长期内可以加强关系的话，人们可以选择在短期内妥协。马达克斯（Maddux）和结城雅树（Masaki Yuki）也探讨了复杂的结果分布，包括间接的和远期的结果。[44] 和衡量可见节点之间的可见关系联系的网络分析不同，宇宙中的关系布局包括可见的和不可见的实体。尽管一切在关系宇宙中都相互联系，它们也不一定像在网络中直接发生联系。密切相连的关系是如此复杂（见图5.8），以至于让人们无法完全搞清楚它们是如何相连的——即便一眼看上去显得一目了然。[45] 这就是由精神、力量和偶发性关联的间接的和看不见的关系的特性。人们无法直接追踪到他们的关系联系方式。

图 5.8　乌兹别克曼陀罗

资料来源：作者提供，改编自卡莫利定（Shamsiddin Kamoliddin）2006 年的设计。

在传统的外交中，语境敏感一直是象征主义和礼节外交关注的一部分。公共外交更加倾向于关注拥护国家利益和国家目标，有时候不太关注语境。有时候，它为了作出声明而不得不违反一些语境标准。在人类中心的外交中，一个倡议的有效性可以通过它如何融入语境和人们怀有的期待来衡量。

协同性：相互适应和协调

整体主义逻辑要求不断相互适应和与人协调。这也和多样性和连通性有关。三池义孝称，相互适应是传播和谐和关系和谐的关键。[46] 个人在语境下不只是单独行动，还要与人以协调的方式进行互动。陈国明将传播描述为："传播者不停地适应，把自己向相互依赖和合作重新定位的一个过程。"[47]

这个相互协调和适应的过程凸显科学家所称的"互动协同效

应"。互动协同效应发生于个人调整相互之间语言和非语言行为的节奏和语气。金荣渊就协同性做过大量的评论，强调将我们的行为和别人的行为匹配有利于结成纽带和形成互惠性感情。[48]

当成对的互动协同延伸到群体层面，我们会得到群体协同效应。日常生活中充满了协同的例子：教会婴儿拍手，军队里的严格训练，宗教仪式上背诵赞美诗和祷告词，球迷为球队的振臂高呼，政治抗议者吟诵口号等。协同性是整体主义逻辑的一个重要方面，显示出人们和别人协调言行的时候是如何结成纽带和联系的。[49]由于其作为泛人类传播形式的重要性，我们将在本章结尾和下一章再一次探讨协同性。

不停的相互协同和适应的假定在阴阳图里也有体现。考虑到如果阴阳图中黑白元素之间的线条是直线而不是曲线，从视觉上，这样的变化就会充分说明问题。一条静止的直线分开黑白元素，暗示着在对比明显、平等切分的元素之间固定的分割（见图5.9）。一条曲线就传递出黑白两个元素关系之间非常不同的观点。阴阳图中的弧线（见图5.10）暗示出当黑白元素相互不停的适应和协同的时候所产生的不间断的流动状态和运动曲线。[50]

在公共外交中，我们可以在考恩和阿瑟诺的被广为引述的一篇论文中看到一丝协同性的暗示。这篇论文探讨公共外交的层面会从独白（言语）发展到对话（言语），再进一步发展到协作（行动）。[51]把协同性定义为"让人们为一个联合事业或项目而努力工作的倡议"隐含着行动、面对面互动和协调一致的行动。[52]在让公众参与的共同的协同活动的文化外交如学会舞步、演奏音乐、合唱等方面，协同性是非常明显的。

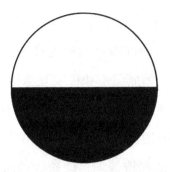

图 5.9 静止的线条，固定的元素

资料来源：作者提供。

图 5.10 曲线，动态连续和变化

资料来源：作者提供。

协同性：变化和连续性

个人与别人的适应或协同并不是同一个时间段发生的事情。个人层面的不断相互适应和协同的过程在整个关系世界还有分支。由于连通性和多样性，因为个人需要和别人发生接触，在别人身上接触到不同的元素，为了保持联系，两者都再一次需要适应和协同。随着个体的变化，成对的关系者也会变化。并且，随着成对关系的变化，延伸的成对关系也会变化。在一个不断变化的链条上，整个关系世界也处于不停的变动之中。在一个相互关联的世界，每一个个人的行动按照定义来说都是互动。

吴旭（Xu Wu）和同事将个体对整体的效应比作"精心编制的网中的结点"[53]。如果你拉动一个结点，所有和它连接的结点，有时候甚至整张网都会作出回应。

不断的变化会赋予宇宙或关系世界协同性。这也是其可持续性的关键。协同性是整体主义逻辑的一个独特方面，整体主义逻辑既是结果也是过程。作为过程，协同性是一个人造的能量，这种能量是通过和不同的元素不断适应产生的，因为它们相互联系，结成纽带，并融入整体。正如我们早前所说，许多古代的宇宙观都探讨多宇宙中的"生命力"。协同性就是这种力量。没有元素的多样性和不断创生的适应过程，作为有机实体的关系世界就会变成静止和萎缩。这样与不同元素适应和协同的同步过程就会赋予整体可持续性——这就是秦亚青所说的"通过变化实现连续性"[54]。有一些学者将像印度这样古老文化遗产的绵延不绝归因于不停地与多样性的融合。[55]

协同性和动态变化的这一方面在阴阳图的曲线而不是直线中体现出来。随着不同元素的互动和互相影响，它的曲线反映出运动和变化。尽管协同性很难量化，从关系联系[56]中得到的社交资本可能是比较接近的替代物。学者记载了发生在克罗地亚和中国的公共外交倡议中的非政府组织媒体网络中出现的社会资本。[57]

合作导向

整体主义逻辑的互联性和互动性暗示在这个逻辑里的关系者命运与共，推而广之，具有合作导向。从个人主义逻辑来说，冲突是推定的标准和潜在的合作者。除非有好处，为什么个人会选择合作呢？探讨合作的可行的理由阻碍了现代（西方）学术研究。但是，从整体主义逻辑视角来看，如果每一个因素都是关联的，与别人共存的合作导向就成为自我的紧迫压力。永久冲突对于个体实体来说是不可持续的。此外，从整体主义的有利地位出发，个体实体的永久冲突会引起更大的关系世界的断裂，有可能会失去其整体性，停止富有成效地发挥功能。一个合作导向对于维持整体的完整性和持续性是非常关键的。在相互关联的整体内部，"关系性逻辑"会使得合作状态变成标准，不会使得冲突状态变成标准。[58]

在古代的宇宙观中，我们也可以看到合作导向，在交织的命运中也可以发现联系的观点。在相互联系的人类世界、精神世界和自然界，一方的行动会影响所有各方。一次恶行会引发众神的愤怒，带来倾盆大雨，毁坏村庄。情感联系也会起到作用，促进各方命运交织在一起。非洲的乌班图精神就是这样的写照："发生在整个群体的事情都会发生在个体身上，发生在任何一方的事情都会发生在整个群体。"[59] 孔子的《论语》（*Analects*，VI：30）同样赞成命运与共："立己者立人，达己者达人。"[60]

我们在古代的医书图表中反映的阴阳图的四分图里看到交织的或共同的命运（见图 5.11）。当熟悉的阴阳图被分成四分图，每一个

图 5.11　阴阳的象限

资料来源：作者提供。

四分图都显示阴中有阳、阳中有阴。整体主义逻辑中的连通性和互惠性假定暗示合作是自然导向的，因为明显对立的事物会互相转化和协同。[61]

在整体主义逻辑中，大多数公共外交倡议都会从逻辑上和需要上以双赢的策略为依据。输赢概念认为双方都是独立的、自治的实体，可以自由决定结成关系或退出关系。如果人们认为双方是分离的，输赢的决定才是合逻辑的。但是，如果各方命运都是交织的，正如在整体主义逻辑那样，一方的命运就是另一方的命运。如果另一方输的话，一方不能赢。即便一方想中断关系，或者让对方输，这样的决定对于双方来说就会都是有代价的。因为有内在分离的多样性，个人主义逻辑把冲突看成自然的、不可避免的。整体主义逻辑却认为内在的多样性是自然的。但是，因为有完整的连通性，避免冲突和矛盾就成了更加合乎逻辑的命题。对于那些由各种元素密切联系的所有人，要永久处于冲突状态的话，就会损耗宝贵的资源和能量——不可避免地会打乱整个关系世界。因为各方都是密切联系的，双赢不仅仅是理想的，而且是现实必需的。要么双赢，要么双输。

整体主义逻辑的传播动力——扩展关系和渗透关系、保存多样性、语境敏感、相互适应和协调、合作导向等——有助于维持关系世界的稳定性和连续性。对于跨界者来说，我们对于这些动力采用俯视视角来看待它们是如何进一步区分整体主义逻辑的。

致跨界者

整体主义逻辑，和个人主义逻辑及关系主义逻辑一样，把我们的聚焦点转向人类传播经验的不同方面。如果我们仔细研究这个逻辑的传播动力，我们就会看到其行动的底层线索。相比于个人主义逻辑重视言语成分或语言，关系主义逻辑重视情感，整体主义逻辑则凸显行动维度，更具体地说就是互动。它让我们看到行动和互动如何塑造身份、建构和维持关系。

复杂的层级身份

像其他逻辑一样，整体主义逻辑额外提供了第三维度，来看待我们和别人互动中时隐时现的不同身份。正如我们此前所见，个人主义逻辑反映出我们独特的特性，使我们成为独一无二的实体。关系主义逻辑反映出关系纽带是如何进一步将我们的身份与从情感联系中洐生出的关系身份（比如，兄弟姐妹或父母）进行分层的。整体主义逻辑有助于说明我们合理利用社交世界复杂的相互关联时，我们的身份具有多面性。当我们早上醒来，去和家人吃早餐或喝咖啡的时候，我们的关系身份和义务就会引人注目。一旦离开了家，我们在一天的时间内，其他身份和义务就会时隐时现。我们可能跳上一辆公共汽车，成为一名通勤者，基于公认的礼仪，如和别人能站得多近或坐得多近，来进行互动。我们可以停下来去喝一杯咖啡，成为一名"顾客"。或者我们也可以在上班前和某个人在咖啡店会面，跳过繁文缛节，和朋友进行轻松的、非正式的咖啡伴侣之行。当我们进入职场，我们就会获得另一个身份：雇员。

无意识之中，我们的行为进入职场之后就会变化，我们发现身份会被层级所塑造。从古代的宗教层级到现代的军队，我们可以看到层级是如何塑造和排列身份的。这些层级可以是正式的，比如在办公室休息间挂着的组织结构图，或印在员工铭牌上的称呼；也可以是非正式的，表现在细微的暗示之中，比如谁主持会议就可以在视频会议中不会被打断而滔滔不绝地讲话。

在整体主义逻辑中，层级是排列机制的一部分，有助于维持整体的完整性和连续性。个人主义逻辑依赖于理想的分离的实体，倾向于偏爱同伴关系，躲避层级。一些研究人员认为层级对于合作有害无益，因为它建立了个人之间的权力差异。[62]讽刺的是，我们经常发现个人之间在没有公认的层级情况下就会陷入激烈的竞争。

在支持连通性的整体主义逻辑中，层级暗示不可分割的关系责任，而不是分离的个人权力。这样的关系责任的假定对于身份和合作都是非常重要的。正如几位学者所说，层级是人类社会共有的演化，因为合作是工具性的。[63]刘爽（Shuang Liu）试图追溯对层级（等级）的重视，或相互关联的关系金字塔，在中国传统社会中回到儒家思想和五对基本关系（君臣、父子、夫妻、兄弟和朋友）。[64]身份和秩序隐含在这样的社会关系里面。

斯坦福大学教授哈罗德·莱维特（Harold Levitt）说，在西方社会，层级不仅存在而且很盛行，因为它能带来大量的实际好处并有益于心理健康。[65]他指出层级在自然界的复杂系统中也是很常见的，因为它有助于管理复杂性，尤其是在执行复杂任务的时候。层级有助于满足结构的需求，提供常规日程、义务和责任。层级的社会秩序对于维持地方情感和认同感极其关键。莱维特发现如果人们被以三种方式问起"我是谁"的时候，他们至少会回答一种处于层级结构中的身份，比如父母。莱维特还发现成功的高管都会不停地当着上级、同僚和下属的面问自己："我现在做得对吗？""我的言行举止和语调都相应地做了调整吗？"[66]巧合的是，莱维特在成功的西方高管身上发现的这种对于层级协调行为的敏感性，也反映在一些学者对于东方语境下成功的传播者的研究中。[67]

对于跨界者来说，更好地理解传播的关键因素是识别这些层级、身份和行为，以及它们是如何有助于建立秩序、保存关系世界的。当我们研究以人类为中心的公共外交的时候，跨界者就需要意识到层级在定义人类身份和互惠行为上发挥的重要作用。这样的敏感似乎是成功利用社会复杂性的标志。

身体传播

所有的三个传播逻辑都支持参与者亲身的或面对面的交流。即使在个人主义逻辑中，它也未必要求受众的出现，而受众的出现则有助于传播者提高信息和演说方式。公共演讲依赖于从现场受众那里得到的暗示，从而调整时间节奏和语气。在关系主义逻辑中，接触和共现是第一和第二动力，由于它们在定位关系上发挥的作用。即使在虚拟会议时代，人们也经常坚持在作出严肃承诺或投入关系之前与对方会面。

当我们转向整体主义逻辑的时候，亲身的人类交流——承认另一个实体的亲身在场——就是潜在的和重要的假定。[68] 所有的动力——连通性、多样性、语境敏感、协同（同步性）、变化（协同效应）等——暗含着两个或以上的个体亲身和另一个个体发生互动。整体主义逻辑这样聚焦于实际的亲身出现和互动就凸显出"身体传播"，或者叫身体如何被用在人类传播中。身体传播包括姿势、体态、面部表情、眼部运动，也包括副语言特征，例如音调、音高和语速等。

考虑到个人主义逻辑在当代传播中的主流地位，言语维度（修辞、演讲、话语、对话等）掩盖了"非言语"的身体传播。但是，越来越多的研究人员一致认为身体传播是人类传播的基本形式，因为它先于语言的存在。[69] 考虑一下新生儿：婴儿用啼哭来吸引大人的注意力。婴儿的高声啼哭伴随着满是皱纹的额头、眯着的眼睛、下翻的或颤抖的嘴唇。所有这些表示痛苦的面部表情都是身体传播。婴儿后来学会啼哭，甚至是自发的啼哭，来吸引大人的注意力。除了学会啼哭的传播价值以外，婴儿也学会了特定的姿势会对大人产生的意义。通过举起双臂，婴儿可以表达他们想要被抱起来。

身体传播在我们探讨情感表达的时候特别重要。正如我们在第四章所见，感情和情感纽带具有生物学基础。在我们能够用言语来"交流"之前，我们就学会感受了。发自内心的笑声、打哈欠、提高嗓门都体现出快乐、无聊和愤怒的状态。痛哭流涕或者控制不住的啜泣通常都是悲伤和痛苦的无法调节的反应。在感受到威胁的时候，身体会突然僵硬，我们的体态也会从放松到突然直立。如果一个人发怒的时候，他的肤色也会发生变化。我们会因为窘迫或羞耻而脸红。这些情感的身体表现比通过语言表现得更加可靠，因为身体反应比语言更难以控制。

镜像神经元现象是另一个例子，说明传播是如何依赖于身体去表达情感和感知的。正如霍姆斯指出的"面对面外交的力量"，不停地刺激镜像神经元就会使得一个人激发对别人的情感和意愿，研究人员发现这些都是在面对面互动的时候发生的。[70] 关注体现出来的情感暗示是喜欢闭门与对手谈判的经验丰富的外交官的标志。[71]

同步和夹带

身体传播的另一个重要方面就体现在同步和夹带中。尽管整体主义逻辑视所有的行动都是互动，但是并不是所有的互动都是与别人同步的，至少开始的时候是这样。然而，当人们开始互动，他们倾向于模仿彼此的行为形式和行为节奏。例如，两个交谈的人会在交谈期间模仿彼此的姿态、体态、步态、语音语调、步伐和音量等。正如本章早先探讨的那样，同步性会涉及语言和非语言行为。[72] 我们会不假思索地与人同步，并且意识不到习惯的力量——除非我们发现与人不同步了。当我们重新校正回到同步状态，片刻的窘迫才会产生。行为同步极为重要，因为它使得个人在复杂的社会组织当中可以协调行为。[73]

尽管同步性是可以观察的现象，夹带的却是把人们的行为与别人协同和同步的内在过程。威廉·康登创造了这一术语"夹带"，来描述人们彼此模仿对方动作时的微小动作。[74] 他和同事发现人类两岁的婴儿展示出天生的能力，不论大人说的是什么语言，可以将大人的语言和动作匹配起来。[75] 这种能力不仅是天生的，而且对于我们的生存也是至关重要的。"没有夹带能力，就如同失语症，生活就会变得不可控制，"霍尔在他的书《生命之舞》（*The Dance of Life*）中写道。[76]

尽管同步性对于人类是天生的，但要想在机器或中介传播以及"后人类传播"中去复制它却是最具有挑战性的特质，在"后人类传播"中，人与机器的交流在虚拟现实中超越亲身交流。[77] 即便未来有可能出现"情感上返祖"、先进的人工智能、机器人科学、虚拟人等技术，研究人员也努力在身体传播中去复制细微的传播策略。[78] 在对话的话轮转换中，对于姿势、运动控制、面部肌肉或情感的同步定时是艰巨的任务。话轮之间的沉默持续时间会少于300毫秒。[79]

有些学者认为人类传播是有限的，因为我们都是再现实体。在

《对着空气说话：传播观点史》(*Speaking into the Air: A History of the Idea of Communication*)中，约翰·彼得斯（John Peters）聚焦于语言，这样做与柏拉图哀叹因为思想居于两个不同的肉体而不可能通过对话将两个人的思想统一起来非常相似。[80] 但是，如果我们停下来思考一下生物学的进化论研究和神经科学的前沿研究，有可能正是因为我们体现出实体，我们才能超越对话语言而提高了传播能力。我们的身体在进行传播。

外交和精神领域再次关联

在结束整体主义逻辑的讨论之前，重要的一点是从古人那里注意到外交和传播的整体主义特性，它们不仅涉及可见的物质世界和社会领域，还涉及看不见的精神领域。对于古人来说，神是他们世界里重要的部分。他们的存在是真实的。

古人通常会创造出他们的肉身代表。我们在阿玛纳外交中看到诸神以雕塑的形式出现，由随从陪同参加任务。通过同步吟唱、唱歌和跳舞，宗教仪式可以强力地把审美领域和社会领域以及精神领域密切关联起来。

前殖民时期的北美易洛魁部落提供了一个生动的实例，在外交实践中，他们将精神领域和情感领域混合起来。[81] 根据他们的传统，他们的宇宙创始者故意将人分成两个部落，为的是死亡会降临其中的一个部落，另一个部落将通过复杂的哀悼仪式中的悲痛过程来帮助对方。

与古代外交中精神领域的突出作用形成鲜明对比，探讨当代传播和外交中的精神维度一直是比较少，甚至是故意避而不谈的——直到最近都是如此。整体主义逻辑强调外交中的多重维度，来满足人类社会的需求。

小　结

在本章，我们转向各个古代世界的创世故事和宇宙图来探讨整体主义逻辑的潜在假定和关系世界的动力。正如前几章所探讨的，许多关于整体主义逻辑中传播动力的见解，都来源于亚洲著名的跨文化学者奠定的开创性基础，这些人包括著名的迪萨纳亚克[82]、石井聪[83]、三池义孝[84]和陈国明[85]。

整体主义逻辑把我们对于传播的视野从与情感相连的直接的成对关系拓宽到持续互动的一直扩展中的关系世界。和个人主义逻辑以及共享资源逻辑相同，整体主义逻辑也有自己的一套关系前提和动力。整体主义逻辑依赖的假定是，个人被嵌入先存关系世界，关系世界塑造了传播。保存关系世界的完整性和持续性是传播的基础。在整体主义逻辑中，有助于维持关系世界完整性和持续性的传播或关系动力包括扩展关系和渗透关系、保存多样性、语境敏感、相互适应和协调以及合作导向等。

跨界者需要意识到关系世界如何成为人们合理利用而不是创造的传播和关系结构。个人主义逻辑的自治假定意味着传播者需要技巧学会如何"创立"或"建立"关系。整体主义逻辑的假定认为，个人已经被嵌入先存的关系结构中，这意味着他们——关系者——需要将注意力从创造关系转移到学会和掌握现存关系的社会规则，为的是合理利用更大的复杂的关系世界。最后，考虑到身体传播的重要性，跨界者和学者需要培养意识和技能，监督人类传播这一独特领域。

注释

1. G. S. Kirk, J. E. Raven, and M. Schofield, *The Presocratic Philosophers: A Critical History with a Selection of Texts* (Cambridge: Cambridge University Press, 1983); William Smith, *Dictionary of Greek and Roman Biography and Mythology* (London: Perseus Digital Library, 1873).

2. Robert Thomas Rundle Clark, *Myth and Symbol in Ancient Egypt, new impression* ed. (London: Thames & Hudson, 1991); Vincent A. Tobin, (New York: Peter Lang, 1989); Tobin, "Mytho-Theology in Ancient Egypt," Journal of the American Research Center in Egypt 25 (1988): 169—83; Denise Martin, "Maat and Order in African Cosmology: A Conceptual Toolfor Understanding Indigenous Knowledge," *Journal of Black Studies* 38, no.6 (2008): 951—67.

3. James Evans, *The History and Practice of Ancient Astronomy* (New York: Oxford University Press, 1998); Andrew Gregory, Ancient Greek Cosmogony (London: Bloomsbury Academic, 013); Geoffrey Ernest Richard Lloyd, *Magic, Reason and Experience: Studies in the Origins and Development of Greek Science* (London: Duckworth, 1999).

4. E. J. Michael Witzel, *The Origins of the World's Mythologies*, illustrated ed. (Oxford: Oxford University Press, 2013); David A. Leeming and Margaret Adams Leeming, *Encyclopedia of Creation Myths* (Santa Barbara, CA: ABC-CLIO, 1994).

5. Wyatt MacGaffey, Religion and Society in Central Africa (Chicago: University of Chicago Press, 1986); MacGaffey, "Constructing a Kongo Identity: Scholarship and Mythopoesis," *Comparative Studies in Society and History* 58, no.1 (2016): 159—80; Robert Farris Thompson and J. Cornet, *The Four Moments of the Sun: Kongo Art in Two Worlds* (Washington, DC: National Gallery of Art, 1981); John S. Mbiti, *African Religions and Philosophy* (London: Longman, 1970); Mbiti, *Introduction to African Religion* (Oxford: Heinemann, 1991).

6. Miguel León-Portilla, *Aztec Thought and Culture: A Study of the Ancient Nahuatl Mind*, trans. Jack Emory Davis, rev. ed. (Norman: University of Oklahoma Press, 1990); James Maffie, *Aztec Philosophy: Understanding a World in Motion* (Boulder: University Press of Colorado, 2015); Maffie, "Pre-Columbian Philosophies," in A Companion to Latin American Philosophy, ed. Susana Nuccetelli, Ofelia Schutte, and Otávio Bueno, 9—22 (New York: Wiley & Sons, 2013); Emma Kirk, "Peace in the Chaos: Implications of the Conscious Elimination of Conflict in Divinely Designed and Spontaneous Creation from the Hebrew and Chinese Traditions," PhD thesis, Macquarie University, 2015; Anne M. Birrell, *Chinese Mythology: An Introduction*, rev. ed. (Baltimore: Johns Hopkins University Press, 1999); Mark Edward Lewis, *The Flood Myths of Early China* (Albany: State University of New York Press, 2006); John S. Major et al., eds. and trans., The Huainanzi (New York: Columbia University Press, 2010).

7. Nikos Papastergiadis, "Hiding in the Cosmos," in *Camouflage Cultures: Beyond the Art of Disappearance*, ed. Ann Elias, Ross Harley, and Nicholas Tsoutas (Sydney: Sydney University Press, 2015), 193—200.

8. Fu-Kiau Bunseki, *African Cosmology of the Bantu-Kongo: Tying the Spiritual Knot, Principles of Life and Living*, 2nd ed. (Brooklyn, NY: Athelia Henrietta Press, 2001).

9. Ross Hassig, *Time, History, and Belief in Aztec and Colonial Mexico*, illustrated ed. (Austin: University of Texas Press, 2001); León-Portilla, *Aztec Thought and Culture*; Maffie, "Pre-Columbian Philosophies."

10. Jose Barreiro and Carol Cornelius (eds.), *Knowledge of the Elders: The Iroquois Condolence Cane Tradition* (Ithaca, NY: Northeast Indian Quarterly, Cornell University, 1991), 1—31; Francis Jennings, *The History and Culture of Iroquois Diplomacy: An Interdisciplinary Guide to the Treaties of the Six Nations and Their League* (Syracuse: Syracuse University Press, 1995); Timothy J. Shannon

and Colin Calloway, *Iroquois Diplomacy on the Early American Frontier*, reprint ed. (New York: Penguin Books, 2009).

11. D. M. Dusty Gruver, "The Earth as Family: A Traditional Hawaiian View with Current Applications," in *Philosophy, Humanity and Ecology: Philosophy of Nature and Environmental Ethics*, ed. H. Odera Oruka (Darby, PA: Diane Publishing, 1996), 301—305; Miguel León-Portilla, *The Broken Spears: The Aztec Account of the Conquest of Mexico* (Boston: Beacon Press, 1992).

12. Marco A. Almazán, "The Aztec States-Society: Roots of Civil Society and Social Capital," *The Annals of the American Academy of Political and Social Science* 565, no.1 (1999): 162—75; León-Portilla, *Aztec Thought and Culture*.

13. León-Portilla, *The Broken Spears*.

14. F. Shroff, "We Are All One: Holistic Thought-Forms within Indigenous Societies, Indigeneity and Holism," in *Indigenous Philosophies and Critical Education*, ed. George Sefa Dei (New York: Peter Lang, 2011).

15. Maffie, "Pre-Columbian Philosophies," 11.

16. "Harmony of the Spheres," Ancient Wisdom (blog), accessed April 22, 2021, www.ancient-wisdom.com/harmonics.htm.

17. Kenneth Sylvan Guthrie, *The Pythagorean Sourcebook and Library: An Anthology of Ancient Writings Which Relate to Pythagoras and Pythagorean Philosophy*, ed. David Fideler, rev. ed. (Grand Rapids: Phanes Press, 1987).

18. 由于和谐的重要性，和谐超越了个人经验，暗示需要意识到更大世界的存在。我们可以在印度的佛法、毛利人的"守护"、非洲人的乌班图精神以及儒家的"礼"中看到"宇宙责任"的观念。

19. Maffie, *Aztec Philosophy*, 11.

20. Leeming, *Creation Myths of the World* (2 vols.).

21. Papastergiadis, "Hiding in the Cosmos," 197.

22. 成对关系的独特性和个人特点起到整体主义关系结构中基石的作用，

有助于将其与困扰"集体"理解的抽象概念和非个人概念区分开来。

23. Yoshitaka Miike, "Harmony without Uniformity: An Asiacentric Worldview and Its Communicative Implications," in *Intercultural Communication: A Reader*, ed. Larry A. Samovar, Richard E. Porter, and Edwin R. McDaniel (Boston: Wadsworth, 2012), 71.

24. 关系连通性在时空延伸，可以涵盖所有的关系——不论亲密还是疏远，直接还是间接，看得见还是看不见。即便是遥远的实体也会相连。关系连通性不受限于时间。过去的关系有可能是直接的，例如感受到的祖先神灵，而未来的关系是不可预见的，例如敌人也可能转化成重要的盟友。尽管关系联系的性质会发生变化，永远处于关系连通性的观点依然不变。

25. David Bowles, *Flower, Song, Dance: Aztec and Mayan Poetry* (Lamar, TX: Lamar University Press, 2013).

26. Marieke de Mooij, *Human and Mediated Communication around the World: A Comprehensive Review and Analysis* (New York: Springer, 2014), 98.

27. Richard Fletcher and Tony Fang, "Assessing the Impact of Culture on Relationship Creation and Network Formation in Emerging Asian Markets," *European Journal of Marketing* 40, no.3/4 (2006): 435.

28. Guo-Ming Chen, "Toward an I Ching Model of Communication," *China Media Research* 5, no.3 (2009): 72—81.

29. 对于任何网络内部联系的简单探讨基本上都有重大的缺陷，因为它没有能够说清楚相互关联又各不相同的实体之间动态的、变化的互动性。循环观点准确描述了关系世界的整体主义逻辑。

30. Charles Marsh, "Converging on Harmony: Idealism, Evolution, and the Theory of Mutual Aid," *Public Relations Inquiry* 1, no.3 (September 1, 2012): 313—35.

31. Gou-Ming Chen, "An Introduction to Key Concepts in Understanding the Chinese: Harmony as the Foundation of Chinese Communication," *China Media*

Research 7, no.4 (2011): 3.

32. Richard E. Nisbett, "Living Together versus Going It Alone," in *Intercultural Communication: A Reader*, eds. Larry Samovar, Richard Porter, McDaniel, 134—54 (Boston: Wadsworth, 2009), 135.

33. 再次强调，整体不是随机的或分离个体的集合，而是完整的、密不可分的整体。正是关系纽带使得其如此。因此，我们希望看到或假设熟悉的定义关系和建构关系的动力，例如识别接触点、共现、视角取向、互惠和象征性等。

34. Yaqing Qin, *A Relational Theory of World Politics* (Cambridge: Cambridge University Press, 2018).

35. Qin, *A Relational Theory of World Politics*, 258—88.

36. Xiaotong Fei, *From the Soil, the Foundations of Chinese Society: A Translation of Fei Xiaotong's Xiangtu Zhongguo, with an Introduction and Epilogue* (Berkeley: University of California Press, 1992).

37. Shi-Xu, "Reconstructing Eastern Paradigms of Discourse Studies," *Journal of Multicultural Discourses* 4, no.1 (2009): 34.

38. Rosita Dellios, "Mandala: From Sacred Origins to Sovereign Affairs in Traditional Southeast Asia," Centre for East-West Cultural and Economic Studies, Research Paper No. 10 (2003), http://www.international-relations.com/ rp/ WBrp10. html.

39. Iver B. Neumann and Einar Wigen, *The Steppe Tradition in International Relations: Russians, Turks and European State Building 4000 BCE—2017 CE* (Cambridge: Cambridge University Press, 2018); Neumann and Wigen, "The Importance of the Eurasian Steppe to the Study of International Relations," *Journal of International Relations and Development* 16, no.3 (July 1, 2013): 311—30.

40. Wimal Dissanayake, "The Need for the Study of Asian Approaches to Communication," in *AMIC-Thammasat University Symposium on Mass*

Communication Theory: The Asian Perspective, Bangkok, Oct 15—17, 1985 (Singapore: Asian Mass Communication Research and Information Centre, 1985), 15.

41. Akira Miyahara, "Toward Theorizing Japanese Interpersonal Communication Competence from a Non-Western Perspective," *American Communication Journal* 3, no.1 (2006): 9.

42. Jai B. P. Sinha and Rajesh Kumar, "Methodology for Understanding Indian Culture," Copenhagen Journal of Asian Studies 19 (2004): 89—104; Xu Wu, "Doing PR in China: A 2001 Version—Concepts, Practices and Some Misperceptions," *Public Relations Quarterly* 47, no.2 (Summer 2002): 10—20.

43. Guo-Ming Chen, "An Introduction to Key Concepts in Understanding the Chinese: Harmony as the Foundation of Chinese Communication," *China Media Research* 7, no.4 (2011), 5.

44. William W. Maddux and Masaki Yuki, "The Ripple Effect: Cultural Differences in Perceptions of the Consequences of Events," *Personality and Social Psychology Bulletin* 32, no.5 (May 2006): 669—83.

45. The mandala is adapted from the work of Shamsiddin Kamoliddin, "On the Religion of the Samanid Ancestors," *Transoxiana, Journal Libre de Estudios Orientales* 11 (July 2006), http://www.transoxiana.org/11/ kamoliddin-saman ids. html.

46. Yoshitaka Miike, "Beyond Eurocentrism in the Intercultural Field," in *Ferment in the Intercultural Field,* ed. William J. Starosta and Guo-Ming Chen (Thousand Oaks, CA: Sage, 2003), 243—76.

47. Gou-Ming Chen. "Toward Transcultural Understanding: A Harmony Theory of Chinese Communication," in *Transcultural Realities: Interdisciplinary Perspectives on Cross-Cultural Relations,* ed. Virginia Milhouse, Molefi Asante, and Peter Nwosu (Thousand Oaks, CA: Sage, 2001), 57.

48. Young Yun Kim, "Achieving Synchrony: A Foundational Dimension of

Intercultural Communication Competence," *International Journal of Intercultural Relations* 48 (September 1, 2015): 27—37.

49. 个人主义逻辑认为通过对话、演讲、语言和共同的理解来达成共性。

50. 共同协调和适应的整体主义重要性反映在传统文献和学术研究的"自我修养"和"其他方向"等参考文献中。Guo-Ming Chen, "Asian Communication Studies: What and Where to Now," *Review of Communication* 6, no.4 (2006): 295—311; Chen, "Toward an I Ching Model of Communication"; Miike, "Harmony without Uniformity." 儒家学问要求人们不停地自我修养以达到自我的创造性转变。连通性和协同暗示通过改变自我来实现改变别人或影响别人。一旦个体发生了变化，连通性就会迫使另一方也作出改变或协同。

51. Geoffrey Cowan and Amelia Arsenault, "Moving from Monologue to Dialogue to Collaboration: The Three Layers of Public Diplomacy," *The Annals of the American Academy of Political and Social Science* 616, no.1 (2008): 10—30.

52. Cowan and Arsenault, 10.

53. Xu Wu, "Doing PR in China: A 2001 Concepts, Practices and Some Misperceptions," *Public Relations Quarterly* 47, no.2 (2002):11.Notes 199.

54. 阴阳符号具有解说性。秦亚青称阴阳关系是"关系中的关系，"或者是"元关系"，关于其讨论详见 Qin, *A Relational Theory of World Politics*, pp. 169—94; 关于"变革中的持续"，也参见 Qin, "International Society as a Process: Institutions, Identities, and China's Peaceful Rise," *The Chinese Journal of International Politics* 3, no. 2 (June 1, 2010): 140—41。

55. Usha Vyasulu Reddi, "Communication Theory: An Indian Perspective," *Media Asia* 13, no. 1 (January 1986), 25—28.

56. Nan Lin, "Building a Network Theory of Social Capital," *Connections* 22, no. 1 (1999): 28—51.

57. Di Wu, "Assessing Resource Transactions in Partnership Networks: US 100,000 Strong Network of Public Diplomacy," *Public Relations Review* 42,

no. 1 (March 2016): 120—34; Maureen Taylor and Michael L. Kent, "Building and Measuring Sustainable Networks of Organizations and Social Capital: Postwar Public Diplomacy in Croatia," in *Relational, Networked, and Collaborative Approaches to Public Diplomacy*, ed. R. S. Zaharna, Amelia Arsenault, and Ali Fisher (New York: Routledge, 2013), 103—16.

58. Qin, "A Relational Theory of World Politics," *International Studies Review* 18 (2016): 37—39. 谈及"关系性逻辑",施旭(Shi-Xu)写道:"社会同自然的内在联系与和谐的本体论与价值论……会使一个人在与他人的关系中努力争取人性 (humanness)。" ("Reconstructing Eastern Paradigm," 38)

59. Mbiti, *African Religions and Philosophy*, 109.

60. Confucius, *The Analects*, trans. William E. Soothill, Dover Thrift ed. (New York: Dover Publications, 1910).

61. 例如,参见 Shi-Xu, "Reconstructing Eastern Paradigms,"; Qin, "A Relational Theory of World Politics"; Chen, "A Harmony Theory of Communication"。

62. Katherine A. Cronin et al., "Hierarchy Is Detrimental for Human Cooperation," *Scientific Reports* 5, no. 1 (December 22, 2015): 18634.

63. Melvyn L. Fein, *Human Hierarchies: A General Theory* (New Brunswick: Transaction Publishers, 2012); Christopher Boehm, *Hierarchy in the Forest: The Evolution of Egalitarian Behavior*, rev. ed. (Cambridge, MA: Harvard University Press, 2001); Steven Peterson and Albert Somit, *Darwinism, Dominance, and Democracy: The Biological Bases of Authoritarianism* (Westport, CT: Praeger, 1997); Harold J. Leavitt, "Why Hierarchies Thrive," *Harvard Business Review* 81, no. 3 (2003): 96—102, 141.

64. Shuang Liu, "Hierarchy (Dengji)—A Pyramid of Interconnected Relationships," China Media Research 7, no. 4 (2011): 77—84.

65. Leavitt, "Why Hierarchies Thrive."

66. Leavitt, 102.

67. Chen, "An Introduction to Key Concepts in Understanding the Chinese."

68. 物质存在包括精神领域。在古代世界，神被认为是真实存在的。古人通常创造一些象征性符号，来体现其物质存在。正如我们在阿玛纳外交中所见，神以雕像形式出现，护佑使节执行任务。关于神的作用，详见 Lafont, "International Relations in the Ancient Near East," 41—44。

69. Edward T. Hall, Beyond Culture (New York: Anchor Books, 1976); Hall, *The Dance of Life: The Other Dimension of Time* (New York: Anchor Books, 1984); Jürgen Streeck, "Embodiment in Human Communication," *Annual Review of Anthropology* 44, no.1 (2015): 419—38; Ipke Wachsmuth, Manuela Lenzen, and Gunther Knoblich, "Introduction to Embodied Communication: Why Communication Needs the Body," in *Embodied Communication in Humans and Machines*, ed. Ipke Wachsmuth, Manuela Lenzen, and Guenther Knoblich (New York: Oxford University Press, 2008), 1—28.

70. Marcus Holmes, "The Force of Face-to-Face Diplomacy: Mirror Neurons and the Problem of Intentions," *International Organization* 67, no.4 (October 2013), 838—41.

71. Harold H. Saunders, "The Relational Paradigm and Sustained Dialogue," in *Relational, Networked and Collaborative Approaches to Public Diplomacy*, ed. R. S. Zaharna, Amelia Arsenault, and Ali Fisher (New York: Routledge, 2013), 132—44; Marcus Holmes, *Face-to-Face Diplomacy: Social Neuroscience and International Relations* (Cambridge: Cambridge University Press, 2018).

72. Fred Cummins, "Voice, (Inter-) subjectivity, and Real Time Recurrent Interaction," Frontiers in Psychology 5 (2014): 760. doi: 10.3389/fpsyg.2014.00760.

73. Jorina von Zimmermann and Daniel C. Richardson, "Verbal Synchrony and Action Dynamics in Large Groups," *Frontiers in Psychology* 7, no.2034 (December 26, 2016): 1—10, doi: 10.3389/fpsyg.2016.02034.

74. William S. Condon and Louis W. Sander, "Synchrony Demonstrated

between Movements of the Neonate and Adult Speech," *Child Development* 45, no.2 (1974): 456—62.

75. Condon and Sander, "Synchrony Demonstrated."

76. Hall, *The Dance of Life*, 177.

77. N. Katherine Hayles, *How We Became Posthuman: Virtual Bodies in Cybernetics, Literature, and Informatics* (Chicago: University of Chicago Press, 1999); Ray Kurzweil, *The Singularity Is Near: When Humans Transcend Biology* (New York: Viking Press, 2005).

78. Marc Fabri, David J. Moore, and Dave J. Hobbs, "The Emotional Avatar: Non-Verbal Communication between Inhabitants of Collaborative Virtual Environments," in *Gesture-Based Communication in Human-Computer Interaction*, ed. Annelies Braffort et al (Berlin: Springer, 1999), 269—73.

79. Gregor Schoner, "Embodied Communication: Looking for Systems That Mean What They Say," Robohub. March 14, 2014, https://robohub.org/embodied-communication-looking-for-systems-that-mean-what-they-say/.

80. John Durham Peters, *Speaking into the Air: A History of the Idea of Communication* (Chicago: University of Chicago Press, 2001), 33—45.

81. Barreiro and Cornelius, "Knowledge of the Elders"; Jennings, *The History and Culture of Iroquois Diplomacy; Shannon and Calloway, Iroquois Diplomacy on the Early American Frontier.*

82. Dissanayake, "The Need for the Study of Asian Approaches to Communication"; Dissanayake, "Nagarjuna and Modern Communication Theory," *China Media Research* 3, no.4 (2007): 34—41; Dissanayake, "The Desire to Excavate Asian Theories of Communication: One Strand of the History," *Journal of Multicultural Discourses* 4, no.1 (March 2009): 7—27.

83. Satoshi Ishii, "Conceptualising Asian Communication Ethics: A Buddhist Perspective," *Journal of Multicultural Discourses* 4, no.1 (March 2009): 49—60;

Ishii, "Enryo-Sasshi Communication: A Key to Understanding Japanese Interpersonal Relations," Cross Currents 11, no.1 (1984): 49—58; Ishii, "Complementing Contemporary Intercultural Communication Research with East Asian Sociocultural Perspectives and Practices," *China Media Research* 2, no.1 (2006): 13—20.

84. Yoshitaka Miike, "Asian Contributions to Communication Theory: An Introduction," China Media Research 3, no.4 (2007); Miike, "Non-Western Theory in Western Research? An Asiacentric Agenda for Asian Communication Studies," *Review of Communication* 6, nos. 1 and 2 (2006): 4—31; Miike, "New Frontiers in Asian Communication Theory: An Introduction," *Journal of Multicultural Discourses* 4, no.1 (2009): 1—5; Miike, "Theorizing Culture and Communication in the Asian Context: An Assumptive Foundation," *Intercultural Communication Studies* 11, no.1 (2002): 1—22; Miike, "Harmony without Uniformity."

85. Guo-Ming Chen, "A Model of Global Communication Competence," *China Media Research* 1, no.1 (2005): 3—11; Chen, "Toward an I Ching Model of Communication"; Chen, "An Introduction to Key Concepts in Understanding the Chinese."

第六章　强化协作
——言语、情感和同步性

当我们在全球范围看待传播和外交的视野，可以利用三个逻辑的不同长处，每一个长处对于另一方来说都是优点，从而拓展我们的演化能力，在多样和互联的世界进行协作。

随着故事的深入，曾经有一位苏丹试图解决到底是希腊人还是中国人是更出色的工匠的问题。[1] 他在宫殿里面给每一组工匠一间房间，让他们展示手艺。这两间房间门对门，被一个帘子隔开，没有哪一方能够看到另一方的工作。中国工匠用不同的颜色粉刷了墙壁。希腊工匠则清洗并抛光了墙壁，使得其看上去锃光瓦亮。在比赛的结尾，苏丹拉开了帘子。令所有人惊诧的是，中国工匠粉刷的令人赞叹的墙壁看上去栩栩如生，因为这些颜色从希腊工匠抛光的墙壁的镜面中反射出来。

　　这个故事体现了本章的目标：表明这三个逻辑独特的优点都反映彼此能够创造出传播和公共外交的泛人类视野。苏丹故事的一个要点就是反射。没有精致的粉刷，抛光的墙壁只会闪闪发光，其表面是空白的。没有抛光的表面，粉刷的墙壁只是好看而已，缺少在灯光下跳跃的五光十色。这个反射突出了各自的优点，让它们能够超越自身的限制。

　　相似地，用全球视野去看待我们的传播经验也就是看待协调一致的三个逻辑，让它们能够反映彼此的优点。按照此前分离的心态，这三个逻辑将被看作分离的，比较之下形成相互排斥的范畴。在本章，我们有意地通过互联性和多样性的双重力量来看待这些逻辑。首先，我们概览一下这三个逻辑。其次，我们聚焦于每一个逻辑的独特优点，然后使用混合技巧将其叠加在其他逻辑的方方面面。我们从个人主义逻辑中语言的力量开始，将其和关系主义逻辑以及整体主义逻辑的元素进行混合。我们继续探讨关系主义逻辑中的情感力量，接着探讨整体主义逻辑中的同步性力量。

　　混合逻辑的目标是帮助传播经验创建一个广泛的、泛人类的视野。混合逻辑的过程也有助于我们从简单学习不同的视角（learn about）（即分别学习如何与个人合作），发展为从不同的视角中学习（learn from）（即学习如何与别人协同）。正是通过结合不同的视角的协同过程，创新才能够发生。协同让这三个逻辑彼此映衬，并且互相提升，就像工匠们互补的作品那样。

通过混合走向全球化

我们翻开此书的时候，号召跨界者重新思考传播和公共外交，意图超越分离心态，走向能合理利用连通性和多样性的心态。照此方向，第一步就是勾勒这三个逻辑。我们的主要问题是：如何将连通性和多样性的心态应用到三个逻辑之中，从而提高我们对于合作的演化能力？

前三章勾勒出传播逻辑的前提、假定、动力，凸显出它们各自鲜明的优点。个人主义逻辑表明了语言的力量，它是人类传播中的自我表达和说服的主要特征。关系主义逻辑突出人类传播中的感情和纽带的力量。整体主义逻辑描绘了人类传播中的互动协同和和谐的多样性力量。通过总结，表6.1提供了三个逻辑的概览。

表 6.1　三个逻辑概览

	个人主义逻辑	关系主义逻辑	整体主义逻辑
视觉体现	线性箭头（→）	无限符号（∞）	宇宙圆圈（○）
传播定义	传播者	关系纽带	关系世界
传播的重要性	赢得人心	增强关系纽带	保存整体和谐
传播动力	传播者	接触点	拓展关系
	信息	非言语行为	保存多样性
	媒介	情感表达	语境敏感
	受众	视角取向	相互适应
	目标导向	互惠	变化和连续性
	可衡量性	象征性	合作导向

某种程度上，这个表格有助于凸显每一个逻辑的动力。但是，这个表格的结构正好被切分开来，呈现线性结构，强调了人性的分

野。概念类别，如同序言部分所说，都是由差异定义的，有助于界定边界。当我们总览全书，跨文化交际模型的概念是基于分离的心态。传播学者长期聚焦于识别和地缘有关的文化中的不同的行为和模式，例如个人主义倾向和集体主义倾向，"中国传播"和"美国传播"。这些传播的不同的文化和民族模式都是按照线性光谱来排列的，暗示传播的全球视野，正如霍夫斯泰德在他的模型里做的那样。[2] 创建类别并进行比较往往是跨文化交际止步的地方。

　　遵循这种做法并将三个逻辑划分为不同的类别是很有诱惑力的。每一个逻辑似乎都是不同的——的确如此。个人主义逻辑的传播动力（传播者、信息、媒介、受众和效果）有别于关系主义逻辑的传播动力（接触点、非言语行为、情感表达、互惠、视角取向、象征性），也有别于整体主义逻辑的传播动力（见表6.1）。另外，这些逻辑似乎和不同的文化产生协同效应。个人主义逻辑和美国和英国的视角遥相呼应。关系主义逻辑也和欧洲大陆、中东地区以及拉美地区的文化遥相呼应。整体主义逻辑也会和亚非的文化产生协同。

　　但是，将三个逻辑放在不同的类别会使得我们把分离的心态永久保存下去。没有用宽广的视角去看问题，我们再一次用传播模板的地缘文化变量来看问题。没有用人际传播的泛人类动力来看待问题，我们再一次把人放在静态的类别考察。我们很容易对互动形成刻板印象。

　　除此之外，如果我们仔细探讨，这几个逻辑的传播动力——尽管各自特色鲜明——对于任何单一的文化或国家或逻辑来说都是互相排斥的。例如，信息在个人主义逻辑中是非常重要的。但是，信息对于个人主义逻辑的排斥还不如情感排斥关系主义逻辑那样。共有的或重叠的特征通常是通过维恩图来体现的。虽然维恩图暗示了连通性，但分离的区域保存着分离的心态。

理论上来说，类别会重合交叉。但是，人总是会超越类别的。现实中，当人们交流的时候，他们并不会重合，只会彼此互动。当人们互动的时候，他们不会以行为的静态的文化类别互动，而会互相混合和适应，来共创传播经验。我们需要以同样的方式来看待这些逻辑——不能当作分离的类别，而是以互动的动力来看待它们。

跨界者从现实来看，全球化推广传播意味着有意识地或许创造性地分层和混合三个传播逻辑。例如，个人主义逻辑的信息可以和关系主义逻辑的互惠以及视角取向混合起来，也可以和整体主义逻辑的相互适应混合。图 6.1 从视觉上描述了三个逻辑混合在一起的样子。线性箭头（→）的代表着个人主义逻辑，无限符号（∞）体现着关系主义逻辑的纽带重要性。宇宙圆圈（○）反映着整体主义逻辑。

图 6.1　三个逻辑混合

资料来源：作者提供。

混合这些符号有助于凸显从"了解别人"转向"向别人学习"，正如三池义孝倡导的那样，为的是为传播经验的动力创建一个全球视野。当我们混合这三个传播逻辑的时候，我们会积极地从这不同的视角和知识遗产中学习，去培养一个综合的、泛人类的传播视野。

从下面的讨论中我们可以看出，我们越是能够把更多的传播动力与三个逻辑中的传播经验进行增添和混合，我们的经验越有可能和范围广泛的人性遥相呼应。下面三节凸显三个逻辑的优点，然后和其他两个逻辑混合传播动力。我们从个人主义逻辑开始探讨。

个人主义逻辑：语言的力量

在 2018 年 8 月，一位名叫格蕾塔（Greta）的瑞典少女从学校请了一天的假去抗议气候变化，也就是她称的气候危机。几个月以后，她又在第 24 届联合国气候变化大会上（COP24）发表了简短有力的演讲。她继续在社交媒体上发表迅速走红的激情演讲，激励了全世界上百万的人。在一年多的时间里，在 2019 年 12 月，《时代》周刊选择格蕾塔·通贝里（Greta Thunberg）作为年度人物，把她的声名鹊起描述为"历史上速度最快获得全球影响力的人"，并且把她比拟为其他引领全球变化的人，例如曼德拉和甘地。[3]《时代》周刊将格蕾塔·通贝里现象列为"青年权力"。但是，我们知道今天世界上有很多的青年环保活动家。让格蕾塔引人注目的是她的出色的演讲能力——这是在一位少女身上意料之外的力量，不怕独行，敢于发声。她的演讲能够获得全球的关注说明人类传播中的个人主义逻辑的适用性和重要性。作为文化特质的个人主义和特定的文化或国家密切相连，而演讲的力量却是人的鲜明特征。

个人主义逻辑的主要优点就是语言的泛人类力量：通过口头或书面语的力量能够唤起别人的注意力和想象力。我已经使用了箭头符号（→）来表明语言力量的直接性。在专著《论财产交换》

（*Antidosis*）中，古希腊修辞学家伊索克拉底宣称正是说服性的语言才是将人类文明和动物王国区分开来的：

> 因为我们天生就有能力互相说服，而且能够互相说明自己的愿望，我们不仅仅逃脱了野兽一般的生活，而且能够团结起来，建立城市，制定法律，创造艺术。通常来说，没有语言力量的帮助，人类就无法设计出任何制度。[4]

公共演讲和其他的演讲艺术在世界各地都受到重视。古往今来，在人们聚集的公共广场、露天广场和集贸市场上，讲故事的人和诗人也在那里娱乐群众，振奋人心。在人类历史上，公共演讲的口才历来都是外交官和政治领袖具有的特殊的才能。在古代世界，希腊城邦把最出色的演讲家派出去担任大使或驻外代表。[5]在古代印度，考底利耶（公元前322—298年）的《政事论》规定外交的职责依赖于外交官作为代表、传信者、传播者和谈判者的口才。[6]相似地，在亚洲的同一时期，正如陈文颖所说，越南所有的驻北京公使都是顶尖的诗人和作家——"尤其是那些生来聪慧、天赋机敏的人"[7]。他还讲述了越南民间故事中几个有关能言善辩的幽默故事。

语言的力量无可辩驳地和人类的进化发展有关。[8]如果把语言的力量从个人层面延伸到成对的关系层面，我们有机会碰到世界各种各样的辩论、对话和辩证法中的演讲传统。当我们进入社会层面，我们会碰到另一个泛人类现象，那就是讲故事。讲故事和我们协作的进化能力密切相关。[9]

我们对于故事的热爱——从对童年睡前故事的喜爱到对解释

世界存在的创世故事的痴迷——让我们获得了人类叙事的称号。[10]
《讲故事的动物：故事造就人类社会》一书的作者乔纳森·歌德夏
（Jonathan Gottschall）认为，故事的永恒魅力反映在讲故事的多种形
式上，从岩画到口头吟唱，从复杂的歌剧到"脸书"的故事发布。[11]

故事绝不止娱乐人们。故事有助于我们理解社会。根据研究人
员的说法，故事可以反映人脑如何将信息结构化的："正如同大脑可
以以视觉形式的模式觉察自然界那样——一张脸、一个人物、一朵
花，也可以以声音形式，觉察信息中的模式。故事就是可识别的模
式，在这些模式中，我们发现了意义。"[12] 讲故事的能力在正常成长
的 24 个月大的儿童中就会出现——这个年龄恰逢断奶期，儿童需要
扩大社交圈。语言能够为世界贴标签，而讲故事让这个世界充满了
意义，让我们在世界上找到自己的位置，就如同在宇宙故事里那样。
故事情节的信息结构在教育中非常有用。

故事可以教会我们形式标准，这为社会团结和合作打下基础。
科（Coe）和她的同事关注到故事的代代相传的进化能力。[13] 正如他
们所说："鼓励创新、合作、克制、牺牲……的故事直接关系到社会
关系的形成，这对于我们人类物种至关重要。"[14] 我们可以在古代文
本中看到依赖讲故事进行社会教育，例如《伊索寓言》《薄伽梵歌》
《圣经》等。它们为我们设立了道德规范。

因此，讲故事提供的不仅仅是意义，也是一种与别人在世上相
处的方式——在故事的信息里混合了个人主义逻辑和整体主义逻辑，
因为故事可以提高社会团结。

最后，讲故事可以提高我们理解自身之外的更大的社会语境。
史密斯（Smith）和他的同事注意到讲故事和协作的演化能力之间的

联系。[15] 研究人员发现人们在合作的时候犹豫不决，因为他们并不确定别人会怎样行动。教导人们如何采取行动是不够的，协调就意味着懂得别人也会知道采取什么样的行动。故事解决与别人的协调问题，提供指导行为的"元知识"。研究人员得出结论："讲故事可以在人类合作的演化进程中扮演着重要的作用，通过传播社交模式和合作模式，协调群体行为。"[16]

我们许多人本能上感受到讲故事的泛人类魅力。新颖之处在于语言、故事和协作能力之间的关系。语言的力量代表着个人层面的传播观，讲故事的魅力代表着社会层面或人类层面的传播。

通过讲故事强化协作

跨界者如何利用语言的力量和讲故事的力量，在人类中心的外交中提高协作能力呢？个人主义逻辑为其中的一个维度或传播逻辑奠定了基础。我们需要做的就是将其和其他两个逻辑混合起来。我们先探讨一下个人主义逻辑的长处，然后如同工匠们的墙面反射那样，在关系主义逻辑和整体主义逻辑的反射中层层讨论它们之间的关系。

网络愿景

语言的力量是个人主义逻辑的长处，逻辑基本上就是关于如何表达和分享信息的。提高分享跨越时空的观点的模式和方法是非常宝贵的，正如我们在第一章所见，早期的希腊外交官都是利用公共演讲的修辞技巧作为技术创新，把信息分享从人际层面提高到公共论坛。对于当代以国家为中心的公共外交来说，大众媒介将信息分享从公共论坛扩展到媒介的国家层面和国际层面。随着社交媒体工具的出现，我们看到网络传播中的公共外交的平行上升，从而在全球层面实时地分享信息。[17]

网络尽管在分享信息上有着战略优势，与人联系的观念恰恰被认为是一个制约因素。安妮·斯劳特（Anne Slaughter）是规划美国外交的网络方法的早期倡导者。她在最近的著作《棋盘和网络》（*The Chessboard and the Web*）中，呼吁用"连通战略"来使得国家可以处理全球性问题。[18] 在日益上升的支持个人的单干主导模式的民族主义和地区主义的背景下，一些读者向其提出了许多问题。[19] 网络连接依然会带来好处，但是，它们也充满危险，包括对于独立选择能力的制约。相互竞争的个人需要一个联盟来制约独立选择能力。[20]

为了拓展我们对于网络的构想，感受其潜在的好处，我们需要扩大视野，包括另外两个逻辑的元素。整体主义逻辑恳请我们把视角从个人层面提高到整体层面。大多数研究都是以自我为中心的网络分析。国际研究领域事实上充满了以自我为中心的网络分析，而全网分析相对而言就很少见。[21] 全网视角对于所有参与者采取一种俯瞰视角。从整体主义逻辑的视角来看，或者是从全网观察点来看，很明显，不论国家还是其他参与者欣赏与否，它们都已经联系在一起了。这不再是否要选择联系，而是人们如何从战略高度塑造那些联系。

关系主义逻辑通过凸显情感，给理解网络带来了另外一个维度。分享信息和与人互动远不止关于连接节点的网络密度问题。反复的分享和与人互动能够增强情感纽带，创造和别人和社会的归属感，更重要的是，为信任打下基础。重要的一点是，尽管研究人员经常谈到网络，网络尤其是社交媒体网络中的人通常自称为共同体。[22]个人独立选择能力的感觉常常被作为更大整体的一部分的感觉而增强。例如，筹款倡议就是基于这种与比自己更伟大的事业联系在一起的感觉运转的。

当我们把整体主义和关系主义逻辑增添到我们对于网络的思考中去的时候，我们可以看到公共外交不同目的层面有更大的网络范畴。[23]网络不仅仅用来传播信息、培养意识、发出倡议，我们创造协作网络，其中的信息共享会产生新思维、新知识、新的解决问题方法，甚至激发新的共同体感情。

协作式故事构建和共振叙事

在以国家为中心的公共外交中，研究中的一个创新之处就是由米斯基蒙、奥洛林和罗塞尔提出的开发战略叙事。[24]学者说，政治参与者使用战略叙事"来增加影响力，管理期待值，改变运行的话语环境等"[25]。

战略叙事利用讲故事的魅力，让信息容易被消化，增加认知优势。战略叙事在网络和数字社交媒体上悄然流动。外交中的叙事和网络的天然联系由阿奎拉（Arquilla）和朗斐德（Ronfeldt）提出，在 20 世纪晚期，他们就预测未来的信息战就会是关于"谁的故事会获胜"[26]。

尽管讲故事会很理想，讲故事的战略特性反映出利用一种传播逻辑的局限性。战略叙事的几个方面使得它并不令人满意，在提高协作能力和人类中心的外交中具有反作用。首先，战略叙事按照定义，具有战略意义，因为它具有预定的目标，旨在产生影响力。另外，那个目标基本是受到需求、利益、个人参与者的形象驱动的。

实现这些目标可能要以牺牲别人的利益为代价——显示出个人主义逻辑的缺点。这样的竞争策略——"谁的故事会获胜"的问题——就是关于维持自己战略叙事的优势。最后，战略叙事被当作预先设计的产品，而不是共创的有机过程。

尽管战略叙事受限于其只依赖唯一一种逻辑，我们也可以提高叙事，或讲故事的全球关注度，增加关系主义和整体主义逻辑的元素，创建我们所说的"共振叙事"。共振叙事充满了人类的感情，由整个人类网络的不同成员共创出来。从关系主义逻辑的情感元素和整体主义逻辑的同步性得来的共振叙事有着与依赖于个人主义逻辑的战略叙事不同的动力和个人性。

我是在后"9·11"研究期间注意到这个动力。鉴于各国专注于利用大众传媒构建软实力，非政府组织似乎正在利用网络传播创建软实力，来影响全球政策进程。[27] 观察同一时期的国家公共外交，政府运营的大众传媒似乎成为选择工具，目标是向公众传播说服性的信息。战略上，国家试图控制信息。有趣的是，非政府组织，例如禁止地雷运动等，缺少强大的大众媒介工具。我会利用这个例子来做案例研究。这个运动反过来依赖于见面和简单的传真机器来互相联系。在此过程中，人们可以看到他们不仅仅是建立一个网络，而是某种形式的网络化的传播战略。

网络传播战略的很大一部分就是建构故事。网络结构提供了信息流通的方式。随着反地雷联盟的成员之间的互动，他们会共创自己的叙事。他们一起用故事建构一个扩大的叙事，这个叙事关于作为共同体他们是谁（他们的身份）以及他们想干什么，在一起能取得什么（他们的目的）。这个叙事不是预定的或由某个参与者传播的——它是由整体主义逻辑想象中的关系世界共创的。在叙事身份和目的共创之外，还有情感维度。讲故事和故事建构创建了一种共同身份感和共同归属感。在参与故事的创建过程中，他们把自己定义为共同体。

正如我们所见，通过把关系主义逻辑和整体主义逻辑并置，而不是仅仅关注个人参与者创建的战略叙事，我们会得到共振叙事，它是在关系世界内共创，由情感纽带增强。共振叙事并不是预先设定的产品，而是人们在智力上、情感上、身体上互动，共创叙事的有机过程。

尽管共振叙事大量存在，一个生动的例子却来自 2011 年发生的"阿拉伯之春"。席卷突尼斯、埃及、也门、巴林、利比亚和叙利亚的公众起义一开始就宣称为"社交媒体革命"。[28] 评论员和研究人员聚焦于新数字技术的——新媒体——新兴力量，它使得人们可以迅速分享信息，组织抗议活动。帕帕克瑞斯（Papacharissi）和法蒂玛·欧里维拉（Fatima Oliveira）将人们的注意力从媒体工具转移到人们分享的信息上。[29] 情感就显得非常突出。人们分享个人故事，"把情感和意见混合，把戏剧和事实混合"，创造出学者所说的"情感新闻"。[30]

他们说这些情感新闻需要大量的人员参与，方便人们联系，维持团结。在后来的研究中，帕帕克瑞斯继续暗示并不是新闻激发起情绪性反应，而是因为公众本身就是情绪性的。在《情感公众》（*Affective Publics*）一书中，他凸显了个人故事的力量，可以创建感情联系。"数字传媒把我们通过网络联系起来，我们却是通过故事把彼此联系起来的。"[31] 在埃及骚乱期间，我们可以看到在"脸书"中固有的共振叙事的协同性效应。谷歌前高管瓦伊尔·高尼姆（Wael Ghonim）偷偷地把一个名叫哈立德·赛义德（Khaled Said）的年轻人的照片发布出来，这个年轻人被警察粗暴殴打。他的"脸书"主页名称就叫"我们都是哈立德·赛义德"[32]。高尼姆隐藏了他的身份。没有自己独自管理这个故事发布，他鼓励那些看过这些照片的人加入进来，扩大抗议屠杀行径的故事，并将他们自己的故事添加到他的故事下面。几周之内，通过这样协作力量有机增长的共振叙事导致独裁领导人被罢免，其统治埃及已经长达四十多年。

在公共外交中，共振讲故事可能是以人们共事或协作的方式，以自然且有机快速增长方式出现。在其他情况下，共振叙事的种子已经被播下，如同哈立德·赛义德的案例那样。不论哪种方式，共振叙事和战略叙事的重要差异就在于协作和故事建构方面。

关系主义逻辑——情感的力量

格蕾塔·通贝里迅速走红不仅仅是语言的力量，它也显示出情感的力量，要与人联系，感动别人去采取行动。情感是关系主义逻辑的中心和重要的优点。通贝里的语境被描述为"充满情感"并且"激情四射"，用表达情感的词语来说简直就是"入木三分"。她自己也经常被人使用带有情感的词语进行描述。当美国总统特朗普把她描述为"愤怒的小女孩"，她就转述这个评价到自己的推特简介上去了。她用强烈的情感表达诉求，来增强自己的情感强烈的词语。

关系主义逻辑凸显人类情感的力量——爱、恨、愧疚、羞耻和成功——贯穿于人类的经验和传播中。强调各方的感情纽带可以用无限符号（∞）来象征。像语言一样，情感是泛人类的或世界范围的。但是，和语言不一样的是，情感在用语言无法表达的感觉领域（神经化学冲动）茁壮成长，依赖于身体表达。正如第四章探讨的那样，我们所说的情感实际上就是神经化学信号的激增，和好的情感关联（接近），和坏的情感也有关联（避免）。有鉴于演讲与语言能力以及抽象能力有关，这也是大脑皮层结构的一部分，情感位于边缘区域，并且没有语言能力。[33] 把感受到的经验转换成语言，就是通过学习掌握的传播技能或天赋。问问诗人就知道了。

因为情感表达并不是唯一依赖于语言表达，它可以跳过语言障碍，使得和别人建立纽带非常便利，便于塑造个人和集体的身份，提供本能的认知。情感在传播中的这些多重作用是关系主义逻辑的独特贡献。

情感在结成纽带和感知上形成的力量支持关系主义逻辑的每一个动力。例如，如果我们看看接触点，基于情感反应，人们会在短短的四秒之内得到"第一印象"。[34] 我们和别人在认知上相连，对他们的话表示赞同，但是，我们最终还是基于我们的感受去信任或结成纽带。那些通过初步接触得来的感受通过关系主义逻辑的其他动力得到促进，包括视角取向、互惠和象征性。

2020 年的动荡时期充分展示出情感是泛人类现象，尤其是在与疫情有关的例子当中。首先，几乎在爆发之初，我们在社交媒体上看到广泛的、发自内心的情感表达。在"保持社交距离"对情感造成的不良影响中的一个有力例证就是一张医生的照片，他依然穿着手术服，通过玻璃窗和年幼的儿子保持联系。[35] 父子俩相互伸出手隔着玻璃的感人的照片迅速在网络走红（见图 6.2）——首先在"脸书"上，然后在主流媒体上。自发地与人分享充满情感的照片和视频反映出我们哺乳动物大脑的深刻需求，需要与人保持联系，尤其是在感受到威胁的时候。

图 6.2　2020 年 3 月 25 日，疫情期间发布于"脸书"上的医生和儿子隔离的照片
资料来源：经过阿莉莎·伯克斯（Alyssa Burks）的许可翻印。版权所有。

其次，随着致命的病毒的肆虐，满带恐惧、悲伤和伤心的图片也满天飞，世界各地的家人分享失去了他们的母亲、父亲、儿子、女儿、祖父母和其他挚爱的人。情感因素是早期研究人员发现的鲜明特征，这些研究人员试图理解是什么使得这些内容在社交媒体上走红的。[36] 社交媒体的情感氛围可以提高网络上的情感表达。[37] 但是，区分也很明显：并不是因为材料充满情感而内容走红，而是因为人是充满情感的动物，容易被充满情感的内容吸引。人类的情感是社交媒体用户的磁石，在疫情紧张期间被证实是高度关联的准则。

第三，在疫情期间，人们发布的充满感情的内容是面向全世界的，而不是面向全国或某个地区的。人们基于感情的力量点评、转发、分享，例如那些反映两名卫生工作者在神秘的病毒暴发之后相拥在一起的照片。重要的是，向全球分享充满情感的内容行为本身就意味着来自不同民族地区和文化的人们能够从和自己差异很大的别人身上看出情感表达。

当我们在社交媒体上看到大量图片的时候，这样的观察结果很明显，即人们很容易识别和回应他人的情感表达，包括对那些和自己差异很大的人。但是，引人注目的是全球疫情流行期间，它带有21世纪的技术和我们发自内心的行为，展示人类情感和情感表达的与生俱来的泛人类特性。几千年前的古代的梵文和中文文本都表达了他们对于泛人类情感的信念。[38]

进化生物学家查尔斯·达尔文在19世纪末做过类似的观察。他在没那么著名的著作《人类和动物的情感表达》一书中，详细记载了全球范围人类社会情感表达的相似性。[39] 在书中，他令人信服地坚持认为人类情感表达的天生特性，记载了盲童和视力正常的孩童一样如何做出相似的面部表情。

当达尔文的书在公众中流行起来的时候，文化人类学家会挑战人类情感表达的统一性，认为情感不是天生的，而是文化习得的结果。[40] 文化相对论坚持认为就如同每一种文化都有自己的口头语言一样，每一种文化也有自己情感表达的独特语言。在 20 世纪的大部分时间里，情感都被认为是存在于具体的文化里的，是相互促进的结果，不是天生的结果。[41]

在 20 世纪 60 年代，保罗·埃克曼（Paul Ekman）和他的同事开始研究不同文化中的情感表达。[42]经过反复研究，他们发现不同地区和文化的人会认识几种基本的情感。但是，展示情感的规则却大相径庭，比如何时何地和人发怒。今天，争议已经浮现出来。但是，流行的看法还是情感表达是天性和相互促进的结合产物。[43]

达尔文的著作中引人注目的是他观察到情感表达和我们作为物种的进化能力是有关的。相比于口头表达，情感表达的自发性和直接性使得它是非常高效的传播形式，尤其是在生命受到威胁的时候。情感有能力团结群体成员，提供舒适感受，便于互助。对于达尔文来说，同情心和同伴情谊是道德行为的驱动力，指导人类成为"社会性动物"。[44]

许多文化传统挑选同伴情谊作为人性的重要特征。中国先贤孟子论人性的文章给我提供了生动的例子。孟子讲了一个寓言故事，关于一个快要落入水井的小孩的故事。[45]孟子说看到处于危险之中的孩子会让人们大脑里充满惊恐、痛苦、怜悯和同情之心。他继续说："缺乏怜悯和同情心的人就算不上是人。"孟子称："恻隐之心，仁之端也。"[46]

几百年前的观察在今天还能有回响。我们看看 2020 年夏季在一个走红的共享视频中最后一个画面：明尼阿波利斯的一名警官跪在一名遭到拘押的黑人乔治·弗洛伊德（George Floyd）的脖子上，在 9 分钟的视频中，我们看到生命从弗洛伊德的身体流逝。这个视频令人刺耳的地方在于听见这位垂死青年充满感情的请求，拼命呼吁围观者施以援手，但是，看到的是那位警官冷酷无情的脸。这位警官缺乏对他人痛苦的同情心引起人们质疑他的人性。这位垂死青年的呼吁中的情感共鸣刺激了全世界的人走上街头抗议。

在关系主义逻辑中，我们看到情感的力量在人类纽带中，不论是个人身份还是群体身份，以及直觉认知方式上，都会起到举足轻重的作用。人们不仅会认识到基本的情感表达，而且在别人违反定义人性的共同标准的时候会作出强有力的反应。对于跨界者来说，对于以人类为中心的公共外交来说，通过情感在公共领域获取能力是极其重要的。

通过共情强化协作

跨界者如何创建泛人类的天生能力去表达，解释，按照情感表达采取行动，在人类中心的公共外交中提高协作能力呢？对一些个人来说，关系主义逻辑的情感领域可能是优点。关系主义逻辑证实它们认为的人类传播和外交。在下面的章节中，我们会看到情感的长处如何通过个人主义逻辑中语言的力量和整体主义逻辑的连通性动力得到提高。

情感动力和情感智力

哈罗德·桑德斯（Harold Saunders）前大使认为外交就是关于关系，成功的外交官特别擅长"读懂"对方和场景的情感主旨。[47]他会告诫这些大使通过增加他们对于情感表达的评估、监督、反应能力，去提高有效性，无论在语言方面还是非言语方面都是如此。戴维·松本（David Matsumoto）和他的同事研究记载了全球共同的面部表情，他们认为人们可以通过训练来提升情感表达甚至是微表情的能力。[48]他们的研究支持了桑德斯大使的观察，培养认知技能的人会更加有效地和人共事。

跨界者需要通过培养情感表达技能来进一步提升有效性。我们在这里可以看见把个人主义逻辑的语言与关系主义逻辑的强烈情感表达混合起来会如何提升后者。尽管情感表达是天生的、自发的，有效的情感控制、管理和言语表达都是通过学习掌握的技能。在西方的学术研究中，这些技能在"情感智力"的名义之下。[49]情感智力一开始为识别和标记情感而建构情感方面的专业知识。情感智力包括自我意识、自我调节和别的意识。跨界者需要转向研究充满情感洞察力的古代的文化传统。例如，孔子就专注于自我修养，看上去和情感智力上的自我意识和自我管理的预备步骤很相似。因为不同的社会、政治、外交背景会有自己的展示规则，跨界者需要对于不同的情感表达培养敏感性和灵活性。

情感表达和结成纽带

涉及艺术的公共外交倡议一般都能够成功，部分原因是艺术会利用情感的力量，方便结成纽带。国家交响乐团、舞蹈团或艺术品的巡回展演不仅分享文化遗产，而且也分享情感——音乐、视觉艺术和舞蹈既能够有表现力，也会有召唤力。在人类中心的外交中，情感在结成纽带和提高认知方面发挥着巨大的作用，因此对于有效的亲身协作或线上协作都是关键的。正如我们在疫情的例子中看到的那样，情感能够促使人们采取行动与别人建立亲密关系。此外，与别人同步互动（整体主义逻辑的一个特色）能够跨越差异，起到情感纽带的作用。[50]

通过活动结成情感纽带能够在初期的联系理由衰退之后，提供保持长久亲密关系的动力。在研究欧盟和中国之间的公民外交中，安德烈亚斯·福尔达（Andreas Fulda）讲述了一个关于德国气候活动家的故事。这个人最初受到碳减排的激情所驱动，[51] 他来到中国和这里的气候活动家一道工作。尽管一开始的时候，这位德国的气候活动家和中国的同行或受影响的人很少发生情感亲近，但在和他们一起紧密地生活和工作一段时间后，关系开始形成。解决问题的激励不再是为了环保而产生的激情，而是与人建立的可感知的人际联系。跨界者同样通过寻找共同兴趣和凝聚人心的活动来提升协作能力。

共情的公共外交

第三，因为情感在公共领域变得越来越重要和被人接受，公共外交官就需要能够回应那些领域的情感。共情强调倾听的重要性。尼古拉斯·卡尔强烈认为应该将其归为次要地位。[52] 在过去，危机期间谈感情会被认为是软弱的表现。但是，对于有效的危机反应的研究表明共情传播是管理公共情感和赢得服从的核心技能。[53] 实践者都会分清楚认知共情、情感共情和同情共情。在这三者中，同情共情——展现出对于别人情感和境遇的同情心，同时通过维持镇静和自控在非语言交际上塑造信心——有可能是危机期间最有效的公共领导能力。[54]

我们在疫情期间直接见证了共情的价值。疫情在英国首次暴发的高潮之际，伊丽莎白二世女王罕见地向英联邦国家发表了电视讲话。正如几位评论员所说，和其他的国家领导人不一样，他们将飘忽不定的病毒比喻成发动战争的敌人，女王却专注于人们的感情。[55]

当时疫情尚处初期，人们害怕、焦虑、不确定未来会怎样。已经有人失去了至亲。英国君主发表了充满深情的简短演讲，表达了悲伤之情，承认"对于所有人都是一个充满挑战的时期"。她提到的民族特性呼应着情感智力："自律、安静、愉快的决心和同胞情谊。"她对于分离之苦发声关注："许多人感到和挚爱的人分离带来的痛苦。"她的结束语确信人们可以亲身团聚："我们将和朋友们再次见面；我们也会和家人再次见面；我们会再见面的。"

女王的演讲在世界各地引起强烈的共鸣。巧合的是，媒体报道也引起人们注意领导人的性别差异，即女性领导人的国家（新西兰、德国和芬兰）如何通过共情回应和管理公众情绪，来更加成功应对病毒传播。[56]学者也注意到这个趋势，以及共情的作用，尤其是在疫情这样的危机时期。[57]梅肯研究院（Milken Institute）的共同创建人卡罗琳·奇尔德斯（Carolyn Childers）强调共情和跨界之间在疫情期间的联系：

> 在这个不确定的时代，共情是领导人为数不多的能够控制的东西，当我们感受别人的时候，我们的眼罩就不见了。我们欢迎不同的视角，我们才能够作出明智的决定，而不是盲人摸象。[58]

假设未来有可能再次发生危机，跨界者最好能够提高自己在公共领域处理情感的舒适度和技能。

整体主义逻辑——同步的力量

我们再次回去探讨格蕾塔·通贝里，看看整体主义逻辑的主要优点：同步性的力量（在方式和速度上匹配行为）。当通贝里参加抗议示威，二十多名学生跟随她，一起高呼着口号，这就是同步性。当成千上万的人加入她，上头版新闻，网络蹿红，这也是同步性的力量。

整体主义逻辑强调同步性在传播中的作用——尽管同步性还没有被许多人在传播研究和公共外交中关注。同步性受到的研究不足，它在日常传播中的出现被忽视了。但是，这并不降低它的重要性。像语言和情感一样，同步性可以用来说服和结成纽带。像语言和情感一样，同步性现象在古代的文本和文化传统中可以找到（尤其是在精神性仪式上），这样会产生发自肺腑的情感纽带。新兴的科学研究表明我们的身体会在神经生理和身体层面对同步性作出反应。

值得注意的是，人们无法孤立地识别同步性。人们可以观察到个人与他人和整体发生关系。一旦我们试图把元素分离、拆散整体，这样的现象就失去了意义。在静止或无为状态，人们无法观察到同步性——动态行动、运动和互动。个人主义逻辑认为一个过程会被冻结，让研究人员看见和分析不同的元素——哪怕是大致印象。相比之下，整体主义逻辑注重不停的互动和连续性，这是一个由宇宙圈体现的动力。要阻止这个现象就需要扭曲它。

霍尔是首批关注同步性在当代传播中作用的人。他暗示节奏把人们联系在一起，起到传播的最后一块积木的作用。正如他在《生命之舞》一书中所写：

> 互动中的人们就像在舞蹈中一样移动，但是，他们没有意识到这种同步性运动，他们没有音乐的同步伴奏。他们的"同

步"本身就是传播。[59]

作为一位人类学家，爱德华·霍尔称同步性是泛人类的。同步性和人类的生存相关，在我们复杂的社会组织中可以促进结成纽带和合作。根据霍尔的研究，没有和人同步或夹带的能力，如同某种形式失语症或自闭症，生活就会变得不可管理。[60]我们必须和别人协调一致去狩猎、收获庄稼、维持疆界和养育后代。语言和行动同步的能力可以区分我们和我们灵长类近亲动物。大猩猩能够协调行动，但是，不能一起保持节奏。[61]

同步性的例子大量存在。吟诵、鼓掌、摇摆在古代的宗教仪式上非常突出。在任何祭祀的房屋里，随着信教者站立、跪下，或一起吟诵经文，人们都可以见到多重表现的同步性。公民训练也包括同步发声，例如唱国歌或向国旗宣誓。政治活动，例如抗议，通过吟唱口号、挥舞拳头和标语、一起静默来号召支持者。军训或"战争舞蹈"——例如，毛利人的战舞让武士准备打仗——就涉及同步动作和吟唱。

在这些同步性的案例中，你我都已经亲身经历过许多，我们可以掌握同步性在传播中的力量。首先，同步语言和动作促进结成纽带。研究人员和外行的观察家很快指出情人、朋友和亲密的同事倾向于映照彼此的行动。[62]这样的同步和结成纽带也发生在陌生人之间。研究人员发现同步重复无厘头话语的人群后来可以更加高效地在一起工作。[63]同步行动可以促进结成纽带，甚至不同人群之间在长相、意识形态和其他方面的差异也明显如此。根据历史学家军威廉·麦克尼尔（Wialliam McNeill）所说，军事操练于 1590 年才引入荷兰军队，在军事战略家观察到它们在培养团队精神的效果以后，迅速传遍欧洲。[64] 他这样撰写自己的军事操练：

> 一些发自内心的东西起了作用……。语言不足以表达操练中步调一致的拖长动作引起的情感，……是一种奇怪的个人放大感，一种膨胀感，比自己的生命更大，多亏了参与这样的集体仪式。[65]

这种发自内心的情感反应不仅对于个人赋能，还可以与其他因素一道表明同步性能够放大个人的努力，变成同步的团队任务。现存的古代遗迹，如吉萨的金字塔或者复活节岛的摩埃石像，表明协调行为如何产生必要的同步性，以移动比人重数倍的石块。

我们看到人们在生产、工作和娱乐的地方的同步性及其效果。体育作为现成的例子，展示了多重的同步性。队员在比赛前拥抱在一起，然后在比赛中彼此呼应和期待。粉丝在看台上现场观赛，通过同步性行为作出呼应：呐喊，齐声吟唱，跳起身为进球喝彩。同步性的魅力有助于解释体育和体育外交的魅力，这可以追溯到奥林匹克运动的古代发源，现代依然还是兴旺发达。

2020 年的疫情提供了很多的例子，证明自发的同步性可以对抗隔离。最突出的例子就是从武汉到米兰，到伦敦、巴黎、伊斯坦布尔和纽约，和病毒一道迅速传播的人们简单的拍手行为。困在家中，人们在阳台上召集起来，互相鼓励。在中国，拍手行为伴随着"加油"声此起彼伏。这个短语的意思就是"战斗下去"。在受灾严重的意大利，拍手行为让人们在恐惧之下有了一个可以释放共同情感的方式。在马德里，人们一起在阳台拍手产生了命运与共的感受。一个人说："我在街道上像鬼，直到我站在阳台上，与邻居建立起了关系。"[66]

线上表演如雨后春笋，迅速涌现。[67]音乐和舞蹈都是同步的，表演者的同步性就是审美魅力的一部分。发现几天后直播的彩排和演出要被取消，被隔离的演员们就办起在线的现场表演，个人表演经过技术变成同步表演。

在学校关闭之后，社交聚集遭到禁止，人们开始举办在线的生日聚会、欢乐时光和会议等。[68]人们很快适应了平台的局限，为的是把自己的行为与别人的行为同步化。例如，标准被制定出来，一次只允许一个人讲话，参与者只能够通过互动协议，例如静音/取消静音、使用聊天框、举手示意、使用表情包来控制话轮。

最有意思的疫情同步性的例子就是人们在电子空间聚集起来游戏。在线的互动游戏见证了几何级的增长。Yodo 1 的首席执行官亨利·冯（Henry Fong）说道："游戏具有独特的能力，跨越文化和地理界限，能够将人们聚集起来，让人产生一种在一起的感受。"[69]在 2020 年的 3 月底，在线游戏行业的业界领袖发起了"一起分开玩游戏"运动，通过活动和奖励帮助传播世界卫生组织的指导原则，维持社交距离、手部卫生、呼吸距离礼节、病毒预防，这赢得了世界卫生组织的发推感谢——其在一年前还将游戏列入容易上瘾紊乱的因素。"疫情确实是一个转折点，世界意识到玩电脑游戏是一种潜在的赋能形式，让人们聚在一起，解决现实世界的问题。"研究游戏的学者安迪·菲尔普斯（Andy Phelps）说道。[70]2020 年 5 月前，据估计 25 亿人，占世界人口的三分之一，加入了游戏玩家等级评选。

整体主义逻辑强调同步性和它的副产品——协同效应的重要性。当个人参与同步行为，我们可以看到协同效应——可能是实在的，例如古代建造纪念碑；也可能是抽象的，例如团队解决问题。我们可以探讨提高个人、双人、群体层面的提高同步性的方法。

通过游戏强化协作

在全球推广公共外交中，整体主义逻辑需要严谨看待同步性现象。考虑到同步性在人类经验中的力量和普及程度，对它的研究如此不充分似乎很奇怪。合理利用多样性依赖于和别人的节奏一致，那么什么样的行为或头脑状态有助于取得同步性呢？

人际同步性："与人共舞"

在研究跨文化交际中，霍尔认为"节奏被证实为最具有凝聚人心的作用，能将人们团结在一起"[71]。他说，当人类学研究将他带到一个新的起点的时候，掌握人和地点的节奏是第一步。著名的跨文化学者金荣渊在其最新著作中关于注意同步性的重要性方面，似乎得出相似的结论。她认为要取得同步性是"跨文化交际能力的基础性维度"[72]。她说人们没有意识到从别人那里感觉到的尴尬和不适主要来源于不同模式的同步性。他们反而指向别的明显的原因，例如，说话的方式、倾听不够，或者其他原因。

对于跨界者来说，学会积极适应别人的节奏并同步是在全球化工作环境中工作的重要方面。在我们自己熟悉的关系圈里，我们已经习惯于和圈内的人互动和同步。在新的社交背景下，我们可能发现自己突然和别人不能"同步"了。我们此时需要暂停我们熟悉的互动节奏，适应新的节奏。同步不同于故意模仿或者反射别人的行为。它需要直觉上深度地适应别人。西非哲学家利奥波德·桑戈尔（Leopold Senghor）说道："我感受别人，和别人舞蹈，因此才是我。"[73] 这一说法最漂亮地体现了这种适应。正如金荣渊所说，要把取得同步性列为人们渴望的全球传播能力的列表之首——尤其是，我还加一句，对于跨界者也是如此。

集体同步

除了培养他们自己与别人的同步能力，跨界者还需要学会如何利用同步性去消除差异、缓和竞争。我们可以在偶像式世界领袖身上看到这样的技能。例如，作为这个国家结束种族隔离制度后的第一位黑人总统，曼德拉就会利用体育中的同步性力量，尤其是南非人对于橄榄球的热爱，帮助人们消弭分歧。[74] 他大胆的观点成为好莱坞电影《勇者无惧》的灵感。尽管跨界者并不需要达到这样的高度，但能够组织起来跨越分歧是有效的全球协作的关键。

我们可以去探讨一下训练人们的同步性的实用模型。马歇尔·冈茨（Marshall Ganz）和美国的民权组织者一起工作过，他为社会活动家开发了一套训练模型，这些活动家利用同步性力量来增强组织团结和政治行动所需的信任。[75] 传播教授埃琳·兰德（Erin Rand）记载了她参加将讲故事和同步性混合的培训会的一次经验。[76] 培训者试图在不同的个体之间培养连通性纽带，不必依赖于培养共性而产生的身份相似性。兰德记载了三种技巧，全部严重依赖于同步性。首先，参与者被引导以特定的方式在集体的背景中讲述他们故事。参与者参加了仪式性吟唱和应答反应技巧活动。随后，参与者直接鼓掌指引和确认他们共同的情感经历。兰德发现自己半天的经历具有转换作用。

游戏

游戏代表着一个提高合作能力中相对没有充分探讨过的领域。体育的泛人类魅力不仅仅在于同步性，还在于游戏和博弈的力量。大多数人认为游戏过于充满竞争性。但是，正如《好玩的游戏》一书的作者伯纳德·科文（Bernard Koven）观察的，游戏中的竞争和合作的分界线只是人为的界限。[77] 在游戏者竞争之前，他们必须合作达成游戏规则的共识。当人们在一起游戏的时候，他们会变得深度适应彼此。科文称这个过程为"合并"。他解释说"合并"就是"汇流在一起"的意思，"像两条交汇的河流形成一条大河那样"。[78] 根据科文的说法，合并才是让合作性游戏变得有趣的核心原因所在。

对于跨界者来说，利用线上和线下游戏的魅力体现着最有创意的道路，去提高合作能力。儿童心理学家让·皮亚杰（Jean Piaget）很久以前就说过游戏在学习和理解世界方面的重要性。在职场背景下，成人游戏像破冰者和团建练习就会增加团员的舒适感，一起游戏，提高游戏表现水平。《本地游戏》一书的作者本杰明·斯托克斯（Benjamin Stokes）展示团建游戏如何使得城市官员推进目标，在不同的公众之间创建团结。[79] 在全球范围，在线互动游戏已经表明它能够让人们参与并维持跨越语言、文化和民族差异的努力。或许，最重要的是，游戏开发者会告诉你，游戏就是让人们建设性地参与挑战、反馈、不确定性和解决问题。这些特征——加上与人一起协作——在处理应对以人类为中心的公共外交中的复杂棘手问题上，是必需的同等重要的技能。游戏尽管是一个相对较新的研究领域，但它给跨界者带来了创造性解决问题的潜能。

总　结

本章关注了每一个逻辑的长处，然后，试图通过与其他两个逻辑的特征混合来增强这些方面。个人主义逻辑反映语言的力量，通过讲故事来扩大协作。关系主义逻辑反映情感的作用，通过共情强化协作。整体主义逻辑反映同步性的力量，通过同步和游戏来强化协作。本章表明，通过提高混合——而不是将传播替换为统一模板——我们可以扩大传播经验中的多重因素的视野，看看我们如何提高协作进化的能力。建构这样的能力对于应对复杂的全球问题至关重要。我知道这是一件难办的事情。为此，我要求读者从跨越不同逻辑的跨界者变成人性的跨界者，能够混合这三个逻辑，提高合作能力，以处理人类的需求、利益和目标。

注释

1. 故事来自 Rumi's *Masnavi I Ma'navi*, Book 1, Story XIV。不过，鲁米（Rumi）更喜欢希腊人。Maulana Jalalu-'d-din Muhammad Rumi, *Masnavi I Ma'navi: Teachings of Rumi*, trans. Edward Henry. Whinfield (Originally published by Kegan Paul, Trench, Trübner & Co, London, 1898), available online at wikisource, https://en.wikisou rce.org/wiki/Masnavi_I_Ma%27navi.

2. Geert Hofstede, *Culture's Consequences: National Differences in Thinking and Organizing* (Beverly Hills, CA: Sage, 1980).

3. Charlotte Alter, Suyin Haynes, and Justin Worland, "TIME 2019 Person of the Year: Greta Thunberg," December 23, 2019, https://time.com/person-of-the-year-2019-greta-thunberg/.

4. Charles Marsh, "Converging on Harmony: Idealism, Evolution, and the

Theory of Mutual Aid," *Public Relations Inquiry* 1, no.3 (September 1, 2012): 327.

5. Christer Jönsson and Martin Hall, *Essence of Diplomacy* (Basingstoke: Palgrave-Macmillan, 2005).

6. Roger Boesche, "Kautilya's Arthasastra on War and Diplomacy in Ancient India," *Journal of Military History* 67, no.1 (2003): 9—37; Aabid Majeed Sheikh and Saima Rashid, "Kautilya, the Indian Machiavelli; On War and Diplomacy in Ancient India," *Journal of Humanities and Education Development* 2, no.1 (2020): 29; Pradeep Kumar Gautam, Saurabh Mishra, and Arvind Gupta, *Indigenous Historical Knowledge: Kautilya and His Vocabulary*, vol.1 (New Delhi: Pentagon Press, 2015), https://idsa.in/system/files/book/book_Indigenous HistoricalKnowledge_ Vol-I.pdf.

7. Tran Van Dinh, *Communication and Diplomacy in a Changing World* (Norwood, NJ: Ablex, 1987), 16—17.

8. Mark Pagel, "Q&A: What Is Human Language, When Did It Evolve and Why Should We Care?," *BMC Biology* 15, no.1 (July 24, 2017): 64; Asif A. Ghazanfar and Daniel Y. Takahashi, "The Evolution of Speech: Vision, Rhythm, Cooperation," *Trends in Cognitive Sciences* 18, no.10 (October 2014): 543—53.

9. Daniel Smith et al., "Cooperation and the Evolution of Hunter-Gatherer Storytelling," *Nature Communications* 8, no.1 (December 5, 2017): 201.

10. Walter R. Fisher, *Human Communication as Narration: Toward a Philosophy of Reason, Value, and Action* (Columbia: University of South Carolina Press, 1987).

11. Jonathan Gottschall, *The Storytelling Animal: How Stories Make Us Human* (New York: Mariner Books, 2013).

12. Frank Rose, "The Art of Immersion: Why Do We Tell Stories?," *Wired*, March 8, 2011.

13. Kathryn Coe, Nancy E. Aiken, and Craig T. Palmer, "Once Upon a Time:

Ancestors and the Evolutionary Significance of Stories," *Anthropological Forum* 16, no.1 (March 1, 2006): 21—40, https://doi.org/10.1080/0066467060 0572421.

14. Coe, Aiken, and Palmer, 36.

15. Smith et al., "Cooperation and the Evolution of Hunter-Gatherer Storytelling."

16. Smith et al., 2.

17. Ilan Manor, *The Digitalization of Public Diplomacy* (New York: Palgrave Macmillan, 2019); Nicholas J. Cull, "The Long Road to Public Diplomacy 2.0: The Internet in US Public Diplomacy," *International Studies Review* 15, no.1 (March 2013): 123—39; Fergus Hanson, "Baked in and Wired: eDiplomacy @ State," The Brookings Institution, Foreign Policy Paper Series, October 25, 2012, https://www. brookings. edu/research/baked-in-and-wired-ediplomacy-state/.

18. Anne-Marie Slaughter, *The Chessboard and the Web: Strategies of Connection in a Networked World* (New Haven, CT: Yale University Press, 2017).

19. Serge Schmemann, "A New Rule Book for the Great Game," *New York Times*, April 12, 2017, sec. Books, https://www.nytimes.com/2017/04/12/books/ review/chessboard-and-the-web-anne-marie-slaughter.html; Ali Wyne, "Anne-Marie Slaughter Tries to Make Sense of the New Global Order," *The New Republic*, September 22, 2017, https://newrepublic.com/article/144930/anne-marie-slaughter-tries-make-sense-new-global-order; Samprity Biswas, "Book Review: Anne-Marie Slaughter, The Chessboard and the Web: Strategies of Connection in a Networked World," *International Studies* 55, no.2 (April 1, 2018): 211—12, https://doi. org/10.1177/0020881718792111.

20. 费希尔谈到对于以下两者的权衡：和别人协作或联系如何被制约，以及为什么他称之为"概率增加"。Ali Fisher, *Collaborative Public Diplomacy: How Transnational Networks Influenced American Studies in Europe* (New York: Palgrave Macmillan, 2013).

21. Emilie M. Hafner-Burton, Miles Kahler, and Alexander H. Montgomery, "Network Analysis for International Relations," *International Organization* 63, no.3 (July 2009): 559—92; Keith G. Provan, Amy Fish, and Joerg Sydow, "Interorganizational Networks at the Network Level: A Review of the Empirical Literature on Whole Networks," *Journal of Management* 33, no.3 (2007): 479—516.

22. Howard Rheingold, *The Virtual Community: Homesteading on the Electronic Frontier* (MIT Press eBooks, 2000), http://www.rheingold.com/vc/book/; P. Seargeant and C. Tagg, *The Language of Social Media: Identity and Community on the Internet* (Berlin: Springer, 2014); Anatoliy Gruzd, Barry Wellman, and Yuri Takhteyev, "Imagining Twitter as an Imagined Community," *American Behavioral Scientist* 55, no.10 (October 1, 2011): 1294—1318.

23. R. S. Zaharna, "Network Purpose, Network Design: Dimensions of Network and Collaborative Public Diplomacy," in *Relational, Networked and Collaborative Approaches to Public Diplomacy: The Connective Mindshift*, ed. R. S. Zaharna, Amelia Arsenault, and Ali Fisher (New York: Routledge, 2013), 173—91.

24. Alister Miskimmon, Ben O'Loughlin, and Laura Roselle, *Strategic Narratives: Communication Power and the New World Order* (New York: Routledge, 2013).

25. Miskimmon, O'Loughlin, and Roselle, 4.

26. John Arquilla and David Ronfeldt, Networks and Netwars: The Future of Terror, Crime, and Militancy (Santa Monica, CA: RAND Corporation, 2001); John Arquilla and David Ronfeldt, *The Emergence of Noopolitik: Toward an American Information Strategy* (Santa Monica, CA: RAND Corporation, 1999).

27. R. S. Zaharna, "The Soft Power Differential: Network Communication and Mass Communication in Public Diplomacy," *The Hague Journal of Diplomacy* 2, no.3 (October 1, 2007): 213—28.

28. Philip N. Howard and Malcolm R. Parks, "Social Media and Political Change: Capacity, Constraint, and Consequence," *Journal of Communication* 62, no.2 (2012)：359—62.

29. Zizi Papacharissi and Maria de Fatima Oliveira, "Affective News and Networked Publics: The Rhythms of News Storytelling on #Egypt," *Journal of Communication* 62, no.2 (April 1, 2012)：266—82.

30. Papacharissi and de Fatima Oliveira, 267.

31. Zizi Papacharissi, *Affective Publics: Sentiment, Technology, and Politics* (New York: Oxford University Press, 2015).

32. Wael Ghonim, *Revolution 2.0: The Power of the People Is Greater Than the People in Power: A Memoi*r (Boston: Houghton Mifflin Harcourt, 2012).

33. 语言和情感之间的关系是一个研究热点，传统观点认为大脑不同区域负责语言和情感（见 Ledoux，1998）。现在其受到新研究的挑战，新研究暗示更多的互动存在（见 Barrett，2017 and Lindquist，2021）。Joseph Ledoux, *The Emotional Brain: The Mysterious Underpinnings of Emotional Life* (New York: Simon & Schuster, 1998). Lisa Feldman Barrett, *How Emotions are Made: The Secret Life of the Brain* (New York: Houghton Mifflin Harcourt, 2017); and Kristen A. Lindquist, "Language and Emotion: Introduction to the Special Issue," *Affective Science*, 2 (2021)：91—98.

34. 关于非言语行为、印象形成和管理有丰富的文献。对其概述。例如，可参见 *Albert Mehrabian, Silent Messages* (Belmont, CA: Wadsworth, 1971)；Judee K. Burgoon, Laura K. Guerrero, and Kory Floyd, "Social Cognition and Impression Formation," in *Nonverbal Communication* (New York: Routledge, 2010), 229—260; Dale Leathers and Michael H. Eaves, "Impression Management," in *Successful Nonverbal Communication: Principles and Applications*, 4th ed. (New York: Pearson, 2007), 187—208。

35. Erin Hawley, "The Story behind a Viral Photo of an Arkansas Doctor and

His Son" (Little Rock, AR, March 27, 2020), https://katv.com/news/local/the-story-behind-a-viral-photo-of-an-arkansas-doctor-and-his-son.

36. Angela Dobele et al., "Why Pass on Viral Messages? Because They Connect Emotionally," *Business Horizons* 50, no.4 (July 2007): 50.

37. Daantje Derks, Agneta H. Fischer, and Arjan E. R. Bos, "The Role of Emotion in Computer-Mediated Communication: A Review," *Computers in Human Behavior* 24, no.3 (2008): 766—85; T. Benski and E. Fisher, *Internet and Emotions* (New York: Routledge, 2014); Javier Serrano-Puche, "Emotions and Digital Technologies: Mapping the Field of Research in Media Studies.," MEDIA@LSE Working Papers #33, 2015, https://www.lse.ac.uk/media-and-communications/assets/documents/research/working-paper-series/EWP33.pdf; R. S. Zaharna, "Emotion, Identity & Social Media: Developing a New Awareness, Lens & Vocabulary for Diplomacy 21," Working Paper, "Diplomacy in the 21st Century" (Berlin: German Institute for International and Security Affairs, January 2017), https://www.swp-ber lin.org/fileadmin/contents/products/arb eitspapiere/WP_Diplomacy21_No2_RS_Zaharna.pdf.

38. 古代文本谈到基本的泛人类情感表达和识别。中国的经典著作《礼记》写道："何为认知情感？曰：喜怒哀惧爱憎乐。这七种情感先天有之。" Ch'u Chai and Winberg Chai, eds., *Li Chi Book of Rites. An Encyclopedia of Ancient Ceremonial Usages, Religious Creeds, and Social Institutions,* trans. James Legge (New Hyde Park: University Books, 1967), 379;《纳塔沙斯特拉》(*The Natyashastra*) 是现存最古老的古印度关于表演艺术的作品，详细介绍了情感的分类。Kathleen Marie Higgins, "An Alchemy of Emotion: Rasa and Aesthetic Breakthroughs," *The Journal of Aesthetics and Art Criticism* 65, no.1 (2007): 43—54.

39. Charles Darwin, with Paul Ekman Introduction, *The Expression of the Emotions in Man and Animals, 3rd ed.* (New York: Oxford University Press, 1872/1998).

40. Paul Ekman, "Darwin's Contributions to Our Understanding of Emotional Expressions," *Philosophical Transactions of the Royal Society B: Biological Sciences* 364, no.1535 (December 12, 2009): 3449—51; Paul Ekman, "Darwin's Compassionate View of Human Nature," *JAMA* 303, no.6 (February 10, 2010): 557.

41. Antonio Damasio, *Descartes' Error: Emotion, Reason, and the Human Brain*, reprint ed. (London: Penguin Books, 2005); Dylan Evans and Pierre Cruse, *Emotion, Evolution and Rationality* (Oxford: Oxford University Press, 2004).

42. Paul Ekman and Wallace V. Friesen, "The Repertoire of Nonverbal Behavior: Categories, Origins, Usage, and Coding," *Semiotica* 1, no.1 (1969): 49—98; Paul Ekman and Wallace Friesen, "Constants across Cultures in the Face and Emotion.," *Journal of Personality and Social Psychology* 17, no.2 (1971): 124—129; Paul Ekman, E. Richard Sorenson, and Wallace V. Friesen, "Pan-Cultural Elements in Facial Displays of Emotion," *Science* 164, no.3875 (April 4, 1969): 86—88; Paul Ekman, Wallace V. Friesen, and Phoebe Ellsworth, Emotion in the Human Face (New York: Pergamon, 1972).

43. Paul Ekman, "What Scientists Who Study Emotion Agree About," *Perspectives on Psychological Science* 11, no.1 (January 1, 2016): 31—34; David Matsumoto and Hyi Sung Hwang, "Reading Facial Expressions of Emotion," *Psychological Science Agenda*, May 2011; Michael Price, "Facial Expressions—Including Fear—May Not Be as Universal as We Thought," Science | AAAS, 2016, https://www.science mag.org/news/2016/10/fac ial-expressi ons-includ ing-fear-may-not-be-univer sal-we-thought; James A. Russell, "Is There Universal Recognition of Emotion from Facial Expression? A Review of the Cross-Cultural Studies," *Psychological Bulletin* 115, no.1 (1994): 102—41, https://doi.org/10.1037/0033-2909.115.1.102; Carlos Crivelli et al., "The Fear Gasping Face as a Threat Display in a Melanesian Society," *Proceedings of the National Academy of Sciences* 113, no.44 (November 1, 2016): 12403—7, https://doi.org/10.1073/pnas.161 1622113.

44. Charles Darwin, *The Expression of Emotion in Man and Animals*, with an Introduction by Paul Ekman (New York: Oxford University Press, 1998), 130.

45. Alan Kam-leung Chan, Mencius: *Contexts and Interpretations* (Honolulu: University of Hawaii Press, 2002), 6.

46. Wm. Theodore de Bary and Irene Bloom, eds., *Sources of Chinese Tradition: From Earliest Times to 1600*, 2nd ed. (New York: Columbia University Press, 1999), 129.

47. H. Saunders, *Politics Is about Relationship: A Blueprint for the Citizens' Century* (New York: Palgrave Macmillan, 2006); Harold H. Saunders, "The Relational Paradigm and Sustained Dialogue," in *Relational, Networked and Collaborative Approaches to Public Diplomacy.*, ed. R. S. Zaharna, Amelia Arsenault, and Ali Fisher (New York: Routledge, 2013), 132—44.

48. Matsumoto and Hwang, "Reading Facial Expressions of Emotion."

49. Daniel Goleman, *Emotional Intelligence: Why It Can Matter More Than IQ, 10th* anniversary ed. (New York: Bantam, 2005).

50. 对于理解人如何能够获得信任感、亲近感和与别人一起工作的愉悦感，催产素的生物效应和人脑中的镜像神经元特别重要，尽管语言和传统各不相同。见第四章。

51. Andreas Fulda, "The Emergence of Citizen Diplomacy in European Union-China Relations: Principles, Pillars, Pioneers, Paradoxes," *Diplomacy & Statecraft* 30, no.1 (2019): 188—216.

52. Nicholas J. Cull, Public Diplomacy: Foundations for Global Engagement in the Digital Age (Cambridge, UK: Polity, 2019); Cull, "Public Diplomacy: Taxonomies and Histories," *The Annals of the American Academy of Political and Social Science* 616 (2008): 31—54.

53. Matthew W. Seeger, "Best Practices in Crisis Communication: An Expert Panel Process," *Journal of Applied Communication Research* 34, no.3 (August 1,

2006): 232—44.

54. Cheryl Snapp Conner, "In a Crisis, Use These 3 Forms of Empathy to Serve Your Customers Well," Mission.Org (blog), June 29, 2017, https://medium.com/the-mission/in-a-crisis-use-these-3-forms-of-empathy-to-serve-your-customers-well-35722ec88590.

55. Jonny Dymond, "Queen's Coronavirus Speech: 'Ambitious' Words 'to Reassure and Inspire, '" BBC News, April 5, 2020, sec. UK, https://www.bbc.com/news/uk-52176209.

56. Nina Goswami, "Have Female CEOs Coped Better with Covid than Men?," BBC News, November 19, 2020, sec. Business, https://www.bbc.com/news/business-54974132; Michal Katz, "Commentary: The COVID Crisis Shows Why We Need More Female Leadership," *Fortune*, March 17, 2020, https://fortune.com/2021/03/17/covid-female-women-leadership-jacinda-ardern/; Kathy Caprino, "How Women Leaders Are Rising to the Unique Challenges They're Facing from the Pandemic," *Forbes*, May 18, 2020, https://www.forbes.com/sites/kathycaprino/2020/05/18/how-women-leaders-are-rising-to-the-unique-challenges-theyre-facing-from-the-pandemic/.

57. Supriya Garikipati and Uma Kambhampati, "Leading the Fight against the Pandemic: Does Gender 'Really' Matter?," *SSRN Scholarly Paper* (Rochester, NY: Social Science Research Network, June 3, 2020); Joana Probert, "Leading with Empathy in the Pandemic," Saïd Business School, University of Oxford, July 1, 2020, https://www.sbs.ox.ac.uk/oxford-answers/leading-empathy-pandemic; Kayla Sergent and Alexander D. Stajkovic, "Women's Leadership Is Associated with Fewer Deaths during the COVID-19 Crisis: Quantitative and Qualitative Analyses of United States Governors," *Journal of Applied Psychology* 105, no.8 (August 2020): 771—83.

58. Carolyn Childers, "Why Coronavirus Demands Women's Leadership,"

April 22, 2020, https://milkeninstitute.org/power-of-ideas/why-coronavirus-demands-womens-leadership.

59. Edward T. Hall, *Beyond Culture* (New York: Anchor Books, 1976), 71.

60. Edward T. Hall, *The Dance of Life: The Other Dimension of Time* (New York: Anchor Books, 1984), 177.

61. 研究人员将人类的独特能力和眼白联系起来，这是其他灵长类动物欠缺的。见 Fred Cummins, "Voice, (Inter-) Subjectivity, and Real Time Recurrent Interaction," *Frontiers in Psychology*, July 18, 2014; Michael Tomasello et al., "Two Key Steps in the Evolution of Human Cooperation: The Interdependence Hypothesis," *Current Anthropology* 53, no.6 (December 1, 2012): 673—92。

62. Alexandra Paxton and Rick Dale, "Interpersonal Movement Synchrony Responds to High-and Low-Level Conversational Constraints," *Frontiers in Psychology* 8, no.1135 (July 28, 2017); Cummins, "Voice, (Inter-) Subjectivity, and Real Time Recurrent Interaction."

63. Jorina von Zimmermann and Daniel C. Richardson, "Verbal Synchrony and Action Dynamics in Large Groups," *Frontiers in Psychology* 7, no.2034 (December 26, 2016).

64. William H. McNeill, Together in Time: Dance and Drill in Human History (Cambridge, MA: Harvard University Press, 1995).

65. McNeill, 2.

66. William Booth, Karla Adam, and Pamela Rolfe, "In Fight against Coronavirus, the World Gives Medical Heroes a Standing Ovation," Washington Post, March 26, 2020, https://www.washingtonpost.com/world/europe/clap-for-carers/2020/03/26/3d05eb9c-6f66-11ea-a156-0048b62cdb51_story.html.

67. Kari Paul, "Please Don't Stop the Music: How Choirs Are Singing through the Pandemic," *The Guardian*, April 22, 2021, sec. Music, http://www.theguardian.com/music/2021/apr/22/choirs-coronavirus-covid-19-us-virtual-singing; Jasmine

Garsd, "Musicians Are Doing Virtual Concerts during COVID-19," *Marketplace* (blog), April 27, 2020, https://www.marketplace.org/2020/04/27/musicians-virtual-con rts-covid19-pandemic/.

68. Amanda Holpuch, "'A Lifesaver': US Seniors Turn to Zoom to Connect with Friends and Family," *The Guardian*, September 18, 2020, sec. US news, http://www.theguardian.com/us-news/2020/sep/18/us-seniors-video-calls-zoom-coronavi rus; Clare Ansberry, "Zoom Reconnects Family and Friends in the Coronavirus Pandemic—but Will It Last?," *Wall Street Journal*, July 22, 2020, sec. Life, https://www.wsj.com/articles/zoom-reconnects-family-and-friends-in-the-coronavirus-pandemicbut-will-it-last-11595379600.

69. Fong, 引自 "Games Industry Unites to Promote World Health Organization Messages against COVID-19; Launch #PlayApartTogether Campaign," Bloomberg.com, April 10, 2020, https://www.bloomberg.com/press-releases/2020-04-10/games-industry-unites-to-promote-world-health-organization-messages-against-covid-19-launch-playaparttogether-campaign。

70. Andy Phelps, "Gaming Fosters Social Connection at a Time of Physical Distance," *The Conversation* (blog), April 13, 2020, https://theconversation.com/gaming-fosters-social-connection-at-a-time-of-physical-distance-135809.

71. Hall, *Beyond Culture*, 170.

72. Young Yun Kim, "Achieving Synchrony: A Foundational Dimension of Intercultural Communication Competence," *International Journal of Intercultural Relations, Intercultural Competence* 48 (September 1, 2015): 27.

73. Léopold Sédar Senghor (1964), "Je pense donc je suis, crivait Descartes.... Le Negro-africain pourrait dire: 'Je sens l'Autre, je danse l'Autre, donc je suis,'" *Libertd* 1:259, 引自 Peter Aberger, "Leopold Senghor and the Issue of Reverse Racism," Phylon 41, no.3 (1980): 277。

74. John Carlin, Playing the Enemy: Nelson Mandela and the Game That Made

a Nation (New York: Penguin, 2008); Claire E. Oppenheim, "Nelson Mandela and the Power of Ubuntu," *Religions* 3 (2012): 369—88.

75. Marshall Ganz, "Leading Change: Leadership, Organization, and Social Movements," ed. Nitin Nohria and Rakesh Khurana (Cambridge, MA: Harvard Business School Press, 2010), 509—50.

76. Erin J. Rand, "'What One Voice Can Do': Civic Pedagogy and Choric Collectivity at Camp Courage," *Text and Performance Quarterly* 34, no.1 (2014): 28—51.

77. Bernard De Koven, *The Well-Played Game: A Player's Philosophy*, illustrated version (Cambridge, MA:MIT Press, 2013).

78. Bernard De Koven, "Confluence," *DeepFUN* (blog), 2018, https://www.deepfun.com/confluence/.

79. Benjamin Stokes, *Locally Played: Real-World Games for Stronger Places and Communities* (Cambridge, MA: MIT Press, 2020).

结　论
全球协作的跨界日程

伊弗·诺伊曼暗示：“人性塑造外交，外交塑造人性。”[1]本书开始呼吁跨越鸿沟的跨界者，以及能够团结我们的那些人。这样做的话，目标就会是扩大我们对于传播和外交的视野。

在我们一起探讨的过程中，我对于传播寻求描述一种泛人类的视野，来提高我们的协作演化能力，合理利用多样性，去应对我们面临的棘手问题。合理利用多样性不只是要了解他人是如何不同，还要对其进行分类比较。正如著名的跨文化交际学者三池义孝所说，不只是学会了解别人，还要向别人学习。[2]“了解”代表着分离的心态，“学习”暗含着连通性和互动。

我们的关注点是人类中心的外交和以国家为中心的外交不同——或者如以参与者为中心的外交那样关注于单个参与者的需求、利益和目标——人类中心的外交聚焦于整个人类，包括星球、生态系统和生物圈。离开这些，人类终将凋谢。

在结束本书前，我们可以强调几个要点，并指出未来研究的要点供大家参考。

全人类层面的视角

　　一开始我们探讨最重要的要点：传播和外交的全球化依赖于将视角从个人层面转到全人类层面。这样的转变核心在于从分离心态转变到连通性和多样性的心态。这是理解传播和公共外交逻辑的关键，接下去又是建构协作能力的关键。

　　当代传播和公共外交似乎植根于个人层面视角。在传播研究中，在关注传播参与者，即"传播者"或"受众"的时候我们能看到个人层面视角。对于公共外交来说，我们也看到对于参与者的关注，无论是国家还是非国家的参与者。传播的传统目的——即通知、教育、说服、娱乐——同样强调个人层面，这和传播理论与研究一样。例如，使用和满足理论探讨个人是如何使用媒体并从中获得满足的。相似地，战略传播具有战略意义是因为满足个人参与者或实体的目标。例如，民意采样方法就是基于个人实体，其结果来自汇总的个人态度、行为或信念。即便是社会网络分析，也推崇连通性，由个人参与者通过自我中心的网络分析控制着。公共外交呼应着这些研究传统。公共外交起到的功能是倡议、建立关系、树立民族品牌，甚至文化外交也注重个人层面的视角。

　　全人类层面的视角采取全人类作为观察点。从中我们可以看到传播和外交目的的广度。在广度和含义上，这个目的不是眼前的，而是全球性的：事关全人类和地球的存亡。地球健康对于人类生存的重要性就可以类比于身体健康对于个人的重要性。

　　全人类的视角也注重扩大的时间框架。个人层面会注重和特定实体密切相关的时间框架：过去、现在和未来。甚至更久的历史跨度裂缝中也是在这三重维度中定义的。当我们探讨全人类层面的时候，我们就进入了进化时间框架。正如我们在第六章所见，进化时间视野代表着关系、传播和公共外交的另一层维度。本章强调其他领域如游戏、讲故事、艺术和信仰等方面的相互交织的特性——这些都有助于提高人类的协作能力。全人类层面视角有助于祛除合作和协作的神秘光环。很有力的证据是许多研究一开始是因为合作的需求，但是，却难以得出一个解释合作的根本原因。大多数关于合作的研究专注于解释为什么会有这种现象，提出了交换理论、信任理论、利他主义理论和政治胁迫理论。[3]或许是由于个人主义逻辑的隐含假定，保存自主性的需求——这是分离性的根基——让竞争成为标准。合作变成了理想或需要解释、辩论和改进的异常现象。有一段文字就贴切地体现了这样的态度，称合作为"问题成堆"：

> 正如此前认为的那样，社会资本理论扩大了一些因素——例如信任、网络和标准——我们可以用来解释麻烦的人类合作行为……。尽管经济学家已经揭示了其中的一些假定，这个模型依然将合作当作——除非在严格规定的条件下——看上去不理智的努力行为。但是，正如一位同事指出的那样，即便是经济学家也会合作的。[4]（强调为笔者所加）

从个人主义层面来看，合作意义不大。为什么人们会愿意寻求合作呢？此外，如果个人努力合作，为什么大型实体在全球范围也愿意这样做？在个人和全球层面，合作似乎迷失于解释真空之中。

但是，当我们从全人类层面视角看问题，合作就会产生进化意义。正如此前达尔文的研究和神经科学研究所探讨的那样，合作是进化成功和人类永续的关键。[5]在探讨从史前时代到当代的临界点的时候，诺伊曼强调外交中的合作能力。[6]人类传播的进化视角和它与协作能力的关联一直是传播领域缺失的。对于跨界者来说，需要对世界各地的知识遗产进行更多的研究，这有助于我们对于传播为人类进化作出的贡献形成更加深厚的理解。

熟练掌握逻辑

一个交织的多元的全球领域需要从认可三个逻辑的有效性和必要性角度去看待传播经验。这就意味着需要熟练掌握这三个逻辑。因为每一个逻辑都强调不同的假定和传播动力，因此，一个逻辑在全球传播中远远不够。我们可以在第一章看得非常清楚。尽管似乎掌握了战略传播，后"9·11"时代的美国公共外交也在艰难地与全球公众进行沟通。

在现实中，战略传播，作为公共外交的基石，就是个人主义逻辑的一个模板，包含着分离和自治实体的基本元素，通过各种媒体发布消息。在国际领域的战略传播涉及识别目标受众，将跨文化模型与目标受众匹配，并使用定型的文化行为模型，在设计信息并向目标受众传播中，专门制定适应文化的方法。战略传播基于的假定认为有可能识别、隔离、定位受众。它也相信跨文化模型的有效性，包括把社会纯粹地分为"个人主义"和"集体主义"的观点。战略传播错失其他两个逻辑的宝贵动力，例如，互惠、情感或同步性，以及连通性等。

战略传播方法和跨文化模型（第二章探讨过）反映分离心态。正如本人在本书展示的，跨文化交际正在变得过时。它出现并兴盛于在产生分离的、不同的文化和世界观的时期，据称这样也可以造成独特的具有文化特异性的传播模型。并不是单个的文化模型（个人主义/集体主义）才造成问题并充满了不一致性。正是使用了分离又不同的文化类别的观点才造成问题。

这些文化观察在了解别人的某一时刻是有用的，但是，它们变得越来越有问题，原因如下。首先，文化通常被表述为一个巨大的铁板一块的实体。我写过的阿拉伯文化横跨非洲的西北海岸到东海岸，再到中东地区。其中内部和各国之间的民族文化各不相同。今天使用这种宽泛又僵化的文化类别很容易造成误解和刻板印象。

其次，文化都固定于特定的地理区域。例如，中国文化与亚洲的某个国家紧密相关。社会分工被强行实施，正如同流动散居在改变着文化传统。第三，观察家通常会把文化特性定义为对立面，使得它们互相排斥。这样的思想预设了共存的对立面的观点，或者是文化特性不可以适用于别人身上，或者别人理解不了。文化特性不能被"外人"理解的观点难以理解社会习俗的逻辑是渊博的，可以代代相传下去。

将传播模式建立在"文化"的基础上会造成问题倍增，如同跨文化交际模型在过去所做的那样。未来，正如本书所认为的，我们必须从基于文化的传播模式转变到基于共同的关系模式、知识遗产和神经生物学特性的泛人类传播。

混合逻辑

在全球领域进行"传播",我们需要三个逻辑一起发挥作用。正如本书认为的,我们必须从分离的、互相排斥的文化范畴转到混合三个逻辑来看待传播。范畴代表着分裂性,而混合则代表着连通性和多样性。

混合策略认为将受众隔离的想法并无助益,即便是今天的技术已经有微观定位技术的存在了。在一个相互交织的世界里,人们可以通过扩大联系来获得更多的传播收益。混合三个逻辑需要承认社会内在的联系和多样性。在第六章使用的疫情的例子中,我们可以看到个人主义逻辑中的语言动力、关系主义逻辑中的情感和视角、整体主义逻辑中的获得和同步之间进行的三重混合。

在面对面传播中,人们会几乎本能地自然而然地混合在一起。正如我们所见,人类的传播是一个整体,或者是身体体现的传播。在语言之外(个人主义逻辑),传播者的语音和身体的每一方面都包含着情感因素,有助于定义关系纽带(关系主义逻辑)。在互动中,也要不停地适应和协调与别人的行为(整体主义逻辑)。

在技术的加速进步中,我们已经看到发生于媒体环境下的混合倾向。例如,一开始仅用文本信息的电子邮件(个人主义逻辑),很快就添加了表情线索(关系主义逻辑)。例如,全大写就等同于愤怒喊叫。使用表情包、对面部表情的模仿(整体主义逻辑)很快也紧随其后了。身体的接近和互动(整体主义逻辑)体现在"瞬间"的信息和代表某人在场的声音通知。在虚拟环境自发出现的这些技术进步反映出三个逻辑的混合,自然而然地发生在亲身的传播经验中。

在全球层面，偶像式领袖——例如甘地和曼德拉以及马丁·路德·金——都熟练掌握了这三种逻辑，并巧妙地混合了这三种逻辑。所有接受过公共演讲训练的人都会掌握个人主义逻辑。甘地和曼德拉都接受过训练成为律师，而金却是一位牧师。甘地一开始非常羞于与人在法庭辩论，前往南非寻求磨炼自己的演讲技巧。[7]

这三位领袖都擅长建构关系，注意建立关系主义逻辑中典型的关系纽带。在第一次大胆前往英国期间，甘地开始和印度侨民建立关系网络。在南非期间，他利用在印度侨民中间建立的广泛的关系，来号召支持自己的非暴力不合作运动，这是一个通过非暴力抗议的原则对抗歧视政策的做法。金专注于建构关系，在美国南方的教堂里组织非裔美国人。

这三位领袖都擅长激励人们采取行动，可以让人们跨越种族、社会和宗教的差异。在共同的事业中团结不同的人。这样的技能就是典型的整体主义逻辑。曼德拉热衷于体育，作为种族隔离政策后的第一位黑人总统，利用南非人民热爱橄榄球来弥合分歧。回到印度以后，甘地专注于利用盐巴，一种对于印度人民昂贵的商品，来号召人们反抗英国统治。印度教教徒和穆斯林一道参加他组织的241英里（390公里）海边步行，去抗议英国征收昂贵的盐税。

这些领袖都掌握了如何组织集体同步性活动。他们使用语言的力量（个人主义逻辑）加上情感纽带（关系主义逻辑），来激励别人采取大胆的和冒险的行动（整体主义逻辑）。学会创造性地混合传播逻辑，不论是亲自参加还是通过线上进行，对于合理利用连通性和多样性来说是至关重要的。对于跨界者来说，当他们在身份调节和问题解决中持续参与互动时，这显得尤其重要。

从合作走向协作

对于把我们的合作的进化能力转变到协作的全球能力视野来说，混合是非常关键的。贯穿本书，我都一直使用短语"合作能力"，这一个本领域专业文献中的术语。进化论文献中的合作暗示互相帮助的行为，例如别人有难时去伸出援手。"互助"是由俄国哲学家彼得·克鲁泡特金（1842—1921 年）提出来的专门词汇。[8] 互助可以解释人类的生存。但是，从古至今丰富的人类创造性和创新性暗示还有更多比合作重要的东西。

正如我们在疫情中（第六章）看到的例子那样，人们会自发地拿起社交媒体工具，打破强加的社交隔离与人联系。人们不仅彼此安慰来提供互助，他们也会协作。他们创造性地发明一些方法彼此联系。他们参与式的创造性在丰富多样的文化传统和知识遗产中俯拾皆是。合作，即提供援助，会有助于人类的生存。但是，看上去协作能力——即和别人携手去创造和创新——有助于人类的繁荣。

"合作"和"协作"的差异体现在分离心态和连通心态的差异上。合作强调保存个人对于集体的各自贡献，而协作依赖于统一行动的密切合作的协同效应。连通性是隐含其中的。罗斯谢勒（Roschelle）和蒂斯利（Teasley）在他们被人广为引证的研究关于解决问题的论文中阐述了这样的差异。[9] 学者区分道，合作是"参与者之间的劳动分工"，协作是"协调的、同步的行动，是持续建构和共同维持问题概念的结果"。[10] 约翰·斯宾塞（John Spencer）通过视觉方法阐述了合作的分离性和协作的连通性之间的差异（见图 C.1）。[11]

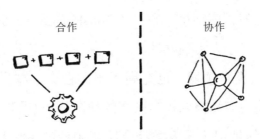

图 C.1　合作还是协作

资料来源：The Difference between Cooperation and Collaboration, by John Spence, June 22, 2016. https://spenceauthor.com/can-you-force-collaboration/。经过约翰·斯宾塞许可在此翻印。

关于合作的文献回应着 19 世纪和 20 世纪的分离心态。分离性使得竞争成为标准，合作成了梦寐以求的理想。面向 21 世纪的连通性心态，合作应该成为公认的标准，协作应该成为梦寐以求的理想。对于一些人来说，协作能力和心态已经扎根。在向英国外交和联邦办公室提交的报告《赋能的国家》中，[12] 卢西恩·哈德逊（Lucian Hudson）特地探讨了协作式公共外交中的许多的概念工具和技能。在探讨协作式公共外交的著作中，费希尔将这个愿景延伸到非国家的参与者中。[13] 以全人类为中心的外交的成功依赖于协作能力作为基础。

寻求共性

从达尔文的身上我们可以得到一些暗示，我们可以将研究的注意力从聚焦差异移转到探索共性（commonality）。达尔文研究的惊人之处在于就是他寻求跨越物种和跨越人类的共性。这样寻求共性有违于大多数社会科学研究的常规。正如序言部分的讨论，强大的范式，例如库恩构建的那样，要求概念清晰，接下去又意味着划定明晰的边界。[14] 这种思维注重寻求差异而不是共性。

和达尔文类似，唐纳德·布朗（Donald Brown）是加州大学人类学荣誉教授，对于人类的共性非常着迷。他注意到对于他自己致力于研究人的人类学领域"也充满了不同社会的差异，而不是共性……内在的共性容易被忽视（极端的情况下，它们的存在都不被承认）"[15]。他详细记录了人类社会跨越领域的400多种共性。例如，在社会领域，共性包括社会分工、社会集团、年龄分层、家庭、游戏、交换、合作和互惠性等。他推测还有许多的共性有待识别。

像人类学一样，传播遵循着社会科学领域的趋势，注重差异超过相似性。这样的专注随着对于社会媒体的研究有所改变，尽管这个领域倾向于详细记录各个社会使用因特网的差异。从疫情期间的例子我们可以看出，人们是如何被吸引到网络空间从而与不同的其他人相互联系的，这上面有着惊人的相似。更令人称奇的是他们多么愿意互相借鉴，相互分享，表情包的使用就是现成的例子。

在传播和公共外交研究中寻求共性代表着一个激动人心的学术追求。人们倾向于利用研究成果来改进和增强范畴差异——再一次就如同三池义孝教授所称的专注于了解别人，而不是向文化遗产学习。这三个逻辑提醒我们向别的文化遗产学习的紧迫需求。情感和同步性在当代传播研究中还没有得到充分挖掘。不用把情感隔离在细分文类里或者某个学术流派里——例如，女权主义研究的情感研究，亚洲研究中的同步性和和谐问题——我们可以用这些作为模型，跨越人类的传播经验去寻求共性。

把关注点从差异转向共性并不是仅限于学术研究之中。它也可以应用在实践领域。我们可以看到在身份调解中寻求共性的人类中心的外交中混合传播逻辑如何起到作用的。因为它有助于寻求共性，混合在合理利用多样性中至关重要。个人主义逻辑认为我们基本通过对话、演讲、文字，或者认知上通过共同的理解来寻求共识的。关系主义逻辑认为共性是基于前存的、培养的纽带和直觉上理解别人。整体主义逻辑通过同步亲身参与活动或同步发音活动来达到共性。

混合对于传播与身份也是很重要的。大多数有关全球领域传播的著作强调文化作为传播的主要特征。作为身份宏观层面的文化暗示其为一个僵化的范畴。互相排斥的文化范畴从概念上和理论上都会冲突的。

但是，正如我在每一章的"致跨界者"部分所说，人都有一个多面的、不同系列的身份。个人主义逻辑强调个人特性和作用。关系主义逻辑强调情感纽带和关系身份，例如，兄弟、父母、同事，或者甚至是跨界者。整体主义逻辑强调层级如何在复杂的关系世界提供另一层身份。

在人类交往中，不同层面的身份——通常由语言和非言语暗示提示出来——不停地出现和消退。当他们和别人互动的时候，人们经常在身份的共同方面寻求共性。口头上，他们可以询问地方、职业或者爱好来寻求共性。通常，人们会在最平凡的经历中寻求共识。疫情期间受困在家的经历中还需要挂上窗帘，显示敬业精神，共同经历蹒跚学步的孩子走进画面、宠物狗的叫声或者猫儿跳上电脑的意外情况发生。

人类中心的外交特别适用于增强共性。人们跨越差异而建立关系的"日常外交"通常就是基于相似性的。[16]一个有趣的研究会是在传统外交和本土外交之间识别惯例，利用研究成果不要把这些惯

例归入西方 / 非西方的范畴，而是跨越外交传统去探索和识别共性。

公共外交的全球指令

在本书的开始，我就向跨界者——那些跨越差异、寻求共识的人——发出呼吁。在本书的结尾，我也呼吁跨界者注意以人类为中心的公共外交中的全球指令。

在传统外交中，作为跨界者的外交官是国家的代表，根据国家需求、利益和目标采取行动。这个指令就是完成汇报（信息收集）、代表和为国家谈判等功能。值得注意的是，外交的职能和参与者有关。公共外交有着相似的以参与者为基础的功能，例如，通知、影响、参与、倡议、关系建立等。

在人类中心的外交中，"人类"这个字眼会促使人们想起普通公众，把他们替代为公共外交的参与者。但是，人类中心的外交很少关心谁（参与者，或者谁在从事外交），而是更关心什么——应对人类的需求。这个关注点从参与者到目的或问题的转变暗示不同的外交优先事项，而不是关注传统外交或公共外交的功能。人类中心的外交的三个相互关联的外交功能作为全球指令而引人注目。

人类中心的外交首个也是最直接的功能就是协作式解决问题。处理许多全球棘手问题已经成为公共外交全球指令的首要功能。许多事件，例如气候危机、水资源短缺，甚至是疫情，在某种程度上都是和人类的行动密切相关的，因此，也需要人类采取行动。我们对于协作式解决问题需要进行更深入的研究。传统外交在这里可以提供一些见解。正如荣松所说，对于谈判的外交研究可以区分涉及操控性策略去维护相对优势的讨价还价和解决问题之间的差异。解决问题"和创新精神以及寻求有创造力的解决方案密切相关。暗示需要进行信息分享以及一起追求共同利益"[17]。学会如何创造性地利用多样性就是在人类中心的外交中寻求推进解决问题的策略。

人类中心的外交全球指令的第二个功能就和解决问题密切相关，也就是调解人类多样性。在19世纪和20世纪的分离性心态下，传统外交的代表功能和"调解身份"功能是以国家承认为前提的。正如越南资深外交官陈文颖观察的那样："承认才是外交的核心，它在政府之间建立正式的传播。"[18]他还说在19世纪和20世纪，政治实体之间的外交承认不关乎认可，而是关乎对政治现实的承认。他说当这种承认以别国的认可为条件的时候，惯例才会发生变化。

调解身份是一个相当大的限制性条款。没有国家归属的人——包括那些以前被殖民征服的原住民——在外交中的身份都得不到国家的承认。游牧传统、殖民主义前的惯例、例如流散人口等非领土实体都没有被纳入以国家为参与者的模型之内。在21世纪相互连通的动力中，调解各种形式的人类多样性和身份，尤其包括政治性身份，是人类中心外交的另一个优先功能。

第三个功能在疫情中得到生动地体现，就是需要公共外交对于人类的需求作出反应，特别是情感和精神需求。当公共外交在"9·11"后再次出现在外交舞台上的时候，学者基本上都是按照传统外交的思路去规划它的发展路径。"理性参与者"强调引人注目，关注点在于可见的利益、需求和国家目标。情感并不是那些可见的、可衡量的目标的一部分。

由于理查德·勒博（Richard Lebow）[19]和其他学者[20]的早期著作，情感在国际关系研究中受到了更多的关注。此外，学者也很关注在外交中突出情感的具体作用。[21] 情感研究已经在公共外交中发轫，开始于格雷厄姆和更近期的克里斯特·邓库姆（Christer Duncombe）的著作。[22]

展望未来，情感不仅仅是学术研究之中的重要因素，还是外交实践中重要的因素。正如抗击病毒显示的那样，人类社会有着深厚的情感需求。共情的公共外交实践（第六章）将公共外交实践从赢得人心提升到关爱人心。关注情感的公共外交实践代表着未来研究的重要领域。人类同样也有深切的精神需求。尽管我们有约翰斯顿研究基于信仰的外交的著作和康斯坦丁努研究精神外交的前沿著作，[23] 我们需要的是把精神外交积极翻译和应用于实践中。

***

跨界者最后需要注意展望未来。本书寻求擘画全球协作的蓝图，从分离心态到连通心态，扩大我们对于传播和公共外交的思维。这样的连通性已经在我们数字和社交媒体中十分明显。对于新媒体技术的传播动力的研究正在日益增多。我们迫切需要更好地理解连通性和多样性的人类维度，即人类用户的相互关联又各不相同的跨度。讽刺的是，古代世界已在人类传播经验中注重这样的连通性和多样性。我在本书中试图尽可能分享世界知识遗产中的一些文献。完全分享也超出我的能力之外。为此，我结束本书，同时呼吁跨界者在学术研究和应用实践中，能够肩负起解释和扩大这些逻辑的职责，以使我们可以更好地利用多样性，提升我们的协作的进化能力——并且，我希望，在此过程中，让我们的世界变得更加美好。

注释

1. Iver B. Neumann, "A Prehistorical Evolutionary View of Diplomacy," *Place Branding and Public Diplomacy* 14 (2018), 4.

2. Yoshitaka Miike, "Harmony without Uniformity: An Asiacentric Worldview and Its Communicative Implications," in *Intercultural Communication: A Reader*, ed. Larry A. Samovar, Richard E. Porter, and Edwin R. McDaniel (Boston: Wadsworth, 2012), 65—80.

3. Nancy E. Aiken and Kathryn Coe, "Promoting Cooperation among Humans: The Arts as the Ties That Bind," *Bulletin of Psychology and the Arts* 5, no.1 (2004): 5—20; Viva Ona Bartkus and James H. Davis, *Social Capital: Reaching Out, Reaching In* (Camberley, Surrey: Edward Elgar Publishing, 2010); Dirk Messner and Silke Weinlich, *Global Cooperation and the Human Factor in International Relations* (New York: Routledge, 2015); Richard Sennett, *Together: The Rituals, Pleasuresand Politics of Cooperation* (New Haven, CT: Yale University Press, 2013); Michael Tomasello et al., "Two Key Steps in the Evolution of Human Cooperation: The Interdependence Hypothesis," *Current Anthropology* 53, no.6 (2012): 673—92.

4. Bartkus and Davis, *Social Capital*, 4—5.

5. Tomasello et al., "Two Key Steps in the Evolution of Human Cooperation"; Babak Fotouhi et al., "Conjoining Uncooperative Societies Facilitates Evolution of Cooperation," *Nature Human Behaviour* 2, no.7 (July 2018): 492—99, https://doi.org/10.1038/s41562-018-0368-6; Samuel Bowles and Herbert Gintis, *A Cooperative Species: Human Reciprocity and Its Evolution*, reprint ed. (Princeton, NJ: Princeton University Press, 2013); J. M. Burkart et al., "The Evolutionary Origin of Human Hyper-Cooperation," *Nature Communications* 5, no.1 (December 2014): 4747;

Charles Darwin, *The Descent of Man and Selection in Relation to Sex*, new rev, ed. (New York: D. Appleton, 1896).

6. Neumann, "A Prehistorical Evolutionary View of Diplomacy."

7. Charles R. DiSalvo, *Gandhi: The Man before the Mahatma* (Berkeley: University of California Press, 2013), https://www.wvpublic.org/post/gandhis-life-lawyer-revealed.

8. Peter Kropotkin, *Mutual Aid: A Factor of Evolution* (New York: Black Rose Books, 1902).

9. Jeremy Roschelle and Stephanie D. Teasley, "The Construction of Shared Knowledge in Collaborative Problem Solving," in *Computer Supported Collaborative Learning*, ed. Claire O'Malley, NATO ASI Series (Berlin, Heidelberg: Springer, 1995), 69—97, https://doi.org/10.1007/978-3-642-85098-1_5.

10. Roschelle and Teasley, 70.

11. 参考斯宾塞的作品，见 john@spencerauthor.com，http://www.spencerauthor.com/about-me/。图片来自 http://www.spencerauthor.com/designthinking/https://www.youtube.com/watch?v= Gr5mAboH1Kk&vl= en。

12. Lucian J. Hudson, *The Enabling State: Collaborating for Success* (London: Foreign Commonwealth Office, 2009), https://webarchive.nationalarchives.gov.uk/20100513203926/http://www.fco.gov.uk/resources/en/pdf/pdf9/enabling-state-v3.

13. Ali Fisher, *Collaborative Public Diplomacy: How Transnational Networks Influenced American Studies in Europe* (New York: Palgrave Macmillan, 2013).

14. Thomas S. Kuhn, *The Structure of Scientific Revolutions*, 3rd ed. (Chicago: University of Chicago Press, 1996).

15. Donald E. Brown, "Human Universals, Human Nature and Human Culture," *Daedalus* 133, no.4 (2004), 48.

16. Costa M. Constantinou, "Everyday Diplomacy: Mission, Spectacle and the Remaking of Diplomatic Culture," in *Diplomatic Cultures and International*

Politics: Translations, Spaces and Alternatives (New York: Routledge, 2016); Magnus Marsden, Diana Ibañez-Tirado, and David Henig, "Everyday Diplomacy," *Cambridge Journal of Anthropology* 34, no.2 (September 1, 2016): 2—22.

17. Christer Jönsson, "Relationships between Negotiators: A Neglected Topic in the Study of Negotiation," *International Negotiation* 20 (2015), 14.

18. Tran Van Dinh, *Communication and Diplomacy in a Changing World* (Norwood, NJ: Ablex, 1987), 4.

19. Richard Ned Lebow, "Reason, Emotion and Cooperation," *International Politics* 42, no.3 (September 2005): 283—313; Richard Ned Lebow, "Fear, Interest and Honour: Outlines of a Theory of International Relations," *International Affairs* 82, no.3 (May 2006): 431—48, https://doi.org/10.1111/j.1468-2346.2006.00543.x.

20. Jonathan Mercer, "Rationality and Psychology in International Politics," *International Organization* 59, no.1 (January 2005): 77—106; Mercer, "Feeling like a State: Social Emotion and Identity," *International Theory* 6, no.03 (November 2014): 515—35; Yohan Ariffin, Jean-Marc Coicaud, and Vesselin Popovski, Emotions in *International Politics: Beyond Mainstream International Relations* (Cambridge: Cambridge University Press, 2016); Emma Hutchison and Roland Bleiker, "Theorizing Emotions in World Politics," *International Theory* 6, no.3 (November 2014): 491—514, https://doi.org/10.1017/S1752971914000232; Roland Bleiker and Emma Hutchison, "Fear No More: Emotions and World Politics," *Review of International Studies* 34, no.S1 (January 2008): 115—35, https://doi.org/10.1017/S0260210508007821; Neta C. Crawford, "Institutionalizing Passion in World Politics: Fear and Empathy," *International Theory* 6, no.3 (November 2014): 535—57, https://doi.org/10.1017/S1752971914000256; Crawford, "The Passion of World Politics: Propositions on Emotion and Emotional Relationships," *International Security* 24, no.4 (April 1, 2000): 116—56; Christian Reus-Smit, "Emotions and the Social," *International Theory* 6, no.03 (November 2014): 568—74.

21. Hyunjin Seo and Stuart Thorson, "Empathy in Public Diplomacy: Strategic Academic Engagement with North Korea," in *Intersections between Public Diplomacy and International Development: Case Studies in Converging Fields*, ed. James Pamment (Los Angeles: Figueroa Press, 2016), 19—34; Seanon S. Wong, "Emotions and the Communication of Intentions in Face-to-Face Diplomacy," *European Journal of International Relations* 22, no.1 (March 1, 2016): 144—67; David Kang, "Korea's Emotional Diplomacy," Center on Public Diplomacy, *Public Diplomacy Magazine*, 2009.

22. Sarah Ellen Graham, "Emotion and Public Diplomacy: Dispositions in International Communications, Dialogue, and Persuasion," *International Studies Review* 16, no.4 (December 1, 2014): 522—39; Constance Duncombe, "Digital Diplomacy: Emotion and Identity in the Public Realm," *The Hague Journal of Diplomacy* 14, nos. 1 and 2 (April 22, 2019): 102—16, https://doi.org/10.1163/18711 91X-14101016.

23. Douglas Johnston, *Faith-Based Diplomacy Trumping Realpolitik, Faith-Based Diplomacy Trumping Realpolitik* (New York: Oxford University Press, 2003), https://oxford.universitypressscholarship.com/view/10.1093/acprof:oso/978019 5367935.001.0001/acprof-9780195367935; Costas M. Constantinou, "Human Diplomacy and Spirituality," Discussion Papers in Diplomacy (Netherlands Institute of International Relations Clingendael, 2006).

参考文献

Aberger, Peter. "Leopold Senghor and the Issue of Reverse Racism." *Phylon* 41, no. 3 (1980): 276–83.

Abu-Lugod, Lila. "Writing against Culture." In *Recapturing Anthropology: Working in the Present*, ed., Richard G. Fox, 137–62. Santa Fe, NM: School of American Research, 1991.

Adam, Barbara, and Stuart Allan. *Theorizing Culture: An Interdisciplinary Critique after Postmodernism*. New York: NYU Press, 1995.

Adler, Ronald B., Lawrence B. Rosenfeld, and Russell F. Proctor. *Interplay: The Process of Interpersonal Communication*. 14th ed. New York: Oxford University Press, 2017.

Aiken, Nancy E., and Kathryn Coe. "Promoting Cooperation among Humans: The Arts as the Ties That Bind." *Bulletin of Psychology and the Arts* 5, no. 1 (2004): 5–20.

Al Kabalan, Marwan. "Al Hurra's Chances of Success Are Remote." *Gulf News*, February 20, 2004. https://gulfnews.com/uae/dr-marwan-al-kabalan-al-hurras-chances-of-success-are-remote-1.314218.

Almazán, Marco A. "The Aztec States-Society: Roots of Civil Society and Social Capital." *The Annals of the American Academy of Political and Social Science* 565, no. 1 (1999): 162–75.

Alter, Charlotte, Suyin Haynes, and Justin Worland. "TIME 2019 Person of the Year: Greta Thunberg," *TIME*, December 23, 2019. https://time.com/person-of-the-year-2019-greta-thunberg/.

Althen, Gary, Amanda R. Doran, and Susan J. Szmania. *American Ways: A Guide for Foreigners in the United States*. Yarmouth, ME: Intercultural Press, 2003.

Anderson, Benedict. *Imagined Communities: Reflections on the Origin and Spread of Nationalism*. New York: Verso, 1983.

Anholt, Simon. *The Good Country Equation: How We Can Repair the World in One Generation*. New York: Berrett-Koehler, 2020.

Ansberry, Clare. "Zoom Reconnects Family and Friends in the Coronavirus Pandemic— but Will It Last?" *Wall Street Journal*, July 22, 2020, sec. Life. https://www.wsj.com/artic les/zoom-reconnects-family-and-friends-in-the-coronavirus-pandemicbut-will-it-last-11595379600.

Appadurai, Arjun. *Modernity at Large: Cultural Dimensions of Globalization*. Public Worlds 1. Minneapolis: University of Minnesota Press, 1996.

Appiah, Kwame Anthony. *The Ethics of Identity*. Princeton, NJ: Princeton University Press, 2010. https://doi.org/10.1515/9781400826193.

Argyle, Michael, and Mark Cook. *Gaze and Mutual Gaze*. New York: Cambridge University Press, 1976.

Ariffin, Yohan, Jean-Marc Coicaud, and Vesselin Popovski. *Emotions in International Politics: Beyond Mainstream International Relations*. New York: Cambridge University Press, 2016.

Aristotle. *Rhetoric*, translated by W. Rhys Roberts. Dover Thrift ed. New York: Dover Publications, 1946.

"Aristotle." Internet Encyclopedia of Philosophy, n.d. Accessed October 13, 2019. https://www.iep.utm.edu/aristotl/.

Armstrong, John A. *Nations before Nationalism*. Chapel Hill: UNC Press Books, 2017.

Arquilla, John and David Ronfeldt. *The Emergence of Noopolitik: Toward an American Information Strategy*. Santa Monica, CA: RAND Corporation, 1999.

Arquilla, John, and David Ronfeldt. *Networks and Netwars: The Future of Terror, Crime, and Militancy*. Santa Monica, CA: RAND Corporation, 2001.

Asante, Molefi. *Afrocentric Idea Revised*. Philadelphia, PA: Temple University Press, 2011.

Badie, Bertrand. "The European Challenge to Bismarckian Diplomacy." *International Politics* 46, no. 5 (2009): 517–26.

Bakhtin, M. M. *The Dialogic Imagination: Four Essays*, ed., Michael Holquist, translated by Caryl Emerson. Reprint ed. Austin: University of Texas Press, 1983.

Banks, Robert. *A Resource Guide to Public Diplomacy Evaluation*. CPD Perspectives on Public Diplomacy. Los Angeles: Figueroa Press, 2011.

Barreiro, Jose, and Carol Cornelius. "Knowledge of the Elders: The Iroquois Condolence Cane Tradition." *Northeast Indian Quarterly*, 1991, 1–31.

Barrett, Lisa Feldman. *How Emotions are Made: The Secret Life of the Brain*. New York: Houghton Mifflin Harcourt, 2017.

Bartkus, Viva Ona, and James H. Davis. *Social Capital: Reaching out, Reaching in*. Camberley, Surrey: Edward Elgar Publishing, 2010.

Baxter, Leslie A. "Symbols of Relationship Identity in Relationship Cultures." *Journal of Social and Personal Relationships* 4, no. 3 (August 1, 1987): 261–80.

Beers, Charlotte, Under Secretary for Public Diplomacy and Public Affairs. "American Public Diplomacy and Islam." Department of State, Office of Electronic Information, Bureau of Public Affairs, February 27, 2003. https://2001-2009.state.gov/r/us/18098.htm.

Beers, Charlotte. "Public Diplomacy after September 11." Presented at the Remarks to National Press Club, Washington, DC, December 18, 2002. https://2001-2009.state.gov/r/us/16269.htm.

Beers, Charlotte. "Public Service and Public Diplomacy." Department of State, Office of Electronic Information, Bureau of Public Affairs, October 17, 2002. https://2001-2009.state.gov/r/us/15912.htm.

Beers, Charlotte. "U.S. Public Diplomacy in the Arab and Muslim Worlds." Department of State, Office of Electronic Information, Bureau of Public Affairs, May 7, 2002. https://2001-2009.state.gov/r/us/10424.htm.

Bellah, Robert N., Richard Madsen, William M. Sullivan, Ann Swidler, and Steven M. Tipton. *Habits of the Heart: Individualim and Commitment in American Life: Updated Edition with a New Introduction*. Berkeley: University of California Press, 1996.

Benski, Tova, and Eran Fisher. *Internet and Emotions*. New York: Routledge, 2014.

Berlo, David K. *The Process of Communication*. New York: Holt, Rinehart and Winston, 1960.

Berridge, G. R. *Diplomacy: Theory and Practice*. New York: NY: Palgrave MacMillan, 2015.

Best, Stephen. "Walter J. Ong, Orality and Literacy (1982)." *Public Culture* 32, no. 2 (2020): 431–39.

Bhabha, Homi K. *The Location of Culture*. 2nd ed. New York: Routledge, 2004.

Billig, Michael. *Banal Nationalism*. Thousand Oaks, CA: Sage Publications Ltd., 1995.

Birdwhistell, Ray L. *Kinesics and Context: Essays on Body Motion Communication*. Philadelphia: University of Pennsylvania Press, 1970.

Birrell, Anne M. *Chinese Mythology: An Introduction*. Revised ed. Baltimore: Johns Hopkins University Press, 1999.

Bishara, Marwan. "Washington's New Channel: Propaganda TV Won't Help the U.S." *New York Times*, February 23, 2004, sec. Opinion. https://www.nytimes.com/2004/02/23/opinion/washingtons-new-channel-propaganda-tv-wont-help-the-us.html.

Biswas, Samprity. "Book Review: Anne-Marie Slaughter, The Chessboard and the Web: Strategies of Connection in a Networked World." *International Studies* 55, no. 2 (April 1, 2018): 211–12. https://doi.org/10.1177/0020881718792111.

Bleiker, Roland, and Emma Hutchison. "Fear No More: Emotions and World Politics." *Review of International Studies* 34, no. SI (January 2008): 115–35. https://doi.org/10.1017/S0260210508007821.

Boehm, Christopher. *Hierarchy in the Forest: The Evolution of Egalitarian Behavior*. Revised ed. Cambridge, MA: Harvard University Press, 2001.

Boehmer, Elleke. *Nelson Mandela: A Very Short Introduction*. Oxford: Oxford University Press, 2008.

Boesche, Roger. "Kautilya's Arthasastra on War and Diplomacy in Ancient India." *The Journal of Military History* 67, no. 1 (2003): 9–37.

Booth, William, Karla Adam, and Pamela Rolfe. "In Fight against Coronavirus, the World Gives Medical Heroes a Standing Ovation." *Washington Post*, March 26, 2020. https://www.washingtonpost.com/world/europe/clap-for-carers/2020/03/26/3d05eb9c-6f66-11ea-a156-0048b62cdb51_story.html.

Bowles, David. *Flower, Song, Dance: Aztec and Mayan Poetry*. Lamar, TX: Lamar University Press, 2013.

Bowles, Samuel, and Herbert Gintis. *A Cooperative Species: Human Reciprocity and Its Evolution*. Reprint ed. Princeton, NJ: Princeton University Press, 2013.

Breuning, Loretta Graziano. *Habits of a Happy Brain: Retrain Your Brain to Boost Your Serotonin, Dopamine, Oxytocin, and Endorphin Levels*. New York: Adams Media, 2015.

Brewer, Marilynn B., and Ya-Ru Chen. "Where (Who) Are Collectives in Collectivism? Toward Conceptual Clarification of Individualism and Collectivism." *Psychological Review* 114, no. 1 (2007): 133–51.

Brown, Donald E. "Human Universals, Human Nature and Human Culture." *Daedalus* 133, no. 4 (2004): 47–54.

Bryce, Trevor. *Letters of the Great Kings of the Ancient Near East: The Royal Correspondence of the Late Bronze Age*. New York: Routledge, 2003.

Buber, Martin. *I and Thou*, translated by Walter Kaufmann. 1st Touchstone ed. New York: Touchstone, 1971.

Buhmann, Alexander, and Diana Ingenhoff. "The 4D Model of the Country Image: An Integrative Approach from the Perspective of Communication Management." *International Communication Gazette* 77, no. 1 (February 1, 2015): 102–24.

Bunseki, Fu-Kiau. *African Cosmology of the Bantu-Kongo: Tying the Spiritual Knot, Principles of Life and Living*. 2nd ed. Brooklyn, NY: Athelia Henrietta Press, 2001.

Burdett, Carolyn. "Post Darwin: Social Darwinism, Degeneration, Eugenics." *British Library, Discovering Literature: Romantics and Victorians* (blog), May 15, 2014. https://www.bl.uk/romantics-and-victorians/articles/post-darwin-social-darwinism-degeneration-eugenics#.

Burgoon, Judee K., Laura K. Guerrero, and Kory Floyd. "Social Cognition and Impression Formation." In *Nonverbal Communication,* 229–60. New York: Routledge: Taylor and Francis, 2010.

Burgoon, Judee K., and Jerold L. Hale. "The Fundamental Topoi of Relational Communication." *Communication Monographs* 51, no. 3 (1984): 193–214.

Burgoon, Judith, D. B. Buller, and W. G. Woodall. *Nonverbal Communication: The Unspoken Dialogue.* 2nd ed. New York: McGraw-Hill, 1996.

Burkart, J. M., O. Allon, F. Amici, C. Fichtel, C. Finkenwirth, A. Heschl, J. Huber, et al. "The Evolutionary Origin of Human Hyper-Cooperation." *Nature Communications* 5, no. 1 (August 27, 2014): 4747.

Bush, George W. "Press Conference," October 11, 2001. http://www.washingtonpost. com/wp-srv/nation/specials/attacked/transcripts/bush_text101101.html.

Buzan, Barry, and George Lawson. *The Global Transformation.* Cambridge: Cambridge University Press, 2015. https://doi.org/10.1017/CBO9781139565073.

Caprino, Kathy. "How Women Leaders Are Rising to the Unique Challenges They're Facing from the Pandemic." *Forbes,* May 18, 2020. https://www.forbes.com/sites/kathy caprino/2020/05/18/how-women-leaders-are-rising-to-the-unique-challenges-the yre-facing-from-the-pandemic/.

Carey, James W. *Communication as Culture: Essays on Media and Society.* Boston: Unwin Hyman, 1989.

Carlin, John. *Playing the Enemy: Nelson Mandela and the Game That Made a Nation.* New York: Penguin, 2008.

Carlson, Peter. "America's Glossy Envoy." *Washington Post,* August 9, 2003. https://www. washingtonpost.com/archive/politics/2003/08/09/americas-glossy-envoy/94567794- 380c-4aad-b007-e324fe596145/.

Castells, Manuel. "The New Public Sphere: Global Civil Society, Communication Networks, and Global Governance." *The Annals of the American Academy of Political and Social Science* 616, no. 1 (March 1, 2008): 78–93.

Cavanaugh, Tim. "Hi Times: Citizen Powell's State Department Publishing Adventure." *Reason,* September 30, 2003. https://reason.com/2003/09/30/hi-times/.

CBS News. "Babies Help Unlock the Origins of Morality." *60 Minutes,* 2012. https://www. cbsnews.com/news/babies-help-unlock-the-origins-of-morality/.

Chai, Ch'u, and Winberg Chai, eds. *Li Chi Book of Rites: An Encyclopedia of Ancient Ceremonial Usages, Religious Creeds, and Social Institutions,* translated by James Legge 2 vols. New Hyde Park, NY: University Books, 1967. https://www.abebooks.com/Book- Rites-Encyclopedia-Ancient-Ceremonial-Usages/11814458402/bd.

Chan, Alan Kam-leung. *Mencius: Contexts and Interpretations.* Honolulu: University of Hawaii Press, 2002.

Chang, Hui-Ching, and G. Richard Holt. "More than Relationship: Chinese Interaction and the Principle of Kuan-Hsi." *Communication Quarterly* 39, no. 3 (1991): 251–71.

Chen, Guo-Ming. "Asian Communication Studies: What and Where to Now." *The Review of Communication* 6, no. 4 (2006): 295–311.

Chen, Guo-Ming. "An Introduction to Key Concepts in Understanding the Chinese: Harmony as the Foundation of Chinese Communication." *China Media Research* 7 (2011): 1–12.

Chen, Guo-Ming. "A Model of Global Communication Competence." *China Media Research* 1, no. 1 (2005): 3–11.

Chen, Guo-Ming. "Toward an I Ching Model of Communication." *China Media Research* 5, no. 3 (2009): 72–81.

Chen, Gou-Ming. "Toward Transcultural Understanding: A Harmony Theory of Chinese Communication." In *Transcultural Realities: Interdisciplinary Perspectives on Cross-Cultural Relations*, ed. Virginia Milhouse, Molefi Asante, and Peter Nwosu, 55–70. Thousand Oaks, CA: Sage, 2001.

Chen, Guo-Ming, and William J. Starosta. *Foundations of Intercultural Communication.* Boston: Allyn and Bacon, 1998.

Chen, Xiao-Ping, and Chao C. Chen. "On the Intricacies of the Chinese Guanxi: A Process Model of Guanxi Development." *Asia Pacific Journal of Management* 21, no. 3 (September 8, 2004): 305–24.

Childers, Carolyn. "Why Coronavirus Demands Women's Leadership," April 22, 2020. https://milkeninstitute.org/power-of-ideas/why-coronavirus-demands-womens-lea dership.

Constitution of Chile. In *HeinOnline World Constitutions Illustrated*, s.v. "Chile". Chicago: University of Chicago Press, 2010.

Christakis, Nicholas A. *Blueprint: The Evolutionary Origins of a Good Society.* New York: Little, Brown Spark, 2019.

Clark, R. T. Rundle. *Myth and Symbol in Ancient Egypt.* New Impression ed. London: Thames & Hudson, 1991.

Coe, Kathryn, Nancy E. Aiken, and Craig T. Palmer. "Once upon a Time: Ancestors and the Evolutionary Significance of Stories." *Anthropological Forum* 16, no. 1 (March 1, 2006): 21–40. https://doi.org/10.1080/00664670600572421.

Cohen, Raymond. "All in the Family: Ancient Near Eastern Diplomacy." *International Negotiation* 1, no. 1 (January 1, 1996): 11–28.

Cohen, Raymond. "The Great Tradition: The Spread of Diplomacy in the Ancient World." *Diplomacy and Statecraft* 12, no. 1 (March 1, 2001): 23–38.

Cohen, Raymond, and Raymond Westbrook, eds. *Amarna Diplomacy: The Beginnings of International Relations.* Baltimore, MD: Johns Hopkins University Press, 2002.

9/11 Commission. "The 9/11 Commission Report," 2004. https://9-11commission.gov/report/911Report.pdf.

Comor, Edward, and Hamilton Bean. "America's 'Engagement' Delusion: Critiquing a Public Diplomacy Consensus." *International Communication Gazette* 74, no. 3 (April 1, 2012): 203–20. https://doi.org/10.1177/1748048511432603.

Condon, John C., and Fathi S. Yousef. *An Introduction to Intercultural Communication.* Indianapolis, IN: Bobbs-Merrill Series in Speech Communication, 1975.

Condon, William S., and Louis W. Sander. "Synchrony Demonstrated between Movements of the Neonate and Adult Speech." *Child Development* 45, no. 2 (1974): 456–62.

Confucius. *The Analects*, translated by William E. Soothill. Dover Thrift ed. New York: Dover Publications, 1910.

Conner, Cheryl Snapp. "In a Crisis, Use These 3 Forms of Empathy to Serve Your Customers Well." *Mission.Org* (blog), June 29, 2017. https://medium.com/the-miss ion/in-a-crisis-use-these-3-forms-of-empathy-to-serve-your-customers-well-35722 ec88590.

Connor, Walker. "When Is a Nation?" In *Nationalism*, ed. John Hutchinson and Anthony D. Smith, 154–59. Oxford: Oxford University Press, 1994.

Conrad, Sebastian, Jürgen Osterhammel, and Akira Iriye. *An Emerging Modern World: 1750–1870.* A History of the World 4. Cambridge, MA: Harvard University Press, 2018.

Consigny, Scott Porter. *Gorgias, Sophist and Artist*. Columbia: University of South Carolina Press, 2001.

Constantinou, Costas M. "Everyday Diplomacy: Mission, Spectacle and the Remaking of Diplomatic Culture." In *Diplomatic Cultures and International Politics: Translations, Spaces and Alternatives*, ed. Jason Dittmer and Fiona McConnel, 23–40. New York: Routledge, 2016.

Constantinou, Costas M. "Between Statecraft and Humanism: Diplomacy and Its Forms of Knowledge." *International Studies Review* 15, no. 2 (June 1, 2013): 141–62.

Constantinou, Costas M. "Human Diplomacy and Spirituality." Discussion Papers in Diplomacy. Netherlands Institute of International Relations 'Clingendael,' 2006. https://www.google.com/books/edition/Human_Diplomacy_and_Spirituality/g-P3GgAACAAJ?hl=en

Constantinou, Costas M., and James Der Derian. "Introduction: Sustaining Global Hope: Sovereignty, Power and the Transformation of Diplomacy." In *Sustainable Diplomacies*, ed. Costas M. Constantinou and James Der Derian, 1–22. London: Palgrave Macmillan, 2010.

Constantinou, Costas M., and James Der Derian. *Sustainable Diplomacies*. London: Palgrave Macmillan, 2010. https://doi.org/10.1057/9780230297159.

Cooper, Andrew F., Brian Hocking, and William Maley, eds. *Global Governance and Diplomacy: Worlds Apart?* Houndmills: Palgrave Macmillan, 2008.

Cope, E. M. *An Introduction to Aristotle's Rhetoric: With Analysis, Notes and Appendices*. London: Macmillan and Co., 1867.

Copeland, Daryl. *Guerrilla Diplomacy: Rethinking International Relations*. New York: Lynne Rienner, 2009.

Cornago, Noé. *Plural Diplomacies: Normative Predicaments and Functional Imperatives*. Diplomatic Studies 8. Leiden: Martinus Nijhoff Publishers, 2013.

Council on Foreign Relations. "Public Diplomacy: A Strategy for Reform." Council on Foreign Relations, July 30, 2002. http://www.cfr.org/diplomacy-and-statecraft/public-diplomacy-strategy-reform/p4697.

Cowan, Geoffrey, and Amelia Arsenault. "Moving from Monologue to Dialogue to Collaboration: The Three Layers of Public Diplomacy." *The Annals of the American Academy of Political and Social Science* 616, no. 1 (2008): 10–30.

Craig, Robert T. "Communication." In *Encyclopedia of Rhetoric*, ed., Thomas O. Sloane, 125–37. New York: Oxford University Press, 2001.

Crawford, Neta C. "Institutionalizing Passion in World Politics: Fear and Empathy." *International Theory* 6, no. 3 (November 2014): 535–57. https://doi.org/10.1017/S1752971914000256.

Crawford, Neta C. "The Passion of World Politics: Propositions on Emotion and Emotional Relationships." *International Security* 24, no. 4 (April 1, 2000): 116–56.

Crivelli, Carlos, James A. Russell, Sergio Jarillo, and José-Miguel Fernández-Dols. "The Fear Gasping Face as a Threat Display in a Melanesian Society." *Proceedings of the National Academy of Sciences* 113, no. 44 (November 1, 2016): 12403–7. https://doi.org/10.1073/pnas.1611622113.

Cronin, Katherine A., Daniel J. Acheson, Penélope Hernández, and Angel Sánchez. "Hierarchy Is Detrimental for Human Cooperation." *Scientific Reports* 5, no. 1 (December 22, 2015): 18634.

Cull, Nicholas. "Introduction. Data Driven Public Diplomacy: Progress towards Measuring the Impact of Public Diplomacy and International Broadcasting Activities,"

2014. Accessed April 15, 2021. http://www.state.gov/documents/organization/231 945.pdf.

Cull, Nicholas J. *Public Diplomacy: Foundations for Global Engagement in the Digital Age*. Cambridge: Polity, 2019.

Cull, Nicholas J. "Public Diplomacy: Taxonomies and Histories." *The Annals of the American Academy of Political and Social Science* 616, no. 1 (2008): 31–54.

Cull, Nicholas J. "The Long Road to Public Diplomacy 2.0: The Internet in US Public Diplomacy." *International Studies Review* 15, no. 1 (March 2013): 123–39.

Cull, Nicholas J., and Michael K. Hawes, eds. *Canada's Public Diplomacy*. Palgrave Macmillan Series in Global Public Diplomacy. Switzerland: Palgrave Macmillan, 2021.

Cummins, Fred. "Voice, (Inter-)Subjectivity, and Real Time Recurrent Interaction." *Frontiers in Psychology* 5 (2014): 1–10.

Cunningham, Robert B., and Yasin K. Sarayrah. *Wasta: The Hidden Force in Middle Eastern Society*. Westport, CT: Praeger Publishers, 1993.

Damasio, Antonio. *Descartes' Error: Emotion, Reason, and the Human Brain*. Reprint ed. London: Penguin Books, 2005.

Dance, Frank E. X. "The 'Concept' of Communication." *Journal of Communication* 20 (1970): 201–10.

Darwin, Charles. *The Descent of Man, and Selection in Relation to Sex*. United Kingdom: J. Murray, 1871.

Darwin, Charles. *The Descent of Man and Selection in Relation to Sex*. New revised ed. New York: D. Appleton, 1896.

Darwin, Charles. *The Expression of Emotion in Man and Animals (with an Introduction by Paul Ekman)*. New York: Oxford University Press, 1998. First published in 1872 by John Murray, London.

Daya Kishan Thussu. *Communicating India's Soft Power: Buddha to Bollywood*. Palgrave Macmillan Series in Global Public Diplomacy. New York: Palgrave Macmillan, 2013. https://doi.org/10.1057/9781137027894.

de Bary, Wm Theodore, and Irene Bloom, eds. *Sources of Chinese Tradition: From Earliest Times to 1600*. 2nd ed. New York: Columbia University Press, 1999.

de Costa, Ravi. "Indigenous Diplomacies before the Nation-State." In *Indigenous Diplomacies*, ed., J. Marshall Beier, 61–77. New York: Palgrave Macmillan, 2009.

De Koven, Bernard. "Confluence." *DeepFUN* (blog), 2018. https://www.deepfun.com/con fluence/. Accessed April 22, 2021.

De Koven, Bernard. *The Well-Played Game: A Player's Philosophy*. Illustrated ed. Cambridge, MA: MIT Press, 2013.

de Mooij, Marieke. *Human and Mediated Communication around the World: A Comprehensive Review and Analysis*. New York: Springer, 2014.

de Tocqueville, Alexis. *Democracy in America, Volume 2*, translated by Henry Reeve, re-vised Francis Bowen, editorial notes Phillips Bradley. New York: Vintage Books, 1945.

Deibert, Ronald J. *Parchment, Printing and Hypermedia: Communication and World Order Transformation*. New York: Columbia University Press, 1997.

Dellios, Rosita. "Mandala: From Sacred Origins to Sovereign Affairs in Traditional Southeast Asia." The Centre for East-West Cultural and Economic Studies, Research Paper No. 10, 2003. http://www.international-relations.com/rp/WBrp10.html.

Der Derian, James. *On Diplomacy: A Genealogy of Western Estrangement*. Oxford: Blackwell, 1987.

Derks, Daantje, Agneta H. Fischer, and Arjan E. R. Bos. "The Role of Emotion in Computer-Mediated Communication: A Review." *Computers in Human Behavior* 24, no. 3 (2008): 766–85.

DeVito, Joseph A. *The Interpersonal Communication Book*. 14th ed. Boston: Pearson, 2015.

Dimitrov, Roumen. "Silence and Invisibility in Public Relations." *Public Relations Review* 41, no. 5 (December 2015): 636–51. https://doi.org/10.1016/j.pubrev.2014.02.019.

Dinnie, Keith. *Nation Branding: Concepts, Issues, Practice*. London: Routledge, 2015.

DiSalvo, Charles R. *Gandhi: The Man before the Mahatma*. Berkeley: University of California Press, 2013.

Dissanayake, Wimal. "The Need for the Study of Asian Approaches to Communication." In *AMIC-Thammasat University Symposium on Mass Communication Theory*, 1–17. Bangkok: Singapore: Asian Mass Communication Research and Information Centre, 1985.

Dissanayake, Wimal. "Nagarjuna and Modern Communication Theory." *China Media Research* 3, no. 4 (2007): 34–41.

Dissanayake, Wimal. "The Desire to Excavate Asian Theories of Communication: One Strand of the History." *Journal of Multicultural Discourses* 4, no. 1 (2009): 7–27.

Dissanayake, Wimal. "The Idea of Verbal Communication in Early Buddhism." *China Media Research* 4, no. 2 (2008): 69–76.

Djerejian, Edward P. "Changing Minds, Winning Peace: A New Strategic Direction for US Public Diplomacy in the Arab and Muslim World." Washington, DC: Advisory Group on Public Diplomacy, U.S. Department of State, October 2003.

Dobele, Angela, Adam Lindgreen, Michael Beverland, Joëlle Vanhamme, and Robert van Wijk. "Why Pass on Viral Messages? Because They Connect Emotionally." *Business Horizons* 50, no. 4 (July 2007): 291–304.

Dodd, Carley. *Dynamics of Intercultural Communication*. Dubuque, IA: William C. Brown, 1982.

Duncombe, Constance. "Digital Diplomacy: Emotion and Identity in the Public Realm." *The Hague Journal of Diplomacy* 14, no. 1–2 (April 22, 2019): 102–16. https://doi.org/10.1163/1871191X-14101016.

Dutta-Bergman, Mohan J. "U.S. Public Diplomacy in the Middle East." *Journal of Communication Inquiry* 30, no. 2 (April 2006): 102–24. https://doi.org/10.1177/0196859905285286.

Dymond, Jonny. "Queen's Coronavirus Speech: 'Ambitious' Words 'to Reassure and Inspire.'" *BBC News*, April 5, 2020, sec. UK. https://www.bbc.com/news/uk-52176209.

Earley, P. Christopher, and Cristina B. Gibson. "Taking Stock in Our Progress on Individualism-Collectivism: 100 Years of Solidarity and Community." *Journal of Management* 24, no. 3 (1998): 265–304.

Ekman, Paul. "Darwin's Compassionate View of Human Nature." *JAMA* 303, no. 6 (February 10, 2010): 557.

Ekman, Paul. "Darwin's Contributions to Our Understanding of Emotional Expressions." *Philosophical Transactions of the Royal Society B: Biological Sciences* 364, no. 1535 (December 12, 2009): 3449–51.

Ekman, Paul. "What Scientists Who Study Emotion Agree about." *Perspectives on Psychological Science* 11, no. 1 (January 1, 2016): 31–34.

Ekman, Paul, and Wallace V. Friesen. "The Repertoire of Nonverbal Behavior: Categories, Origins, Usage and Coding." *Semiotica* 1 (1969): 49–98.

Ekman, Paul, and Wallace V. Friesen. "Constants across Cultures in the Face and Emotion." *Journal of Personality and Social Psychology* 17, no. 2 (1971): 124–9.

Ekman, Paul, Wallace V. Friesen, and Phoebe Ellsworth. *Emotion in the Human Face.* New York: Pergamon, 1972.

Ekman, Paul, E. Richard Sorenson, and Wallace V. Friesen. "Pan-Cultural Elements in Facial Displays of Emotion." *Science* 164, no. 3875 (April 4, 1969): 86–88.

Emirbayer, Mustafa. "Manifesto for a Relational Sociology." *American Journal of Sociology* 103, no. 2 (1997): 281–317.

Enos, Theresa. *Encyclopedia of Rhetoric and Composition: Communication from Ancient Times to the Information Age.* New York: Taylor & Francis, 1996.

Enriquez, Virgilio G. "Developing a Filipino Psychology." In. *Indigenous Psychologies: Research and Experience in Cultural Context*, ed. Uichol Kim and John Berry, 152–69. Cross-Cultural Research and Methodology Series 17. Thousand Oaks: Sage, 1993.

Evans, Dylan, and Pierre Cruse. *Emotion, Evolution and Rationality.* Oxford: Oxford University Press, 2004.

Evans, James. *The History and Practice of Ancient Astronomy.* New York: Oxford University Press, 1998.

Ezzaher, Lahcen E., Fārābī, Avicenna, and Averroës. *Three Arabic Treatises on Aristotle's Rhetoric: The Commentaries of al-Fārābī, Avicenna, and Averroes.* Landmarks in Rhetoric and Public Address. Carbondale: Southern Illinois University Press, 2015.

Fabri, Marc, David J. Moore, and Dave J. Hobbs. "The Emotional Avatar: Non-Verbal Communication between Inhabitants of Collaborative Virtual Environments." In *Gesture-Based Communication in Human-Computer Interaction*, ed. Annelies Braffort, Rachid Gherbi, Sylvie Gibet, Daniel Teil, and James Richardson, 269–73. Lecture Notes in Computer Science. Berlin: Springer, 1999.

Faizullaev, Alisher. "Diplomacy and Symbolism." *The Hague Journal of Diplomacy* 8, no. 2 (January 1, 2013): 91–114.

Fakhreddine, Jihad. "US Public Diplomacy in Broken Arabic: Evaluating the Shared Values Advertising Campaign Targeting Arab and Muslim Worlds." *Global Media Journal* 2, no. 4 (Spring 2004): 1–5. https://www.globalmediajournal.com/open-acc ess/us-public-diplomacy-in-broken-arabic.pdf.

Fei, Xiaotong. *From the Soil, the Foundations of Chinese Society: A Translation of Fei Xiaotong's Xiangtu Zhongguo, with an Introduction and Epilogue.* Berkeley: University of California Press, 1992.

Fein, Melvyn L. *Human Hierarchies: A General Theory.* New Brunswick, NJ: Transaction Publishers, 2012.

Femenia, N. "Emotional Actor: Foreign Policy Decision-Making in the 1982 Falklands/ Malvinas War." In *Social Conflicts and Collective Identities*, ed. P. Coy and L. Woehrle, 41–66. Lanham, MD: Rowman & Littlefield, 2000.

Finn, Ed. "Unhip, Unhip Al Hurra, The Middle East Hates Its New TV Station." *Slate*, February 20, 2004. https://slate.com/news-and-politics/2004/02/the-middle-east- hates-its-new-tv-station.html.

Fischer, Agneta H., Antony S. R. Manstead, Michael Lewis, Jannette Haviland-Jones, and Lisa Feldman Barrett. "Social Functions of Emotion." In *Handbook of Emotions*, 3rd ed., ed. Michael Lewis, Jannette Haviland-Jones, and Lisa Feldman Barrett, 456–70. New York: Guilford, 2008.

Fisher, Ali. *Collaborative Public Diplomacy: How Transnational Networks Influenced American Studies in Europe*. New York: Palgrave Macmillan, 2013.

Fisher, Walter R. *Human Communication as Narration: Toward a Philosophy of Reason, Value, and Action*. Columbia: University of South Carolina Press, 1987.

Fitzpatrick, Kathy. *The Future of U.S. Public Diplomacy: An Uncertain Fate*. Leiden; Boston: Brill–Nijhoff, 2010.

Fitzpatrick, Kathy R. "Public Diplomacy in the Public Interest." *Journal of Public Interest Communication* 1, no. 1 (2017): 78–93.

Fletcher, Richard, and Tony Fang. "Assessing the Impact of Culture on Relationship Creation and Network Formation in Emerging Asian Markets." *European Journal of Marketing* 40, no. 3/4 (2006): 430–46.

Fotouhi, Babak, Naghmeh Momeni, Benjamin Allen, Martin A. Nowak, Naghmeh Momeni, Benjamin Allen, and Martin A. Nowak. "Conjoining Uncooperative Societies Facilitates Evolution of Cooperation." *Nature Human Behaviour* 2, no. 7 (July 2018): 492–99. https://doi.org/10.1038/s41562-018-0368-6.

Fourie, Pieter J. "Communication, Cultural and Media Studies: Ubuntuism as a Framework for South African Media Practice and Performance: Can It Work?" *Communication* 34, no. 1 (2008): 53–79.

"Games Industry Unites to Promote World Health Organization Messages against COVID-19; Launch #PlayApartTogether Campaign." *Bloomberg.Com*, April 10, 2020. https://www.bloomberg.com/press-releases/2020-04-10/games-industry-unites-to-promote-world-health-organization-messages-against-covid-19-launch-playapartt ogether-campaign.

Ganz, Marshall. "Leading Change: Leadership, Organization, and Social Movements," in *Handbook of Leadership Theory and Practice: A Harvard Business School Centennial Colloquium* ed. Nitin Nohria and Rakesh Khurana, 509–50. Cambridge, MA: Harvard Business School Press, 2010.

Garikipati, Supriya, and Uma Kambhampati. "Leading the Fight against the Pandemic: Does Gender 'Really' Matter?" SSRN Scholarly Paper. Rochester, NY: Social Science Research Network, June 3, 2020.

Garsd, Jasmine. "Musicians Are Doing Virtual Concerts during COVID-19." *Marketplace* (blog), April 27, 2020. https://www.marketplace.org/2020/04/27/musicians-virtual-concerts-covid19-pandemic/.

Gautam, Pradeep Kumar, Saurabh Mishra, and Arvind Gupta. *Indigenous Historical Knowledge: Kautilya and His Vocabulary*. Vol. 1. New Delhi: Pentagon Press, 2015. https://idsa.in/system/files/book/book_IndigenousHistoricalKnowledge_Vol-I.pdf.

Geertz, Clifford. *Local Knowledge: Further Essays in Interpretive Anthropology*. New York: Basic Books, 1983.

Gehrke, Pat, and William M. Keith. *A Century of Communication Studies: The Unfinished Conversation*. New York: Routledge, 2015.

Gerber, Matthew G. "On the Consideration of 'Public Diplomacy' as a Rhetorical Genre." *Contemporary Argumentation and Debate* 29 (2008): 118–33.

Gerring, John. "What Makes a Concept Good? A Criterial Framework for Understanding Concept Formation in the Social Sciences." *Polity* 31, no. 3 (1999): 357–93.

Gershon, Michael. *The Second Brain: A Groundbreaking New Understanding of Nervous Disorders of the Stomach and Intestine*. New York: Harper Perennial, 1998.

Ghazanfar, Asif A., and Daniel Y. Takahashi. "The Evolution of Speech: Vision, Rhythm, Cooperation." *Trends in Cognitive Sciences* 18, no. 10 (October 2014): 543–53.

Ghonim, Wael. *Revolution 2.0: The Power of the People Is Greater Than the People in Power: A Memoir.* Boston: Houghton Mifflin Harcourt, 2012.

Goleman, Daniel. *Emotional Intelligence: Why It Can Matter More Than IQ.* 10th Anniversary ed. New York: Bantam, 2005.

Good Country Index. Good Country, (website) 2021. https://www.goodcountry.org/.

Gordon, Ronald D. "Beyond the Failures of Western Communication Theory." *Journal of Multicultural Discourses* 2, no. 2 (2007): 89–107. https://doi.org/10.2167/md090.0.

Goswami, Nina. "Have Female CEOs Coped Better with Covid Than Men?" *BBC News*, November 19, 2020, sec. Business. https://www.bbc.com/news/business-54974132.

Gottschall, Jonathan. *The Storytelling Animal: How Stories Make Us Human.* New York: Mariner Books, 2013.

Gouldner, Alvin W. "The Norm of Reciprocity: A Preliminary Statement." *American Sociological Review* 25, no. 2 (1960): 161–78.

Graham, James. "Nā Rangi Tāua, Nā Tūānuku e Takoto Nei: Research Methodology Framed by Whakapapa." *MAI Review*, no. 1 (2009): 1–9.

Graham, Sarah Ellen. "Emotion and Public Diplomacy: Dispositions in International Communications, Dialogue, and Persuasion." *International Studies Review* 16, no. 4 (2014): 522–39.

Grandados, Samuel, Zoeann Murphy, Kevin Schaul, and Anthony Faiola. "Raising Barriers: A New Age of Walls." *Washington Post*, October 12, 2016. https://www.washingtonpost.com/graphics/world/border-barriers/global-illegal-immigration-prevention/.

Gregory, Andrew. *Ancient Greek Cosmogony.* London: Bloomsbury Academic, 2013.

Gregory, Bruce. "American Public Diplomacy: Enduring Characteristics, Elusive Transformation." *The Hague Journal of Diplomacy* 6, no. 3 (2011): 351–72. https://doi.org/10.1163/187119111X583941.

Gronbeck, Bruce E. *The Articulate Person.* Glenview, IL: Scott, Foresman, 1983.

Gruver, D. M. Dusty. "The Earth as Family: A Traditional Hawaiian View with Current Applications." In *Philosophy, Humanity and Ecology: Philosophy of Nature and Environmental Ethics*, ed., H. Odera Oruka, 301–5. Darby, PA: DIANE Publishing, 1996.

Gruzd, Anatoliy, Barry Wellman, and Yuri Takhteyev. "Imagining Twitter as an Imagined Community." *American Behavioral Scientist* 55, no. 10 (2011): 1294–318.

Gulbrandsen, Ib Tunby, and Sine Nørholm Just. "The Collaborative Paradigm: Towards an Invitational and Participatory Concept of Online Communication." *Media, Culture & Society* 33, no. 7 (2011): 1095–1108.

Gulmez, Seçkin Barış. "Cosmopolitan Diplomacy." In *Routledge International Handbook of Cosmopolitanism Studies*, ed., Gerard Delanty, 430–439. New York: Routledge, 2018.

Gunaratne, Shelton A. "De-Westernizing Communication/Social Science Research: Opportunities and Limitations." *Media, Culture & Society* 32, no. 3 (2010): 473–500.

Guthrie, Kenneth Sylvan (compiled and trans.). *The Pythagorean Sourcebook and Library: An Anthology of Ancient Writings Which Relate to Pythagoras and Pythagorean Philosophy*, ed., David Fideler. Revised ed. Grand Rapids: Phanes Press, 1987.

Habermas, Jurgen. *The Structural Transformation of the Public Sphere: An Inquiry into a Category of Bourgeois Society.* Cambridge, MA: MIT Press, 1991.

Hafner-Burton, Emilie M., Miles Kahler, and Alexander H. Montgomery. "Network Analysis for International Relations." *International Organization* 63, no. 3 (2009): 559–92.

Hahn, Laura K., Lance Lippert, and Scott T. Paynton. *Survey of Communication Study*. Wikibooks, 2014. https://en.wikibooks.org/wiki/Survey_of_Communication_Study, 2017. http://www.csus.edu/indiv/s/stonerm/coms5surveyofcommunicationtextbook.pdf.

Hall, Edward T. *An Anthropology of Everyday Life*. New York: Doubleday, 1992.

Hall, Edward T. *Beyond Culture*. (Anchor Books Edition). New York: Anchor Books, 1977.

Hall, Edward T. *The Dance of Life: The Other Dimension of Time*. New York: Anchor Books, 1984.

Hall, Edward T. *The Silent Language*. (originally published Doubleday, 1959) New York: Anchor Books, 1973.

Hall, Edward T. *Understanding Cultural Differences*. Yarmouth, ME: Intercultural Press, 1990.

Hamilton, Edith. *The Greek Way*. New York: Avon, 1930.

Hamilton, Keith, and Richard Langhorne. *The Practice of Diplomacy: Its Evolution, Theory and Administration*. New York: Routledge, 2013.

Hanson, Fergus. "Baked in and Wired: eDiplomacy @State." Foreign Policy Paper Series. Washington DC: The Brookings Institution, 2012. https://www.brookings.edu/research/baked-in-and-wired-ediplomacy-state/.

Harari, Yuval Noah. *Sapiens: A Brief History of Humankind*. Reprint ed. New York: Harper Perennial, 2018.

"Harmony of the Spheres." Ancient Wisdom. www.ancient-wisdom.com/harmonics.htm, Accessed April 22, 2021.

Harrison, Patricia. The 9/11 Commission Recommendations on Public Diplomacy: Defending Ideals and Defining the Message, § Subcommittee on National Security, Emerging Threats and International Relations, Committee on Government Reform, U.S. House of Representatives (2004). https://www.govinfo.gov/content/pkg/CHRG-108hhrg98211/html/CHRG-108hhrg98211.htm.

Hassig, Ross. *Time, History, and Belief in Aztec and Colonial Mexico*. Illustrated ed. Austin: University of Texas Press, 2001.

Hayden, Craig. *The Rhetoric of Soft Power: Public Diplomacy in Global Contexts*. Lanham, MD: Lexington Books, 2012.

Hayles, N. Katherine. *How We Became Posthuman: Virtual Bodies in Cybernetics, Literature, and Informatics*. Chicago, IL: University of Chicago Press, 1999.

Higgins, Kathleen Marie. "An Alchemy of Emotion: Rasa and Aesthetic Breakthroughs." *The Journal of Aesthetics and Art Criticism* 65, no. 1 (2007): 43–54.

Ho, David Y. F. "Interpersonal Relationships and Relationship Dominance: An Analysis Based on Methodological Relationism." *Asian Journal of Social Psychology* 1, no. 1 (1998): 1–16. https://doi.org/10.1111/1467-839X.00002.

Ho, David Y. F., Si-qing Peng, Alice Cheng Lai, and Shui-fun F. Chan. "Indigenization and beyond: Methodological Relationalism in the Study of Personality across Cultural Traditions." *Journal of Personality* 69, no. 6 (2001): 925–53. https://doi.org/10.1111/1467-6494.696170.

Hocking, Brian L. "Introduction: Gatekeepers and Boundary-Spanners: Thinking about Foreign Ministries in the European Union." In *Foreign Ministries in the European Union: Integrating Diplomats*, ed. Brian Hocking and David Spence, 1–16. Basingstoke: Palgrave, 2005.

Hofstede, Geert. *Culture's Consequences: National Differences in Thinking and Organizing*. Beverly Hills, CA: Sage, 1980.

Holmes, Marcus. "Believing This and Alieving That: Theorizing Affect and Intuitions in International Politics." *International Studies Quarterly* 59, no. 4 (2015): 706–20.

Holmes, Marcus. *Face-to-Face Diplomacy: Social Neuroscience and International Relations.* Cambridge, UK: Cambridge University Press, 2018.

Holmes, Marcus. "The Force of Face-to-Face Diplomacy: Mirror Neurons and the Problem of Intentions." *International Organization* 67, no. 4 (2013): 829–61.

Holpuch, Amanda. "'A Lifesaver': US Seniors Turn to Zoom to Connect with Friends and Family." *The Guardian*, September 18, 2020, sec. US news. http://www.theguardian.com/us-news/2020/sep/18/us-seniors-video-calls-zoom-coronavirus.

Horst W. J. Rittel and Melvin M. Webber. "Dilemmas in a General Theory of Planning." *Policy Sciences* 4, no. 2 (1973): 155–69.

Howard, Philip N., and Malcolm R. Parks. "Social Media and Political Change: Capacity, Constraint, and Consequence." *Journal of Communication* 62, no. 2 (2012): 359–62.

Hudson, Lucian J. "The Enabling State: Collaborating for Success." London: Foreign Commonwealth Office, 2009. https://webarchive.nationalarchives.gov.uk/20100513203926/http://www.fco.gov.uk/resources/en/pdf/pdf9/enabling-state-v3.

Huijgh, Ellen. "Changing Tunes for Public Diplomacy: Exploring the Domestic Dimension." *Exchange: The Journal of Public Diplomacy* 2, no. 1 (2013): 1–12.

Huijgh, Ellen. "Indonesia's 'Intermestic' Public Diplomacy: Features and Future." *Policy & Politics* 45, no. 5 (2017): 762–92.

Huijgh, Ellen. *Public Diplomacy at Home: Domestic Dimensions.* Leiden; Boston: Brill–Nijhoff, 2019.

Hung, F. C. "Toward the Theory of Relationship Management in Public Relations: How to Cultivate Quality in Relationships?" In *The Future of Excellence in Public Relations and Communication Management*, ed., E. L. Toth, 443–476. Mahwah, NJ: Lawrence Erlbaum, 2007.

Hurteau, Robert. "Navigating the Limitations of Western Approaches to the Intercultural Encounter: The Works of Walter Ong and Harry Triandis." *Missiology* 34, no. 2 (2006): 201–17.

Hutchings, Kate, and David Weir. "Guanxi and Wasta: A Comparison." *Thunderbird International Business Review* 48, no. 1 (2006): 141–56.

Hutchings, Kate, and David Weir. "Understanding Networking in China and the Arab World: Lessons for International Managers." *Journal of European Industrial Training* 30, no. 4 (2006): 272–90.

Hutchinson, John, and Anthony D. Smith. "The Rise of Nations" In *Nationalism*, ed. John Hutchinson and Anthony D. Smith, 113–132. Oxford: Oxford University Press, 1994.

Hutchison, Emma, and Roland Bleiker. "Theorizing Emotions in World Politics." *International Theory* 6, no. 3 (2014): 491–514. https://doi.org/10.1017/S1752971914000232.

Hwang, Kwang-Kuo. "Chinese Relationalism: Theoretical Construction and Methodological Considerations." *Journal for the Theory of Social Behaviour* 30, no. 2 (2000): 155–78.

Iacoboni, Marco. *Mirroring People: The Science of Empathy and How We Connect with Others.* New York: Picador, 2009.

Ibn Khaldun. *The Muqaddimah: An Introduction to History*, ed., N. J. Dawood, translated by Franz Rosenthal. Bollingen Series. Princeton, NJ: Princeton University Press, 1967.

Innis, Harold Adams. *The Bias of Communication.* Toronto: University of Toronto Press, 1951.

International Social Science Council, and UNESCO's Director-General, 2009–2017. *World Social Science Report, 2010: Knowledge Divides*. Paris: UNESCO, 2010. https://unesdoc.unesco.org/ark:/48223/pf0000188333.

Iriye, Akira. *Global Community: The Role of International Organizations in the Making of the Contemporary World*. Berkeley: University of California Press, 2002.

Iriye, Akira, Jürgen Osterhammel, Wilfried Loth, Thomas W. Zeiler, and J. R. Mcneill. *Global Interdependence: The World after 1945*. Cambridge, MA: Harvard University Press, 2014.

Ishii, Satoshi. "Complementing Contemporary Intercultural Communication Research with East Asian Sociocultural Perspectives and Practices." *China Media Research* 2, no. 1 (2006): 13–20.

Ishii, Satoshi. "Conceptualising Asian Communication Ethics: A Buddhist Perspective." *Journal of Multicultural Discourses* 4, no. 1 (March 2009): 49–60. https://doi.org/10.1080/17447140802651645.

Ishii, Satoshi. "Enryo-Sasshi Communication: A Key to Understanding Japanese Interpersonal Relations." *Cross Currents* 11, no. 1 (1984): 49–58.

Ito, Y. "Mass Communication Theories from a Japanese Perspective." *Media, Culture & Society* 12 (1990): 423–64.

Jackson, Patrick. "Twisting Tongues and Twisting Arms: The Power of Political Rhetoric." *Journal of International Relations* 13 (2006): 35–66.

Jain, Nemi C., and Anuradha Matukumalli. "The Functions of Silence in India: Implications for Intercultural Communication Research." In *The Global Intercultural Communication Reader*, ed. Molefi Asante, Yoshitaka Miike, and J. Yin, 248–54. New York: Routledge, (2008).

Jennings, Francis. *The History and Culture of Iroquois Diplomacy: An Interdisciplinary Guide to the Treaties of the Six Nations and Their League*. Syracuse, NY: Syracuse University Press, 1995.

Jo, Samsup, and Yungwook Kim. "Media or Personal Relations? Exploring Media Relations Dimensions in South Korea." *Journalism & Mass Communication Quarterly* 81, no. 2 (2004): 292–306.

Johnston, Douglas. *Faith-Based Diplomacy: Trumping Realpolitik*. New York: Oxford University Press, 2003. https://oxford.universitypressscholarship.com/view/10.1093/acprof:oso/9780195367935.001.0001/acprof-9780195367935.

Jones, Reece. "Borders and Walls: Do Barriers Deter Unauthorized Migration?" migrationpolicy.org, 2016. https://www.migrationpolicy.org/article/borders-and-walls-do-barriers-deter-unauthorized-migration.

Jönsson, Christer. "Diplomatic Signaling in the Amarna Letters." In *Amarna Diplomacy*, ed. Raymond Cohen and Raymond Westbrook, 191–204. Baltimore, MD: Johns Hopkins University Press, 2000.

Jönsson, Christer. Relationships between Negotiators: A Neglected Topic in the Study of Negotiation. *International Negotiation* 20 (2015): 7–24.

Jönsson, Christer, and Martin Hall. *Essence of Diplomacy*. Basingstoke: Palgrave MacMillan, 2005.

Kamoliddin, Shamsiddin. "On the Religion of the Samanid Ancestors." *Transoxiana, Journal Libre de Estudios Orientales* 11 (July 2006). http://www.transoxiana.org/11/kamoliddin-samanids.html.

Kampf, Ronit, Ilan Manor, and Elad Segev. "Digital Diplomacy 2.0? A Cross-National Comparison of Public Engagement in Facebook and Twitter." *The Hague Journal of Diplomacy* 10, no. 4 (2015): 331–62.

Kang, David. "Korea's Emotional Diplomacy." *Public Diplomacy Magazine*, no. 2 (2009): 64–67.

Kashima, Emiko S., and Elizabeth A. Hardie. "The Development and Validation of the Relational, Individual, and Collective Self-Aspects (RIC) Scale." *Asian Journal of Social Psychology* 3, no. 1 (2000): 19–48.

Katz, Michal. "Commentary: The COVID Crisis Shows Why We Need More Female Leadership." *Fortune*, March 17, 2020. https://fortune.com/2021/03/17/covid-female-women-leadership-jacinda-ardern/.

Kelley, John Robert. *Agency Change: Diplomatic Action beyond the State*. Lanham, MD: Rowman & Littlefield, 2014.

Kennedy, George Alexander. *Comparative Rhetoric: An Historical and Cross-Cultural Introduction*. New York: Oxford University Press, 1998.

Khouri, Rami. "The US Public Diplomacy Hoax: Why Do They Keep Insulting Us?" *The Daily Star*. February 11, 2004. http://www.dailystar.com.lb//Opinion/Comment ary/2004/Feb-11/92631-the-us-public-diplomacy-hoax-why-do-they-keep-insult ing-us.ashx.

Khoury-Machool, Makram. "Losing Iraqi Hearts and Minds." Iraqi Crisis Report. Global Vision News Network, June 11, 2003. https://iwpr.net/global-voices/losing-iraqi-hearts-and-minds

Kilner, J. M., and R. N. Lemon. "What We Know Currently about Mirror Neurons." *Current Biology* 23, no. 23 (2013): R1057–62. https://doi.org/10.1016/j.cub.2013.10.051.

Kim, Min-Sun. *Non-Western Perspectives on Human Communication: Implications for Theory and Practice*. Thousand Oaks, CA: Sage Publications, 2002.

Kim, Uichol. "Psychology, Science, and Culture: Cross-Cultural Analysis of National Psychologies." *International Journal of Psychology* 30, no. 6 (1995): 663–79.

Kim, Young Yun. "Achieving Synchrony: A Foundational Dimension of Intercultural Communication Competence." *International Journal of Intercultural Relations*, 48 (2015): 27–37.

Kincaid, D. Lawrence. *Communication Theory: Eastern and Western Perspectives*. San Diego: Academic Press, 2013.

Kirk, Emma. "Peace in the Chaos: Implications of the Conscious Elimination of Conflict in Divinely Designed and Spontaneous Creation from the Hebrew and Chinese Traditions." Sydney: Macquarie University, 2015.

Kirk, G. S., J. E. Raven, and M. Schofield. *The Presocratic Philosophers: A Critical History with a Selection of Texts*. United Kingdom: Cambridge University Press, 1983.

Kluckhohn, Florence. "Dominant and Variant Value Orientations." In *Personality in Nature, Society and Culture*, ed. Clyde Kluckhohn and Henry A. Murray, 2nd ed., 342–355. New York: Alfred A. Knopf, 1953.

Kluckhohn, Florence Rockwood, and Fred L. Strodtbeck. *Variations in Value Orientations*. Evanston, IL: Row, Peterson, 1961.

Knapp, Mark L. *Interpersonal Communication and Human Relationships*. 3rd ed. Boston: Allyn and Bacon, 1996.

Knapp, Mark L. *Nonverbal Communication in Human Interaction*. New York: Holt, Rinehart and Winston. Inc., 1972.

Brian Knowlton, "Lugar Says U.S. is All Thumbs in Dealing with Muslims," *The New York Times*, October 29, 2003, https://www.nytimes.com/2003/10/29/international/mid dleeast/lugar-says-us-is-all-thumbs-in-dealing-with-muslims.html.

Kohut, Andrew, and Bruce Stokes. *America against the World: How We Are Different and Why We Are Disliked*. New York: Henry Holt and Co., 2007.

Korzenny, Felipe, and Betty Ann Korzenny. *Hispanic Marketing: A Cultural Perspective*. Burlington, MA: Elsevier/Butterworth-Heinemann, 2005.

Kraidy, Marwan M. *Hybridity: The Cultural Logic of Globalization*. Philadelphia: Temple University Press, 2005.

Kreuzbauer, R., S. Lin, and C-Y. Chiu. "Relational versus Group Collectivism and Optimal Distinctiveness in Consumption Context." *Advances in Consumer Research* 36 (2009): 472.

Krog, Antjie. ". . . If It Means He Gets His Humanity Back . . .': The Worldview Underpinning the South African Truth and Reconciliation Commission." *Journal of Multicultural Discourses* 3, no. 3 (2008): 204–20.

Kuhn, Thomas S. *The Structure of Scientific Revolutions*. 3rd ed. Chicago, IL: University of Chicago Press, 1996.

Kunczik, Michael. *Images of Nations and International Public Relations*. Mahwah, NJ: Routledge, 1996.

Kurzweil, Ray. *The Singularity Is Near: When Humans Transcend Biology*. New York: The Viking Press, 2005.

Lafont, Bertrand. "International Relations in the Ancient Near East: The Birth of a Complete Diplomatic System." *Diplomacy and Statecraft* 12, no. 1 (2001): 39–60.

Larson, Charles U. *Persuasion: Reception and Responsibility*. 6th ed. Belmont, CA: Wadsworth Publishing, 1992.

Lasswell, Harold D. "The Structure and Function of Communication in Society." *The Communication of Ideas* 37 (1948): 215–28.

Leathers, Dale, and Michael H. Eaves. "Impression Management." In *Successful Nonverbal Communication: Principles and Applications* ed. Dale Leathers and Michael H. Eaves, 4th ed., 187–208. New York: Pearsons, 2007.

Leavitt, Harold J. "Why Hierarchies Thrive." *Harvard Business Review* 81, no. 3 (2003): 96–102, 141.

Lebow, Richard Ned. "Reason, Emotion and Cooperation." *International Politics* 42, no. 3 (2005): 283–313.

Ledoux, Joseph. *The Emotional Brain: The Mysterious Underpinnings of Emotional Life*. New York: Simon & Schuster, 1998.

Lee, Dorothy. "A Lineal and Nonlineal Codification of Reality." In *The Production of Reality*, ed. P. Kollock and J. O'Brien, 101–11. Thousand Oaks, CA: Pine-Forge Press, 1977.

Leeds-Hurwitz, Wendy. "Notes in the History of Intercultural Communication: The Foreign Service Institute and the Mandate for Intercultural Training." In *Readings in Cultural Contexts*, ed. Judith N. Martin, Thomas K. Nakayama, and Lisa A. Flores, 15–28. Mountain View, CA: Mayfield Publishing, 1998.

Leeming, David A., and Margaret Adams Leeming. *Encyclopedia of Creation Myths*. Santa Barbara, CA: ABC-CLIO, 1994.

León-Portilla, Miguel. *Aztec Thought and Culture: A Study of the Ancient Nahuatl Mind*. Translated by Jack Emory Davis. Revised ed. Norman: University of Oklahoma Press, 1990.

León-Portilla, Miguel. *The Broken Spears: The Aztec Account of the Conquest of Mexico.* Boston: Beacon Press, 2006.

Levine, Donald Nathan. *The Flight from Ambiguity: Essays in Social and Cultural Theory.* Chicago: University of Chicago Press, 1985.

Lewis, Mark Edward. *The Flood Myths of Early China.* Albany: State University of New York Press, 2006.

Lin, Nan. "Building a Network Theory of Social Capital." *Connections* 22, no. 1 (1999): 28–51.

Lindquist, Kristen A. "Language and Emotion: Introduction to the Special Issue," *Affective Science* 2 (2021): 91–98.

Lindquist, Kristen A. and Maria Gendron, and Ajay B. Satpute, "Language and Emotion: Putting Words into Feelings and Feelings into Words," in *Handbook of Emotions*, 4th ed., ed. Lisa Feldman Barrett, Michael Lewis, and Jeannette Haviland-Jones, 579–594. New York: Guilford Press, 2016.

Littlejohn, Stephen W., and Karen A. Foss. *Theories of Human Communication.* 10th ed. Long Grove, IL: Waveland Press, 2010.

Liu, Shuang. "Hierarchy (Dengji): A Pyramid of Interconnected Relationships." *China Media Research* 7, no. 4 (2011): 77–84.

Liverani, Mario. "The Great Powers' Club." In *Amarna Diplomacy*, ed. Raymond Cohen and Raymond Westbrook, 15–27. Baltimore, MD: Johns Hopkins University Press, 2000.

Lloyd, G. E. R. *Magic, Reason and Experience: Studies in the Origins and Development of Greek Science.* London, Duckworth: 1999.

Lucaites, John Louis, Celeste Michelle Condit, and Sally Caudill. *Contemporary Rhetorical Theory: A Reader.* New York: Guilford Press, 1999.

Lugar, Richard. U.S. Senate Foreign Relations Committee, "Opening Statement for Nomination Hearings for Margaret D. Tutwiler for Undersecretary of State for Public Diplomacy," October 29, 2003, https://www.foreign.senate.gov/hearings/2003/10/29/nomination

Lyons, Jonathan. *The House of Wisdom: How Arab Learning Transformed Western Civilization.* New York: Bloomsbury Press, 2009.

Maccoby, Nathan. "The New 'Scientific' Rhetoric." In *The Science of Human Communication: New Directions and New Findings in Communication Research*, ed., Wilbur Schramm, 41–54. New York: Basic Books, 1963.

MacGaffey, Wyatt. "Constructing a Kongo Identity: Scholarship and Mythopoesis." *Comparative Studies in Society and History* 58, no. 1 (2016): 159–80.

MacGaffey, Wyatt. *Religion and Society in Central Africa.* Chicago: University of Chicago Press, 1986.

Maddux, William W., and Masaki Yuki. "The Ripple Effect: Cultural Differences in Perceptions of the Consequences of Events." *Personality and Social Psychology Bulletin* 32, no. 5 (2006): 669–83.

Maffie, James. *Aztec Philosophy: Understanding a World in Motion.* Boulder: University Press of Colorado, 2015.

Maffie, James. "Pre-Columbian Philosophies." In *A Companion to Latin American Philosophy*, ed. Susana Nuccetelli, Ofelia Schutte, and Otávio Bueno, 9–22. New York,: Wiley & Sons, 2013.

Major, John S. *The Huainanzi*, translated and eds., Sarah A. Queen, Andrew Seth Meyer, and Harold D. Roth, with additional contributions by Michael Puett and Judson Murray. New York: Columbia University Press, 2010.

Manheim, Jarol B. *Strategic Public Diplomacy and American Foreign Policy: The Evolution of Influence*. New York: Oxford University Press, 1994.

Manor, Ilan. *The Digitalization of Public Diplomacy*. New York: Palgrave Macmillan, 2019.

Marsden, Magnus, Diana Ibañez-Tirado, and David Henig. "Everyday Diplomacy." *The Cambridge Journal of Anthropology* 34, no. 2 (2016): 2–22.

Marsh, Charles. "Converging on Harmony: Idealism, Evolution, and the Theory of Mutual Aid." *Public Relations Inquiry* 1, no. 3 (2012): 313–35.

Martin, Denise. "Maat and Order in African Cosmology: A Conceptual Tool for Understanding Indigenous Knowledge." *Journal of Black Studies* 38, no. 6 (2008): 951–67.

Matsumoto, David, and Hyi Sung Hwang. "Reading Facial Expressions of Emotion." *Psychological Science Agenda*, May 2011, https://www.apa.org/science/about/psa/2011/05/facial-expressions#.

Mauss, Marcel. *The Gift : Forms and Functions of Exchange in Archaic Societies*. Glencoe, IL: The Free Press, 1954.

Mayer, Emeran. *The Mind-Gut Connection: How the Hidden Conversation within Our Bodies Impacts Our Mood, Our Choices, and Our Overall Health*. Reprint ed. New York: Harper Wave, 2018.

Mazumdar, B. Theo. "Digital Diplomacy: Internet-Based Public Diplomacy Activities or Novel Forms of Public Engagement?" *Place Branding and Public Diplomacy* (2021), 1–20. https://doi.org/10.1057/s41254-021-00208-4.

Mbiti, John S. *African Religions and Philosophy*. London: Longman, 1970.

Mbiti, John S. *Introduction to African Religion*. Oxford: Heinemann, 1991.

McDaniel, Edwin, and Larry A. Samovar. "Understanding and Applying Intercultural Communication in the Global Community: The Fundamentals." In *Intercultural Communication: A Reader*, ed. Larry A. Samovar, Richard E. Porter, Edwin R. McDaniel, and Carolyn Sexton Roy, 5–15. Boston: Cengage Learning, 2014.

McLuhan, Marshall. *Understanding Media: The Extensions of Man*. New York: Signet Books, 1964.

McNeill, William H. *Together in Time: Dance and Drill in Human History*. Cambridge, MA: Harvard University Press, 1995.

Mehrabian, Albert. *Silent Messages*. Belmont, CA: Wadsworth, 1971.

Melissen, Jan. "The New Public Diplomacy: Between Theory and Practice." In *The New Public Diplomacy: Soft Power in International Relations*, ed., Jan Melissen, 3–27. New York: Palgrave Macmillan, 2005.

Mercer, Jonathan. "Feeling Like a State: Social Emotion and Identity." *International Theory* 6, no. 03 (2014): 515–35.

Mercer, Jonathan. "Rationality and Psychology in International Politics." *International Organization* 59, no. 1 (2005): 77–106.

Messner, Dirk, and Silke Weinlich. *Global Cooperation and the Human Factor in International Relations*. New York: Routledge, 2015.

Miike, Yoshitaka. "Asian Contributions to Communication Theory: An Introduction." *China Media Research* 3, no. 4 (2007): 1–6.

Miike, Yoshitaka. "Beyond Eurocentrism in the Intercultural Field." In *Ferment in the Intercultural Field*, ed. William J. Starosta and Guo-Ming Chen, 243–76. Thousand Oaks, CA: Sage, 2003.

Miike, Yoshitaka. "Harmony without Uniformity": An Asiacentric Worldview and Its Communicative Implications." In *Intercultural Communication: A Reader*, ed. Larry A. Samovar, Richard E. Porter, and Edwin R. McDaniel, 65–80. Boston: Wadsworth, 2012.

Miike, Yoshitaka. "New Frontiers in Asian Communication Theory: An Introduction." *Journal of Multicultural Discourses* 4, no. 1 (2009): 1–5.

Miike, Yoshitaka. "Non-Western Theory in Western Research? An Asiacentric Agenda for Asian Communication Studies." *The Review of Communication* 6, no. 1–2 (2006): 4–31.

Miike, Yoshitaka. "Theorizing Culture and Communication in the Asian Context: An Assumptive Foundation." *Intercultural Communication Studies* 11, no. 1 (2002): 1–22.

Miller, George R. "Taking Stock of a Discipline." *Journal of Communication* 33, no. 3 (1983): 31–41.

Miskimmon, Alister, Ben O'Loughlin, and Laura Roselle. *Strategic Narratives: Communication Power and the New World Order*. London: Routledge, 2013.

Miyahara, Akira. "Toward Theorizing Japanese Interpersonal Communication Competence from a Non-Western Perspective." *American Communication Journal* 3, no. 1 (2006), 1–17.

Moffett, Mark W. *The Human Swarm: How Our Societies Arise, Thrive, and Fall*. New York: Basic Books, 2019.

Moran, William L., ed. *The Amarna Letters*. Baltimore, MD: Johns Hopkins University Press, 1992.

Mowlana, Hamid, and William B. Gudykunst. "Mass Media and Culture: Toward an Integrated Theory." In *Intercultural Communication Theory: Current Perspectives*, ed., William B. Gudykunst,149–70. Beverly Hills, CA: Sage, 1983.

Naupa, Anna. "Indo-Pacific Diplomacy: A View from the Pacific Islands." *Politics & Policy* 45, no. 5 (2017): 902–17.

Nelson, Gayle L., Mahmoud Al Batal, and Waguida El Bakary. "Directness vs. Indirectness: Egyptian Arabic and US English Communication Style." *International Journal of Intercultural Relations* 26, no. 1 (2002): 39–57.

Nesti, Giorgia, and Chiara Valentini. *Public Communication in the European Union: History, Perspectives and Challenges*. Newcastle upon Tyne: Cambridge Scholars, 2010.

Neumann, Iver B., and Einar Wigen. "The Importance of the Eurasian Steppe to the Study of International Relations." *Journal of International Relations and Development* 16, no. 3 (2013): 311–30.

Neumann, Iver B., and Einar Wigen. *The Steppe Tradition in International Relations: Russians, Turks and European State Building 4000 BCE–2017 CE*. Cambridge: Cambridge University Press, 2018.

Neumann, Iver B. "A Prehistorical Evolutionary View of Diplomacy." *Place Branding and Public Diplomacy* 14 (2018): 4–10.

New Zealand Ministry of Justice. *He Hinatore Ki Te Ao Maori; A Glimpse into the Māori World: Māori Perspectives on Justice*. Wellington, NZ: Ministry of Justice, 2001. https://www.justice.govt.nz/assets/Documents/Publications/he-hinatora-ki-te-ao-maori.pdf.

Nisbett, Richard E. "Living Together versus Going It Alone," in *Intercultural Communication: A Reader*, 12th ed., ed. Larry Samovar, Richard Porter, and Edwin R. McDaniel, 134–154. Boston: Wadsworth, 2009.

Nisbett, Richard E., Kaiping Peng, Incheol Choi, and Ara Norenzayan. "Culture and Systems of Thought: Holistic versus Analytic Cognition." *Psychological Review* 108, no. 2 (2001): 291–310.

Norman, Donald A. "Affordance, Conventions and Design." *Interactions* 6, no. 3 (1999): 38–43.

Maffie, James. "Pre-Columbian Philosophies." In *A Companion to Latin American Philosophy*, ed. Susana Nuccetelli, Ofelia Schutte, and Otávio Bueno, 9–22. New York: Wiley & Sons, 2013.

Nussbaum, B. "Ubuntu: Reflections of a South African on Our Common Humanity." *Reflections* 4, no. 4 (2003): 21–26.

Nwosu, Peter Ogom. "Understanding Africans' Conceptualizations of Intercultural Competence." In *The Sage Handbook of Intercultural Competence*, ed., Darla K. Deardorff, 158–78. SAGE Publications, Inc. Thousand Oaks, CA: 2009..

Nye, Joseph S. *Bound to Lead: The Changing Nature of American Power*. Reprint ed. New York: Basic Books, 1990.

Nye, Joseph S. *Soft Power: The Means to Success in World Politics*. New York: PublicAffairs, 2004.

Oglesby, Donna Marie. "Spectacle in Copenhagen: Public Diplomacy on Parade." *CPD Perspectives on Public Diplomacy*, Paper 4, December 2010, https://uscpublicdiplomacy.org/sites/uscpublicdiplomacy.org/files/useruploads/u35361/2010%20Paper%204.pdf.

Okabe, Roichi. "Cultural Assumptions of East and West: Japan and the U.S." In *Intercultural Communication Theory: Current Perspectives*, ed., William B. Gudykunst, 21–44. Newbury Park, CA: Sage Publications, 1983.

Ong, W. "Literacy and Orality in Our Times." *Journal of Communication* 30 (1980): 197–204.

Ong, Walter J. *Orality and Literacy: The Technologizing of the Word*. New York: Routledge, 1982.

Oppenheim, Claire E. "Nelson Mandela and the Power of Ubuntu." *Religions* 3 (2012): 369–88.

Otoide, Leo E. "Re-Thinking the Subject of Africa's International Relations." *Voice of History (Nepal)* 16, no. 2 (2001): 43–56, https://doi.org/10.3126/voh.v16i2.77.

Oyserman, Daphna, Heather M. Coon, and Markus Kemmelmeier. "Rethinking Individualism and Collectivism: Evaluation of Theoretical Assumptions and Meta-Analyses." *Psychological Bulletin* 128, no. 1 (2002): 3–72.

Page, Scott E. *The Difference: How the Power of Diversity Creates Better Groups, Firms, Schools, and Societies*. New ed. Princeton, NJ: Princeton University Press, 2008.

Pagel, Mark. "Q&A: What Is Human Language, When Did It Evolve and Why Should We Care?" *BMC Biology* 15, no. 64 (2017): 1–6, DOI 10.1186/s12915-017-0405-3.

Papacharissi, Zizi. *Affective Publics: Sentiment, Technology, and Politics*. New York: Oxford University Press, 2015.

Papacharissi, Zizi, and Maria de Fatima Oliveira. "Affective News and Networked Publics: The Rhythms of News Storytelling on #Egypt." *Journal of Communication* 62, no. 2 (2012): 266–82.

Papastergiadis, Nikos. "Hiding in the Cosmos." In *Camouflage Cultures: Beyond the Art of Disappearance*, ed. Ann Elias, Ross Harley, and Nicholas Tsoutas, 193–200. New South Wales, AU: Sydney University Press, 2015.

Paul, Kari. "Please Don't Stop the Music: How Choirs Are Singing through the Pandemic." *The Guardian*, April 22, 2021, sec. Music. http://www.theguardian.com/music/2021/apr/22/choirs-coronavirus-covid-19-us-virtual-singing.

Paxton, Alexandra, and Rick Dale. "Interpersonal Movement Synchrony Responds to High- and Low-Level Conversational Constraints." *Frontiers in Psychology* 8 (July 28, 2017): 1–16, https://doi.org/10.3389/fpsyg.2017.01135.

Peters, John Durham. *Speaking into the Air: A History of the Idea of Communication.* Chicago, IL: University of Chicago Press, 2001.

Peterson, Peter G. "Public Diplomacy and the War on Terrorism." *Foreign Affairs* 81, no. 5 (2002): 74–94. https://doi.org/10.2307/20033270.

Peterson, Steven, and Albert Somit. *Darwinism, Dominance, and Democracy: The Biological Bases of Authoritarianism.* Westport, CT: Praeger, 1997.

Petty, Richard E., and John T. Cacioppo. *Attitudes and Persuasion: Classic and Contemporary Approaches.* Boulder, CO: Westview Press, 1996.

Pew Research Center. "A Year after Iraq War: Mistrust of America in Europe Ever Higher, Muslim Anger Persists." The Pew Global Attitudes Project, March 16, 2004. https://www.pewresearch.org/global/2004/03/16/a-year-after-iraq-war/.

Pew Research Center. "America's Image Further Erodes, Europeans Want Weaker Ties But Post-War Iraq Will Be Better Off, Most Say," March 18, 2003. https://www.pewresearch.org/politics/2003/03/18/americas-image-further-erodes-europeans-want-weaker-ties/.

Pew Research Center. "Views of a Changing World 2003 War With Iraq Further Divides Global Publics," June 3, 2003. https://www.pewresearch.org/politics/2003/06/03/views-of-a-changing-world-2003/.

Pew Research Center. "What the World Thinks in 2002." The Pew Global Attitudes Project, December 4, 2002. https://www.pewresearch.org/global/2002/12/04/what-the-world-thinks-in-2002/.

Phelps, Andy. "Gaming Fosters Social Connection at Ate of Physical Distance." *The Conversation* (blog), April 13, 2020. https://theconversation.com/gaming-fosters-social-connection-at-a-time-of-physical-distance-135809.

Pigman, Geoffrey Allen. *Contemporary Diplomacy: Representation and Communication in a Globalized World.* Cambridge, UK: Polity, 2010.

Piller, Ingrid. *Intercultural Communication: A Critical Introduction.* 2nd ed. Edinburgh: Edinburgh University Press, 2017.

Pitama, Di, George Ririnui, Annabel Mikaere. *Guardianship, Custody and Access: Māori Perspectives and Experiences.* Wellington, NZ: Ministry of Justice, 2002. http://www.justice.govt.nz/pubs/reports/2002/guardianship-custody-access-maori/guardianship-custody-access-maori.pdf.

Podany, Amanda H. *Brotherhood of Kings: How International Relations Shaped the Ancient Near East.* New York: Oxford University Press, 2010.

Press, Betty. *I Am Because We Are: African Wisdom in Image and Proverb.* St. Paul, MN: Books for Africa, 2011.

Price, Michael. "Facial Expressions—Including Fear—May Not Be as Universal as We Thought." *Science | AAAS*, October 17, 2016, 1–2, doi: 10.1126/science.aal0271.

Probert, Joana. "Leading with Empathy in the Pandemic." *Saïd Business School, University of Oxford*, July 1, 2020. https://www.sbs.ox.ac.uk/oxford-answers/leading-empathy-pandemic.

Provan, Keith G., Amy Fish, and Joerg Sydow. "Interorganizational Networks at the Network Level: A Review of the Empirical Literature on Whole Networks:" *Journal of Management* 33, no. 3 (2007): 479–516.

Qin, Yaqing. "International Society as a Process: Institutions, Identities, and China's Peaceful Rise." *The Chinese Journal of International Politics* 3, no. 2 (2010): 129–53.

Qin, Yaqing. *A Relational Theory of World Politics*. Cambridge: Cambridge University Press, 2018.

Qizheng, Zhao. *One World: Bridging the Communication Gap*. Beijing: China Intercontinental Press, 2008.

Raddawi, Rana. "Teaching Critical Thinking Skills to Arab University Students." In *Teaching and Learning in the Arab World*, ed., Christina Gitsaki, 71–91. Bern: P. Lang, 2011.

Rand, Erin J. "'What One Voice Can Do': Civic Pedagogy and Choric Collectivity at Camp Courage." *Text and Performance Quarterly* 34, no. 1 (2014): 28–51.

Rawnsley, Gary. "Approaches to Soft Power and Public Diplomacy in China and Taiwan." *The Journal of International Communication* 18, no. 2 (2012): 121–35. https://doi.org/ 10.1080/13216597.2012.695744.

Refugees International. "COVID-19 and the Displaced: Addressing the Threat of the Novel Coronavirus in Humanitarian Emergencies." Washington DC: Refugees International, March 30, 2020. https://www.refugeesinternational.org/reports/2020/3/ 29/covid-19-and-the-displaced-addressing-the-threat-of-the-novel-coronavirus-in-humanitarian-emergencies.

Rensburg, Ronél. "Communications Management in the Africa Context: Implications for Theory, Research, and Practice." *International Journal of Strategic Communication* 1, no. 1 (2007): 37–51.

Reus-Smit, Christian. "Emotions and the Social." *International Theory* 6, no. 3 (2014): 568–74.

Rheingold, Howard. *The Virtual Community: Homesteading on the Electronic Frontier*. Cambridge, MA: MIT Press eBooks, 2000. http://www.rheingold.com/vc/book/.

Riordan, Shaun. "Dialogue-Based Public Diplomacy: A New Foreign Policy Paradigm?," Netherlands Institute of International Relations 'Clingendael', Discussion Papers in Diplomacy no. 95 (November 2004): 1–17.

Riordan, Shaun. "Digital Diplomacy 2.0: Beyond the Social Media Obsession." *CPD Blog* (blog), April 25, 2016. http://uscpublicdiplomacy.org/blog/digital-diplomacy-20-bey ond-social-media-obsession.

Ritzer, George, and Pamela Gindoff. "Methodological Relationism: Lessons for and from Social Psychology." *Social Psychology Quarterly* 55, no. 2 (1992): 128–40. https://doi. org/10.2307/2786942.

Roschelle, Jeremy, and Stephanie D. Teasley. "The Construction of Shared Knowledge in Collaborative Problem Solving." In *Computer Supported Collaborative Learning*, ed., Claire O'Malley, 69–97. NATO ASI Series. Heidelberg: Springer, 1995. https://doi.org/ 10.1007/978-3-642-85098-1_5.

Rose, Frank. "The Art of Immersion: Why Do We Tell Stories?" *Wired*, March 8, 2011.

Rosenberg, Emily S., Akira Iriye, Jürgen Osterhammel, Charles S. Maier, and Tony Ballantyne. *A World Connecting: 1870-1945*. Cambridge, MA: Harvard University Press, 2012.

Rubenstein, Richard E. *Aristotle's Children: How Christians, Muslims, and Jews Rediscovered Ancient Wisdom and Illuminated the Middle Ages*. Orlando, FL: Harcourt, 2004.

Rumford, Chris, and Andrew Cooper. "Bordering and Connectivity: Thinking about Cosmopolitan Borders." In *Routledge International Handbook of Cosmopolitanism Studies*, 2nd ed., ed., Gerard Delanty, 277–86. New York: Routledge, 2018.

Rumi, Maulana Jalalu-'d-din Muhammad. *Masnavi I Ma'navi: Teachings of Rumi* (Book I, Story XIV), abridged and translated by Edward Henry Whinfield (London, 1887). Wikisource https://en.wikisource.org/wiki/Masnavi_I_Ma%27navi.

Rushkoff, Douglas. *Team Human*. New York: W. W. Norton & Company, 2019.

Russell, James A. "Is There Universal Recognition of Emotion from Facial Expression? A Review of the Cross-Cultural Studies." *Psychological Bulletin* 115, no. 1 (1994): 102–41. https://doi.org/10.1037/0033-2909.115.1.102.

Samovar, Larry A., Richard E. Porter, and Nemi C. Jain. *Understanding Intercultural Communication*. Belmont, CA: Wadsworth Publishing Company, 1981.

Sampson, Edward E. "The Debate on Individualism: Indigenous Psychologies of the Individual and Their Role in Personal and Societal Functioning." *American Psychologist* 43, no. 1 (1988): 15–22. https://doi.org/10.1037/0003-066X.43.1.15.

Saunders, Harold H. *Politics Is about Relationship: A Blueprint for the Citizens' Century*. New York: Palgrave Macmillan, 2006.

Saunders, Harold H. "The Relational Paradigm and Sustained Dialogue." In *Relational, Networked and Collaborative Approaches to Public Diplomacy*, ed. R. S. Zaharna, Amelia Arsenault, and Ali Fisher, 132–44. New York: Routledge, 2013.

Schmemann, Serge. "A New Rule Book for the Great Game." *New York Times*, April 12, 2017, sec. Books. https://www.nytimes.com/2017/04/12/books/review/chessboard-and-the-web-anne-marie-slaughter.html.

Schneider, Cynthia P. "The Unrealized Potential of Cultural Diplomacy: 'Best Practices' and What Could Be, If Only. . . ." *Journal of Arts Management, Law, and Society* 39, no. 4 (2009): 260–79.

Schoner, Gregor. "Embodied Communication: Looking for Systems That Mean What They Say," *Robohub*. March 14, 2014.

Schramm, Wilbur, Steven H. Chaffee, and Everett M. Rogers. *The Beginnings of Communication Study in America: A Personal Memoir*. Thousand Oaks, CA: Sage, 1997.

Schramm, Wilbur. *The Science of Human Communication: New Directions and New Findings in Communication Research*. New York: Basic Books, 1963.

Schulte-Rüther, Martin, Hans J. Markowitsch, Gereon R. Fink, and Martina Piefke. "Mirror Neuron and Theory of Mind Mechanisms Involved in Face-to-Face Interactions: A Functional Magnetic Resonance Imaging Approach to Empathy." *Journal of Cognitive Neuroscience* 19, no. 8 (2007): 1354–72.

Schultz, Teri. "State Department Magazine Courts Arab Youth." *Fox News*, September 1, 2003. http://www.foxnews.com/story/029339612200

Scolari, Carlos Alberto. "Mapping Conversations about New Media: The Theoretical Field of Digital Communication." *New Media & Society* 11, no. 6 (2009): 943–64.

Scollon, Ron, and Suzie Wong Scollon. "Face Parameters in East-West Discourse." In *The Challenge of Facework: Cross-Cultural and Interpersonal Issues*, ed., Stella Ting-Toomey, 133–57. Albany: SUNY Press, 1994.

Seargeant, Philip, and Caroline Tagg. *The Language of Social Media: Identity and Community on the Internet*. Basingstoke: Palgrave Macmillan. 2014.

Seeger, Matthew W. "Best Practices in Crisis Communication: An Expert Panel Process." *Journal of Applied Communication Research* 34, no. 3 (2006): 232–44.

Seib, Philip. *The Future of #Diplomacy*. Malden, MA: Polity, 2016.

Sending, Ole Jacob, Vincent Pouliot, and Iver B. Neumann. *Diplomacy and the Making of World Politics*. Cambridge Studies in International Relations 136. Cambridge: Cambridge University Press, 2015.

Sending, Ole Jacob, Vincent Pouliot, and Iver B., Neumann. "The Future of Diplomacy: Changing Practices, Evolving Relationships." *International Journal (Toronto)* 66, no. 3 (2011): 527–42.

Sennett, Richard. *Together: The Rituals, Pleasures and Politics of Cooperation*. New Haven, CT: Yale University Press, 2013.

Seo, Hyunjin, and Stuart Thorson. "Empathy in Public Diplomacy: Strategic Academic Engagement with North Korea." In *Intersections Between Public Diplomacy and International Development: Case Studies in Converging Fields*, ed., James Pamment, 19–34. Los Angeles: Figueroa Press, 2016.

Sergent, Kayla, and Alexander D. Stajkovic. "Women's Leadership Is Associated with Fewer Deaths during the COVID-19 Crisis: Quantitative and Qualitative Analyses of United States Governors." *Journal of Applied Psychology* 105, no. 8 (2020): 771–83.

Serrano-Puche, Javier. "Emotions and Digital Technologies: Mapping the Field of Research in Media Studies." MEDIA@LSE Working Papers, 2015. https://www.lse.ac.uk/media-and-communications/assets/documents/research/working-paper-series/EWP33.pdf.

Sevin, Efe. *Public Diplomacy and the Implementation of Foreign Policy in the US, Sweden and Turkey*. New York: Palgrave Macmillan, 2017.

Sewell, William H. "The Concept(s) of Culture." In *Beyond the Cultural Turn: New Directions in the Study of Society and Culture*, ed. Victoria Bonnell and Lynn Hunt, 35–61. Berkeley: University of California Press, 1999.

Shannon, Timothy J., and Colin Calloway. *Iroquois Diplomacy on the Early American Frontier*. Reprint ed. New York: Penguin Books, 2009.

Sharp, Paul. *Diplomatic Theory of International Relations*. New York: Cambridge University Press, 2009.

Shehata, Samer. "Why Bush's Middle East Propaganda Campaign Won't Work." *Salon*, July 13, 2002. https://www.salon.com/2002/07/12/propaganda_8/.

Sheikh, Aabid Majeed, and Saima Rashid. "Kautilya, the Indian Machiavelli; On War and Diplomacy in Ancient India." *Journal of Humanities and Education Development* 2, no. 1 (2020): 29–36.

Shelby, David. "US Starts New Arabic-Language Satellite TV Broadcast," The Coalition Provisional Authority (Archive), February 13, 2004, https://govinfo.library.unt.edu/cpa-iraq/pressreleases/20040214_satellite.html.

Shi-Xu. "Reconstructing Eastern Paradigms of Discourse Studies." *Journal of Multicultural Discourses* 4, no. 1 (2009): 29–48.

Shroff, Farah. "We Are All One: Holistic Thought-Forms within Indigenous Societies Indigeneity and Holism." In *Indigenous Philosophies and Critical Education*, ed., George Sefa Dei, 53–67. New York: Peter Lang, 2011.

Sinha, Durganand. "Changing Perspectives in Social Psychology in India: A Journey Towards Indigenization." *Asian Journal of Social Psychology* 1, no. 1 (1998): 17–31.

Sinha, Durganand. "Origins and Development of Psychology in India: Outgrowing the Alien Framework." *International Journal of Psychology* 29, no. 6 (1994): 695–705.

Sinha, Jai B. P., T. N. Sinha, Jyoti Verma, and R. B. N. Sinha. "Collectivism Coexisting with Individualism: An Indian Scenario." *Asian Journal of Social Psychology* 4 (2001): 133–45.

Sinha, Jai B. P., and Rajesh Kumar. "Methodology for Understanding Indian Culture." *The Copenhagen Journal of Asian Studies* 19 (2004): 89–104.

Slaughter, Anne-Marie. *The Chessboard and the Web: Strategies of Connection in a Networked World.* New Haven, CT: Yale University Press, 2017.

Smith, Anthony D. *Nationalism: Theory, Ideology, History.* New York: John Wiley & Sons, 2013.

Smith, Daniel, Philip Schlaepfer, Katie Major, Mark Dyble, Abigail E. Page, James Thompson, Nikhil Chaudhary, et al. "Cooperation and the Evolution of Hunter-Gatherer Storytelling." *Nature Communications* 8, no. 1853 (December 5, 2017): 1–9, DOI: 10.1038/s41467-017-02036-8.

Smith, Peter B., Hai Juan Huang, Charles Harb, and Claudio Torres. "How Distinctive Are Indigenous Ways of Achieving Influence? A Comparative Study of Guanxi, Wasta, Jeitinho, and 'Pulling Strings.'" *Journal of Cross-Cultural Psychology* 43, no. 1 (2012): 135–50.

Smith, William. *Dictionary of Greek and Roman Biography and Mythology.* London: via Perseus Digital Library, 1873.

Snow, Nancy. "Rethinking Public Diplomacy." In *Routledge Handbook of Public Diplomacy,* ed. Nancy Snow and Nicholas J. Cull, 2nd ed., 3–12. New York: Routledge, 2020.

Snow, Nancy. *The Arrogance of American Power: What US Leaders Are Doing Wrong and Why It's Our Duty to Dissent.* Lanham, MD: Rowman & Littlefield, 2007.

Stewart, Edward. *American Cultural Patterns: A Cross-Cultural Perspective.* Chicago: Intercultural Press, 1972.

Stewart, Edward C., and Milton J. Bennett. *American Cultural Patterns: A Cross-Cultural Perspective.* Yarmouth, ME: Intercultural Press, 1975.

Stokes, Benjamin. *Locally Played: Real-World Games for Stronger Places and Communities.* Cambridge, MA: MIT Press, 2020.

Streeck, Jürgen. "Embodiment in Human Communication." *Annual Review of Anthropology* 44, no. 1 (2015): 419–38.

Street, Brian. "Culture Is a Verb: Anthropological Aspects of Language and Cultural Process." In *Language and Culture: Papers from the Annual Meeting of the British Association of Applied Linguistics Held at Trevelyan College, University of Durham, September 1991,* ed., British Association for Applied Linguistics, 23–59. Bristol: Multilingual Matters, 1993.

Taras, Vas, Riikka Sarala, Paul Muchinsky, Markus Kemmelmeier, Theodore M. Singelis, Andreja Avsec, Heather M. Coon, et al. "Opposite Ends of the Same Stick? Multi-Method Test of the Dimensionality of Individualism and Collectivism." *Journal of Cross-Cultural Psychology* 45, no. 2 (2014): 213–45.

Taylor, Maureen, and Michael L. Kent. "Building and Measuring Sustainable Networks of Organizations and Social Capital: Postwar Public Diplomacy in Croatia." In *Relational, Networked and Collaborative Approaches to Public Diplomacy,* ed. R. S. Zaharna, Amelia Arsenault, and Ali Fisher, 103–16. New York: Routledge, 2013.

Thompson, Robert Farris, and J. Cornet. *The Four Moments of the Sun: Kongo Art in Two Worlds.* Washington, DC: National Gallery of Art, 1981.

Ting-Toomey, Stella. "Toward a Theory of Conflict and Culture." In *Communication, Culture, and Organization Processes,* ed. William B. Gudykunst and Leah P. Stewart, and Stella Ting-Toomey, 71–86. International and Intercultural Communication Annual, Vol. 9. Beverly Hills: Sage Publications, 1985.

Tobin, Vincent A. *Theological Principles of Egyptian Religion.* New York: International Academic Publishers, 1989.

Tobin, Vincent Arieh. "Mytho-Theology in Ancient Egypt." *Journal of the American Research Center in Egypt* 25 (1988): 169–83.

Todd, Kenneth P. *A Capsule History of the Bell System.* American Telephone and Telegraph Company, 1975. https://www.beatriceco.com/bti/porticus/bell/capsule_bell_system.html#The%20Corporation%20Grows:

Toensing, Chris. "Hi and a Low at the State Department." *The Daily Star*, August 23, 2003, sec. Opinion. http://www.dailystar.com.lb/Opinion/Commentary/2003/Aug-23/103 843-hi-and-a-low-at-the-state-department.ashx.

Tomasello, Michael, Alicia P. Melis, Claudio Tennie, Emily Wyman, and Esther Herrmann. "Two Key Steps in the Evolution of Human Cooperation: The Interdependence Hypothesis." *Current Anthropology* 53, no. 6 (2012): 673–92.

Tomlinson, Kenneth Y. "Testimony of Kenneth Y. Tomlinson, Chairman, Broadcasting Board of Governors, Before the Committee of Foreign Relations, United States Senate, on American Public Diplomacy in the Islamic World," February 27, 2003. https://www.foreign.senate.gov/imo/media/doc/TomlinsonTestimony030227.pdf.

Triandis, Harry C. "Cross-Cultural Studies of Individualism and Collectivism." In *Nebraska Symposium on Motivation 1989: Cross-Cultural Perspectives*, ed., John J. Berman, 41–133. Lincoln: University of Nebraska Press, 1990.

Triandis, Harry C. *Individualism and Collectivism.* Boulder, CO: Westview Press, 1995.

Triandis, Harry C., Robert Bontempo, Marcelo J. Villareal, Masaaki Asai, and Nydia Lucca. "Individualism and Collectivism: Cross-Cultural Perspectives on Self-Ingroup Relationships." *Journal of Personality and Social Psychology* 54, no. 2 (1988): 323–38.

Tutwiler, Margaret. "Public Diplomacy: Reaching beyond Traditional Audiences, Testimony Before the House Appropriations Subcommittee on Commerce, Justice, State and the Judiciary," February 4, 2004. https://2001-2009.state.gov/r/us/2004/29111.htm.

Tylor, Edward B. *Primitive Culture: Researches into the Development of Mythology, Philosophy, Religion, Art, and Custom.* London: John Murray, 1871.

Urry, John. "Social Networks, Travel and Talk[1]." *British Journal of Sociology* 54, no. 2 (2003): 155–75.

U.S. State Department. "Muslim Life in America," 2003. http://usinfo.state.gov/products/pubs/muslimlife/homepage.htm.

Vagelpohl, Uwe. *Aristotle's Rhetoric in the East: The Syriac and Arabic Translation and Commentary Tradition.* Leiden: Brill, 2008.

Vallet, Elisabeth. *Borders, Fences and Walls: State of Insecurity?* New York: Routledge, 2016.

Van der Pluijm, Rogier, and Jan Melissen. *City Diplomacy: The Expanding Role of Cities in International Politics.* The Hague: Netherlands Institute of International Relations 'Clingendael,' 2007.

Van Dinh, Tran. *Communication and Diplomacy in a Changing World.* Norwood, NJ: Ablex, 1987.

van Ruler, Betteke, and Dejan Verčič. *Public Relations and Communication Management in Europe: A Nation-by-Nation Introduction to Public Relations Theory and Practice.* Boston: De Gruyter Mouton, 2008.

Van Ruler, Betteke, and Dejan Verčič. "Overview of Public Relations and Communication Management in Europe." In *Public Relations and Communication Management in Europe*, ed. Betteke van Ruler and Dejan Verčič, 1–11. Berlin: De Gruyter Mouton, 2008.

Venter, Elza. "The Notion of Ubuntu and Communalism in African Educational Discourse." *Studies in Philosophy and Education* 23, no. 2 (2004): 149–60.

Verčič, Dejan, Betteke van Ruler, Gerhard Bütschi, and Bertil Flodin. "On the Definition of Public Relations: A European View." *Public Relations Review* 27, no. 4 (2001): 373–87.

Villaneuva Rivas, Cesar. "Cosmopolitan Constructivism: Mapping a Road to the Future of Cultural and Public Diplomacy." *Public Diplomacy Magazine* Winter, no. 3 (2010): 45–56.

von Zimmermann, Jorina von, and Daniel C. Richardson. "Verbal Synchrony and Action Dynamics in Large Groups." *Frontiers in Psychology* 7, no. 2034 (2016): 1–10, https://doi.org/10.3389/fpsyg.2016.02034.

Vyasulu Reddi, Usha. "Communication Theory: An Indian Perspective." *Media Asia* 13, no. 1 (January 1986): 25–28.

Wachsmuth, Ipke, Manuela Lenzen, and Gunther Knoblich. "Introduction to Embodied Communication: Why Communication Needs the Body." In *Embodied Communication in Humans and Machines*, ed. Ipke Wachsmuth, Manuela Lenzen, and Guenther Knoblich, 1–28. Oxford: Oxford University Press, 2008.

Wagner, Roy. *The Invention of Culture*. Chicago: University of Chicago Press, 1975.

Waisbord, Silvio, and Claudia Mellado. "De-Westernizing Communication Studies: A Reassessment." *Communication Theory* 24 (2014): 361–72.

Wang, Georgette. "Paradigm Shift and the Centrality of Communication Discipline." *International Journal of Communication* 5 (2011): 1458–66.

Wang, Georgette, and Zhong-Bo Liu. "What Collective? Collectivism and Relationalism from a Chinese Perspective." *Chinese Journal of Communication* 3, no. 1 (2010): 42–63.

Wang, Jain. *Soft Power in China: Public Diplomacy through Communication*. New York: Palgrave Macmillan, 2010.

Wang, Jian. "Managing National Reputation and International Relations in the Global Era: Public Diplomacy Revisited." *Public Relations Review* 32, no. 2 (2006): 91–96.

Wang, Yiwei. "Relational Dimensions of a Chinese Model of Public Diplomacy." In *Relational, Networked and Collaborative Approaches to Public Diplomacy: The Connective Mindshift*, ed. R. S. Zaharna, Amelia Arsenault, and Ali. Fisher, 86–102. New York: Routledge, 2013.

Wang, Yiwei. "Public Diplomacy and the Rise of Chinese Soft Power." *The Annals of the American Academy of Political and Social Science* 616, no. 1 (2008): 257–73. https://doi.org/10.1177/0002716207312757.

Watson, Adam. *Diplomacy: The Dialogue Between States*. New York, NY: Routledge, 2013.

Watzlawick, Paul, Janet Beavin Bavelas, and Don D. Jackson. *Pragmatics of Human Communication: A Study of Interactional Patterns, Pathologies and Paradoxes*. New York: W. W. Norton & Company, 2011.

Wetherell, Margaret. "Cross-Cultural Studies of Minimal Groups: Implications for the Social Identity Theory of Intergroup Relations." In *Social Identity and Intergroup Relations*, ed., H. Tajfel, 207–40. Cambridge: Cambridge University Press, 1982.

Williams, Raymond. *Culture and Society, 1780–1950*. New York: Columbia University Press, 1958.

Wilson, Edward O. *The Social Conquest of Earth*. New York: Liveright Publishing, 2012.

Wiredu, Kwasi. *Cultural Universals and Particulars: An African Perspective*. Bloomington: Indiana University Press, 1996.

Witzel, E. J. Michael. *The Origins of the World's Mythologies*. Illustrated ed. Oxford: Oxford University Press, 2013.

Wong, Seanon S. "Emotions and the Communication of Intentions in Face-to-Face Diplomacy." *European Journal of International Relations* 22, no. 1 (2016): 144–67.

Wood, Julia T. *Interpersonal Communication: Everyday Encounters*. 8th ed. Boston, MA: Cengage Learning, 2015.

Woolf, Virginia. *Three Guineas*. Hogarth Critics ed. London: Hogarth Press, 1938.

Wright, Susan. "The Politicization of 'Culture.'" *Anthropology Today* 14, no. 1 (1998): 7–15. https://doi.org/10.2307/2783092.

Wu, Di. "Assessing Resource Transactions in Partnership Networks: US 100,000 Strong Network of Public Diplomacy." *Public Relations Review* 42, no. 1 (2016): 120–34.

Wu, Shali, and Boaz Keysar. "The Effect of Culture on Perspective Taking." *Psychological Science* 18, no. 7 (2007): 600–606.

Wu, Xu. "Doing PR in China: A 2001 Version—Concepts, Practices and Some Misperceptions." *Public Relations Quarterly* 47, no. 2 (Summer 2002): 10–20.

Wyne, Ali. "Anne-Marie Slaughter Tries to Make Sense of the New Global Order." *The New Republic*, September 22, 2017. https://newrepublic.com/article/144930/anne-marie-slaughter-tries-make-sense-new-global-order.

Yale Infant Lab. "The Infant Cognition Center | Yale University," 2021. https://campuspress.yale.edu/infantlab/.

Yang, Aimei, Anna Klyueva, and Maureen Taylor. "Beyond a Dyadic Approach to Public Diplomacy: Understanding Relationships in Multipolar World." *Public Relations Review* 38, no. 5 (2012): 652–64.

Yeh, Kuang-Hui. "Relationalism: The Essence and Evolving Process of Chinese Interactive Relationships." *Chinese Journal of Communication* 3, no. 1 (2010): 76–94.

Yoshikawa, Muneo Jay. "The Double-Swing Model of Intercultural Communication between the East and the West." In *Communication Theory: Eastern and Western Perspectives*, ed., D. Lawrence Kincaid, 319–29. New York: Academic Press, 1987.

Youssef, Nancy. "Music, All-Arabic Format Thrive; Some Say News Is Slanted." *Detroit Free Press*, March 11, 2003.

Yum, June Ock. "The Impact of Confucianism on Interpersonal Relationships and Communication Patterns in East Asia." *Communication Monographs* 55, no. 4 (1988): 374–88.

Yum, June Ock, "Confucianism and Communication: *Jen, Li*, and *Ubuntu*," *China Media Research* 3, no. 4 (2007): 15–22.

Zaharna, R. S. *Battles to Bridges: US Strategic Communication and Public Diplomacy after 9/11*. Basingstoke: Palgrave Macmillan, 2010. http://dx.doi.org/10.1057/9780230277922.

Zaharna, R. S. "Culture, Cultural Diversity and Humanity-Centred Diplomacies." *The Hague Journal of Diplomacy* 14, no. 1–2 (April 22, 2019): 117–33.

Zaharna, R. S. "Emotion, Identity and Social Media: Developing a New Awareness, Lens and Vocabulary for Diplomacy 21." Working Paper. "Diplomacy in the 21st Century." Berlin: German Institute for International and Security Affairs, January 2017. https://www.swp-berlin.org/fileadmin/contents/products/arbeitspapiere/WP_Diplomacy21_No2_RS_Zaharna.pdf.

Zaharna, R. S. "Network Purpose, Network Design: Dimensions of Network and Collaborative Public Diplomacy." In *Relational, Networked and Collaborative Approaches to Public Diplomacy: The Connective Mindshift*, ed. R. S. Zaharna, Amelia Arsenault, and Ali Fisher, 173–91. New York: Routledge, 2013.

Zaharna, R. S. "The Soft Power Differential: Network Communication and Mass Communication in Public Diplomacy." *The Hague Journal of Diplomacy* 2, no. 3 (2007): 213–28. https://doi.org/].

Zaharna, R. S., Amelia Arsenault, and Ali Fisher, eds. *Relational, Networked and Collaborative Approaches to Public Diplomacy: The Connective Mindshift*. New York: Routledge, 2013.

Zappone, Tanina. "New Words for a New International Communication. The Case of Public Diplomacy." Europe China Research and Advice Network, 2012. https://www.academia.edu/5235863/New_Words_for_A_New_International_Communication._The_Case_of_Public_Diplomacy.

Zhang, Juyan, and Brecken Chinn Swartz. "Public Diplomacy to Promote Global Public Goods (GPG): Conceptual Expansion, Ethical Grounds, and Rhetoric." *Public Relations Review* 35, no. 4 (2009): 382–87.

Zhao, Kejin. "China's Rise and Its Discursive Power Strategy." *Chinese Political Science Review*, (April 19, 2016): 1–25, https://doi.org/10.1007/s41111-016-0027-x.

Ziegler, Ben. "How to Accelerate the Development of New Collaborative Relationships." *Collaboration Strategies and Solutions* (blog), July 21, 2015. http://collaborativejourneys.com/how-to-accelerate-the-development-of-new-collaborative-relationships/.

图书在版编目(CIP)数据

人类社会的跨界者：全球合作的传播和公共外交的
三种逻辑 /（美）R.S. 扎哈娜（R. S. Zaharna）著；杨
永春译. -- 上海：上海人民出版社，2024. --（公共
外交译丛）. -- ISBN 978-7-208-18935-5

Ⅰ. D812

中国国家版本馆 CIP 数据核字第 20242Y3B03 号

责任编辑　史桢菁
封面设计　人马艺术设计·储平

公共外交译丛

人类社会的跨界者

——全球合作的传播和公共外交的三种逻辑

［美］R.S. 扎哈娜　著

杨永春　译

出　　版　上海人民出版社
　　　　　（201101　上海市闵行区号景路 159 弄 C 座）
发　　行　上海人民出版社发行中心
印　　刷　苏州工业园区美柯乐制版印务有限责任公司
开　　本　720×1000　1/16
印　　张　20.5
插　　页　2
字　　数　221,000
版　　次　2024 年 8 月第 1 版
印　　次　2024 年 8 月第 1 次印刷
ISBN 978 - 7 - 208 - 18935 - 5/D · 4328

定　　价　88.00 元

公共外交译丛